普通高等教育“十一五”国家级规划教材
高职高专规划教材

大学生就业与创业指导教程

第3版

国家机械职业教育管理类专业教学指导委员会　组编
主　编　王宝生
副主编　孙小云　杨蜀莹
参　编　田志雄　卢文澈　孙继龙
　　　　张全庄　王超联　阎　军
　　　　韩二豹
主　审　艾　国

机 械 工 业 出 版 社

本书针对目前大学生就业和创业中存在的问题，系统地阐述了大学毕业生就业、创业指导的基本理论、基本方法，求职择业的原则和技巧，力求全面、准确地贯彻和体现我国关于大学毕业生就业与创业的一系列法律法规和方针政策，介绍大学毕业生就业和创业指导的新内容和新做法，解除大学生在就业和创业中遇到的困惑。

全书共 14 章，包括绪论，职业基础知识，职业生涯规划与职业准备，就业形势、观念转变与择业原则，求职择业技巧，应聘面试、笔试及其技巧，就业协议及其法律问题，劳动合同及其法律问题，就业政策及人事代理制度，迈好走向社会的第一步，创业基本知识与创业计划，创业者的基本素质与创业能力，创业中的法律知识与创业实例，香港特区和国外大学生就业情况简介等。

本书以实用、创新为特色，吸收了国内外就业、创业指导的最新成果，结构严谨，具有创新性、科学性、可操作性等特点，可作为本科院校和各类高职高专院校开设就业创业指导课程的教材，也可作为从事就业创业指导工作人员的培训教材及其他择业人员的自学参考书。

图书在版编目（CIP）数据

大学生就业与创业指导教程/王宝生主编．—3 版．—北京：机械工业出版，2014.7 （2018.7 重印）

普通高等教育“十一五”国家级规划教材．高职高专规划教材

ISBN 978-7-111-47043-4

Ⅰ.①大… Ⅱ.①王… Ⅲ.①大学生—职业选择—高等职业教育—教材 Ⅳ.①G647.38

中国版本图书馆 CIP 数据核字（2014）第 125585 号

机械工业出版社（北京市百万庄大街 22 号 邮政编码 100037）

策划编辑：张 亮 责任编辑：张 亮

版式设计：常天培 责任校对：朱继文

封面设计：鞠 杨 责任印制：孙 炜

北京玥实印刷有限公司印刷

2018 年 7 月第 3 版第 6 次印刷

169mm×239mm · 19.25 印张 · 370 千字

12701—14600 册

标准书号：ISBN 978-7-111-47043-4

定价：39.90 元

凡购本书，如有缺页、倒页、脱页，由本社发行部调换

电话服务	网络服务
服务咨询热线：010-88379833	机 工 官 网：www.cmpbook.com
读者购书热线：010-88379649	机 工 官 博：weibo.com/cmp1952
	教育服务网：www.cmpedu.com
封面无防伪标均为盗版	金 书 网：www.golden-book.com

前　言

随着我国高等教育事业的蓬勃发展，高校的招生规模在不断扩大，大学毕业生已进入“史上最难就业季”，2014年全国大学毕业生将达到727万，比2005年增加了近400万人，面临着空前的就业压力，越来越多的大学毕业生遭受着“就业难，难就业”的困扰。如何提高大学生的就业竞争力，使他们能顺利就业，已成为高等院校教育的重要内容。大学生是国家培养的高层次专门人才，对他们进行就业和创业指导，帮助他们顺利地选择职业和成功地进行创业，以充分发挥其在国家建设中的作用，这是教育工作者和就业指导人员的责任和义务。为此，我们组织编写了本书。

本书在编写过程中，针对大学生这一群体的特点和求职择业的需要以及新形势下大学生在就业和创业过程中出现的一些新问题，总结了二十多年从事毕业生就业工作的经验，并参考国外就业指导的成熟做法，对全书进行了精心的设计。在内容编排上，注重系统性、全面性、实用性和针对性。从了解职业知识到职业生涯规划；从就业市场分析到职业选择的合理定位；从就业形势分析到择业观念转变；从树立正确的择业观到求职择业技巧；从就业协议的签订到自我法律保护；从离校手续的办理到走向社会的角色转变；从创业的基本知识和素质要求到创业计划制订和创业中问题的处理等，凡是大学毕业生近年来在就业和创业中遇到的困惑和问题都一一做了化解和指导。编者选择了最新的案例和数据进行了全面的重新修订，具有很强的针对性、指导性、实用性和前瞻性。

本书由王宝生教授担任主编，孙小云、杨蜀莹担任副主编，艾国担任主审。参加本书编写的有田志雄（第一章、第十二章），杨蜀莹（第二章、附录、电子课件制作），王超联（第三章、第七章），王宝生（第四章、第六章），韩二豹（第五章），孙小云（第八章、第九章），卢文澈（第十章），张全庄（第十一章），孙继龙（第十三章），阎军（第十四章），魏蕾（电子文稿制作），由王宝生对本书进行统稿和总纂并进行了全面修订。

本书配有电子课件，凡使用本书作为教材的教师或学校可向出版社索取，联系电话：（010）88379375，E-mail:cmpgaozhi@sina.com，QQ：945379158。

本书可作为本科院校和高职高专院校开设就业指导课程的教材，也可作为从事就业指导工作人员的培训教材及其他择业人员的自学参考书。

本书编写过程中借鉴和参考了某些有关就业指导和其他学科书籍的内容，在本书出版之际，谨向原作者表示衷心的感谢，并向对本书在编写过程中给予支持和帮助的陕西工业职业技术学院和榆林职业技术学院神木校区的有关领导和同志表示诚挚的谢意。

由于编者水平有限，书中难免有错误和疏漏之处，恳请专家和读者批评指正。

编　者

目　录

第一章 绪论

随着我国高校毕业生的逐年增加，大学生的就业形势愈发严峻，大学生面临的就业压力也越来越大，如何对大学生进行有效的就业指导是高校面临的重要任务，也是高等学校教育的重要课题。本章主要介绍就业指导和就业市场的内涵、市场对毕业生素质的要求以及就业市场的择业特点等内容。

第一节 大学生就业指导及其意义

一、就业及就业指导

所谓就业，就是劳动者与生产资料相结合，从事一定的社会劳动并取得劳动报酬或经济收入的活动。这个定义表明，就业应具备三个基本条件：一要从事社会劳动；二要得到社会承认；三要有报酬或收入。凡是具备这三个条件者，就算已经就业；凡不具备这三个条件者，都不能算是就业。

大学生就业，就是大学毕业生通过一定方式，根据社会需要和自身具备的条件，得到职业，参加工作，从事经济或其他有益于社会的劳动。

人要维持生活，就得工作，同时在工作中实现自己的价值，为社会作出贡献。为了实现自身的价值，为社会作出贡献，劳动者必须选择最能发挥自己才能的职业，与生产资料和工作岗位全面、迅速、有效地结合。为这种结合开展的工作就是就业指导。

就业指导也可称为“求职择业指导”、“职业指导”或“职业辅导”。它有狭义和广义之分。狭义的就业指导是给求职择业的劳动者传递就业信息，帮助其求职和择业，为其与职业的结合牵线搭桥。广义的就业指导就是为劳动者选择职业、准备就业以及在职业中求发展、求进步等提供知识、经验、技能和指导。它包括预测就业市场，汇集、传递就业信息，培养劳动技能，组织劳动力市场，以及推荐介绍和组织招聘等与就业有关的综合性社会咨询服务活动。在我国，就业指导还应包括就业政策导向和与之相适应的思想工作。就业指导的目的是使无业者有业，有业者敬业，敬业者乐业，乐业者创业。

对于大学生就业指导，一方面高校要为提高大学生的素质和其顺利就业提供多方面服务；另一方面则是要帮助和引导大学生根据自身特点和社会职业的需要，选择最能发挥自己作用的职业岗位，使之与生产资料、工作岗位全面、迅速、有效地结合，实现其人生价值和社会价值。

二、就业指导的主要内容

大学生就业指导的主要内容包括七个方面。

（一）政策指导

政策指导是就业指导的基础。学校通过多种途径和方式，向毕业生进行广泛的政策宣传和教育，帮助他们了解国家的就业方针、政策及有关部门和地方制定的就业政策、规定和本校制定的具体实施意见等。这样，既可以帮助毕业生克服择业时的随意性、盲目性、片面性，帮助毕业生走出择业的“误区”，又可帮助毕业生消除择业时的困惑、幻想，从而增强择业的有效性和成功率。

（二）择业指导

择业指导就是帮助毕业生转变就业观念，树立正确的择业观，在择业过程中注意处理好社会需要与个人理想的关系，岗位要求与自身素质的关系，生存与发展的关系等，并向毕业生传授获取就业信息的渠道和筛选信息的能力。

信息指导是择业指导的重点。大学生自主择业，用人单位自主选才，直接将毕业生和用人单位放在相互选择的位置上。如何使这种双向选择更充分、全面、合理，做到对毕业生来说，人尽其才，对用人单位来说，才尽其用，是信息指导的最终目的。信息指导在毕业生和用人单位之间起桥梁纽带作用。一方面学校通过多种渠道收集和掌握社会需求信息，通过整理、归纳和分析，预测就业动态和人才的供需矛盾，了解和掌握用人单位对人才素质的要求，并及时将信息传递给大学生，以对他们的求职择业及自我塑造和发展起到帮助和导向作用；另一方面学校可以把毕业生的表现、学习成绩、兴趣、爱好、奖惩情况等录入计算机或制成表格，随时供用人单位查阅，向用人单位推荐。学校与用人单位的这种协作与交流，相互之间建立起来的彼此信任的合作伙伴关系，是信息指导的重要途径。

（三）技术指导

求职是一门艺术，有许多技术和技巧。求职择业技巧对于毕业生能否成功择业影响极大。一般来说，面临择业的毕业生，普遍思想准备不足，不知所措，无所适从，甚至有惶恐感，缺乏择业技巧。通过技术指导，首先，要帮助毕业生认识自己的择业条件，诸如专业、爱好、特长、志愿、身体状况、实际能力等，确定择业目标，以便在不同需求形势下选择比较适合自己的工作；其次，帮助毕业生掌握自我推荐的方式、应聘和面试的技巧，可使毕业生克服种种困难和挫折，避免走弯路；再次，帮助毕业生在择业时树立竞争意识和把握机遇的意识，以便在求职择业中保持主动。

（四）心理指导

心理指导是指毕业生在择业过程中出现诸如消极依赖、焦虑担心、灰心失望、怯场害怕、盲目乐观、烦躁郁闷等心理状态后，运用心理学原理和方法，进行心理辅导和调适，使之保持良好的择业心态，以平常心参与角逐，参与竞争。

（五）思想教育

思想教育是就业指导的中心。它的任务是将世界观、人生观、价值观、职业观的教育渗透到就业指导的具体工作中去，并落实到择业标准、职业理想、职业道德等方面。

（六）创业指导

有的大学毕业生不想通过择业获得就业岗位，而是愿意自己创业，但又不知从何做起，这就需要对毕业生进行创业基本知识、创业者的素质要求、创业的策略和思路等方面进行指导。创业是一种不以获取工资为目的的就业，应予鼓励和支持。

（七）适应社会的指导

大学生从学校走向社会，是人生道路上的一大转折，在他们刚走上新的工作岗位之时，由于环境发生了变化，需要有一个适应过程。在这个过程中，要完成从学生到职业工作者的角色转变，需要经历社会化和再社会化的过程。如何尽快适应环境，进入新的角色状态，完成参加工作以后的心理调适，这便是就业指导需要解决的问题。要通过适应社会的指导，帮助大学生及时调整自己的心理，尽早进入新的角色状态，尽快适应新环境，适应社会，树立自信心，用自己所学在实际工作中乐业、敬业、创业。

三、就业指导的方式

一般来讲，以下几种就业指导方式是常见的和有效的。

（一）进行就业教育

就业教育是用教与学、讲与听的形式从正面进行灌输和引导，帮助大学生解答就业过程中面临的各种问题。最常用的方式包括：为大学生开设较系统的就业指导课程，不定期地举办就业指导讲座，个别谈话式的就业教育，组织参观或观看极具说服力的音像资料。其特点是内容正规、系统、全面，所提供的就业信息、就业政策具有权威性。主讲人多是具体从事就业指导工作且经验丰富的教师、干部或就业指导等部门的领导。

（二）开展择业咨询

所谓咨询，就是请教、商量、劝告的意思。择业咨询是就业指导工作最常用的方式。这种方式采用启发教育、平等协商、共同探讨等形式解决大学生就业中的有关问题，为其择业提供意见和建议。这种咨询既可以是面对面的，也可以是书面的；既可以是正式的，也可以是非正式的；既可以是定期的，也可以是非定期的。咨询的内容十分广泛，既包括就业形势、就业政策、就业信息，也包括择业心理、自我评价和求职择业技巧等各个方面。提供咨询者既可以是干部、教师或就业指导工作人员，也可以是家长、亲友、校友或同学。其特点是针对性强，不受时间、地点的限制，气氛宽松，灵活多样。

（三）帮助毕业生进行职业生涯设计

就业指导工作者通过谈话、观察、问卷调查、心理测试等方式对毕业生的气质性格、知识能力、长处、缺点等方面进行客观评价，并把这种评价提供给毕业生，帮助毕业生正确认识自我，合理设计自己的职业生涯，依据自身特点和优势选择最适合自己、最能发挥自己特长的职业。这项工作还包括激励学生，在校学习期间有目的地提高自己就业的核心竞争力。

（四）提供就业信息

通过多种渠道，将用人单位的招聘计划、应聘人员必备条件、联络方式（地点、邮编、电话、电子信箱、联系人）等，以专栏及报刊、音像资料、计算机信息网络等形式发布，供毕业生使用。

（五）其他方式

1. 个案分析

对以往毕业生就业过程中正、反两方面最有代表性的若干实例进行分析比较，找出其成功或失败的原因，供毕业生借鉴。

2. 模拟训练

针对求职择业活动中可能遇到的各种情况，在假想基础上进行演示或情景练习，训练大学生灵活应变和运用各种技巧的能力，以克服临场的紧张和恐惧心理，提高成功的概率。

3. 组织访问或职业实践

有组织地让大学生参加有关社会实践或参观访问，具体了解某些职业或专业的工作环境和素质要求，同时也可以使其亲身体验一些社会职业。

4. 帮助大学生制订个人择业计划、应聘策略

指导、督促毕业生制订好个人择业计划和应聘策略，可以使毕业生求职有目的、有计划，应聘时做到胸有成竹，灵活应对。

5. 建立岗位就业实习制度

利用毕业实习，让学生完全融入用人单位的岗位环境之中，使学生在真实的职业氛围之中熟悉和适应工作，培养敬业爱岗精神，在社会的大课堂中获得指导。

四、开展大学毕业生就业指导的意义

搞好大学毕业生就业指导，不论对毕业生本人，还是对国家、对培养他们的学校，都具有重要意义。具体体现在以下几个方面：

（一）有助于国家对人才资源的合理配置

大学毕业生是国家新增劳动力的重要来源。这种劳动力具有思想活跃、文化素质高、懂专业等特点。将毕业生输送到合适的工作岗位，必然会调动他们的积极性，使知识转化为生产力，推动我国现代化建设。对大学毕业生进行就业指导，可帮助毕业生科学地分析主观条件和客观需要与可能，使其以最能发挥自己专长和才能的岗位为最佳职业选择。这样，使人才资源尽量实现合理配置，人尽其才，才尽其用。

（二）有利于促进教育改革和提高学校声望

从一定意义上来说，高校是一个人才加工厂，大学毕业生是贴着学校“商标”的特殊“产品”。高校培养的人才能否被社会接受和欢迎，直接影响到学校的声誉、地位，甚至生存和发展。高校要使自己的毕业生受到社会的欢迎，一方面要及时了解社会需求信息和反馈信息；另一方面要提高毕业生的质量和综合实力。就业指导工作是学校与社会联系的桥梁和纽带，是展示学校人才资源和办学实力的窗口。通过它学校可获得大量反馈信息，及时了解、掌握社会需求（人才层次、专业、素质能力结构等），这样就可以有针对性地深入进行教育改革，及时调整专业结构、课程体系、培养模式，提高教学质量和办学效益。同时，通过就业指导，可以提高毕业生的整体素质以及适应社会的能力。还可以使学校“产品”广开“销路”，占领市场，占据“高品位”的用人单位和关键职位，使“产品”性能得到充分发挥并进一步发展成栋梁之材，从而为母校增辉，为祖国争光。

（三）有利于大学毕业生顺利就业

大学生能否顺利就业，既取决于社会需求和自身的素质，也取决于就业指导工作。毕业生初次择业，对许多方面不熟悉、不了解，甚至十分陌生，往往对自己不能客观评价，估计过高，期望值过高，择业时易犯片面性、绝对性、理想化等错误。在人才已进入市场的今天，就业指导不仅能够帮助大学生以正确的价值观念、道德标准和行为规范参与求职就业活动，增强大学生适应新的就业形势的能力，而且能为他们提供准确的需求信息和择业技巧，从而为毕业生顺利就业搭起桥梁，铺平道路。

（四）有利于提高大学生的自身素质

当代社会分工越来越细，职业呈现多元化的趋势，社会对大学生的要求也越来越高，而每一种职业对大学生的要求也不尽相同。从这个意义上来说，就业指导不仅能够为大学生的自我发展提供信息，帮助和指导他们根据社会职业的要求完善自我；而且也是大学生在校期间学习和生活的动力，能够对他们的发展起到良好的导向，能够促进他们奋发学习，注重道德修养，不断提高自身素质。

（五）有利于促进大学毕业生的发展与成才

一个人为社会贡献的大小、个人才能能否发挥以及生活方式的选择等，在很大程度上取决于他的职业。择业的结果在相当程度上影响到个人的前途和幸福。当职业职位能与自己的兴趣、能力和特长相吻合时，就能精神饱满，奋发努力，快速发展，茁壮成长。如果择业不当，在人生道路上就会出现种种曲折甚至坎坷，影响当前的发展和未来的前途。因此，通过就业指导，能帮助大学毕业生找到一个比较适合自己的工作岗位，使其心情舒畅、精神抖擞地走向社会，为其发展和成才创造条件，打下基础。

第二节 就业市场

一、就业市场的类别

大学生就业市场是高校毕业生择业求职和用人单位招贤纳士、选录人才的场所，是毕业生就业所涉及的各种社会关系的总和。就业市场以其外在表现形式，可分为有形市场和无形市场。

（一）有形市场

有形市场是指有明确场所，举办时有特定的参加对象的开放市场。有形就业市场主要有以下几种形式：

（1）高等学校举办的为本校毕业生服务的就业市场（或叫双向选择会、供需见面会、招聘会）。

（2）高校联办的就业市场。由两所或若干所高校联合举办，主要是为了克服就业市场规模小、参与单位少、签约率低而实行的联合。

（3）分科类的就业市场。主要是地方毕业生就业主管部门从用人单位和高校两方面考虑，从提高市场效能出发，为理、工、农、医、师等科类的毕业生分别举办的就业服务市场。

（4）区域性毕业生就业市场。它是地方主管毕业生就业部门举办的为本地毕业生就业服务的市场。

（5）行业性毕业生就业市场。它是由中央部委主管毕业生就业的部门举办的主要为本系统、本行业用人单位服务的市场。

（6）企业毕业生就业市场。它是由大企业或企业集团举办的以为本企业选才纳贤为目的举办的就业市场。

（7）特殊就业市场。它是为特殊行业举办的以招聘应届毕业生为目的的就业市场，如从毕业生中选拔公安干警、政府公务员、飞行员、高校教师、外交人员等的就业市场。

（8）国际性毕业生就业市场。随着中国改革开放步伐的加快，毕业生就业的国际化趋势已显端倪，国外企业在中国招聘毕业生，中国企业招聘外国留学生或直接在国外招聘就职于国外分公司的毕业生情况已有所发展。加入 WTO 后，这种情况更趋明显。

（二）无形市场

无形市场主要是指不受时间、地点、场所限制而由毕业生和用人单位自行选择的就业市场。目前网络市场的作用越来越明显，快捷灵活的网上招聘、网上求职已被用人单位和毕业生接受并广泛运用。例如，高等学校毕业生就业信息管理和决策支持系统，毕业生生源信息库、用人信息库、全国就业信息网络等。高校、用人单位可建立自己的网站或网址，提供更加广泛、丰富的资料信息供有关方面查询。毕业生也可以将个人的详细资料做成个人主页或在招聘网站建立个人简历供用人单位查询。这就形成了毕业生就业信息网络，达到运用计算机进行信息交流并实现信息资源共享的目的，使双向选择工作既省时又省力，提高了就业工作效率。

二、大学生就业市场的职能和运作原则

大学生就业市场有四项基本职能：

（1）依法组织市场，根据法律和市场规范运作。

（2）维护进入市场的供需双方合法权益，使双方在市场中处于完全平等的地位，保证公开和公正地进行双向选择。

（3）监督运作过程和达成协议的合理合法性。

（4）在双方出现争议时，依法据理进行调解。

大学生就业市场的运作要遵循供需双方在市场中独立自主进行就业洽谈，实行公平竞争和公开协商的原则，即“自主、竞争、公开”的原则。

大学生就业市场的运作结果是签订就业协议书。确保就业协议书的法律地位

是保证大学生就业市场正常运作的关键。就业协议书要经过鉴证和批准两道程序。鉴证包括两个方面，即鉴证学生身份和就业协议的合理合法性。就业协议书最终需要得到负责大学生就业工作的行政主管部门（如省教育厅）的批准，这是保证毕业生顺利就业的必要行政手段，尤其在当前社会人事、户籍等制度配套改革不完善时，需要用行政手段保证就业协议的执行，以维护市场运作的结果。

三、大学生就业市场的特征

大学生就业市场作为一种知识人才市场，具有与一般劳动力市场不同的特征，主要表现在：

1. 影响性

大学生就业涉及毕业生、学生家长、用人单位的利益及全社会人才资源的合理配置，影响很大，涉及面广，关系高校、社会的稳定和发展，受到党和政府的高度重视。

2. 群体性

毕业生就业相对比较集中，是毕业生群体的一种群体行为。每年寒假或暑假，全国有数百万应届高校毕业生，一般要求他们在半年内落实工作单位。如果半年内落实不了工作单位，毕业生的就业心理压力增大，将可能面临待业，甚至有大量毕业生待业的可能性。这就是毕业生不同于社会其他成员零散的和个别的就业特点，会给社会造成很大的压力。

3. 时效性

毕业生就业必须在当年有限的时间内完成。各级主管就业的部门对每年的毕业生就业市场的运行日程都有一个大致的安排。从取得毕业资格开始与用人单位双向选择，到落实工作单位，以及未能落实或重新落实工作单位都有具体的时间表。在规定的时限内毕业生如果不能就业，就要离开这一市场而转到其他就业市场。

4. 多变性

毕业生的需求状况不仅取决于经济和社会发展，与国际经济发展也有一定联系，同时也取决于高校适应社会需要的应变能力，还取决于对未来经济与社会发展趋势及对人才需求类别的预测。

5. 多样性

从就业市场分类介绍中可以看出，毕业生就业市场可大可小，可有形或无形，可以是综合的或分类的，可以是区域的或部门的，可以是公开的或不公开的等，形式多样灵活。

6. 初次性

毕业生就业市场是劳动力市场的重要组成部分，目前正处在发育、探索阶段，也可以说是初级阶段，尚不成熟。毕业生面临初次择业，缺乏求职经验，需要进行就业指导。

7. 竞争性

高校毕业生学历比较整齐，年龄相仿，竞争也就比较激烈。而社会上的人才市场交流对象不一，不同层次、不同年龄的人差别较大，可比性较小。

以上所说的毕业生就业市场特征，给毕业生就业既带来了机遇也带来了挑战，因此，作为毕业生，要充分把握这些特征，使自己在激烈的竞争中掌握主动。

四、就业市场的运用

大学生就业市场的参与主体是毕业生和用人单位。而大学生就业领导机关或主管部门及高校则是就业市场的组织管理主体。

毕业生在进入就业市场时，应注意以下几点：①了解市场用人“行情”，做到心中有数；②搞清自身优势和劣势，做到扬长避短；③明确择业时的权利和义务；④遵守就业市场的运行规则和公共道德；⑤在市场竞争中，既要充分保护自己的竞争权利，又要维护他人的选择机会，做到竞争得力、品德高尚；⑥从客观实际出发调整自己的主观意愿，有所得有所失，有所为也有所不为，做到期望适度。

总之，只要遵从市场规律，贯彻国家方针、政策，遵守市场规则及职业道德，做到主观愿望符合客观实际，就能在各种就业市场中获得成功。

第三节 市场对毕业生素质的要求

从根本上讲，社会的需要是一个人事业成功的基本动力，也是大学生成长成才的前提。大学生只有明确社会需要，才能据此去充实、调整自己。在就业市场上，社会对大学生素质的要求越来越高，越来越全面，归纳起来主要有以下几个方面：

一、思想素质

1. 较高的政治思想素质和高尚的品德是人才的基础

从多年来大学生就业情况看，用人单位普遍喜欢政治思想素质好、品德高尚的毕业生。优秀毕业生、优秀学生干部、三好学生、学生党员备受用人单位的青睐便是最好的证明。因此，大学毕业生必须具有良好的政治思想素质，即具有坚定正确的政治方向，对社会、对祖国、对人民的高度责任感，高尚的思想道德素质和精神境界以及正确的世界观、人生观和价值观等。

2. 强烈的事业心和责任感

事业心是指干一番事业的决心。有事业心的人，才会热爱事业，才会开拓进取，刻意求精，把自己的理想、志趣与需要融化到平凡的工作中去，从中感到无穷的快乐。责任感就是要求把个人利益同国家和社会的发展紧密联系起来，树立强烈的历史使命感和责任感。

然而，不少用人单位反映有些大学生事业心不强，缺乏责任感和起码的爱国主义以及为人民服务的思想，他们最大的追求就是实现个人价值。

3. 高尚的人格魅力

高尚的人格不仅能起一种表率作用，而且是非权力影响下的潜在的精神熏陶。它包括坚忍的意志，顽强的信心，明确的目标，决断的魅力；豁达的性格，广博的爱心，宽容的胸怀；稳定的情绪，乐观的心态，能经受各种挑战、舆论的压力和紧张的工作节奏；能用理智判断、调节自己的行为。

4. 新型的管理思维

大学毕业生或多或少都要参加管理工作。管理工作最需要知识、智慧和人格。管理不仅是设计制度来约束人的过程，而且还包括管理者自身人格魅力发挥作用的过程，这个二重过程相互作用，才能保证管理目标的成功实现。该过程可以用公式表达为：A+B=C（A：制度、规则；B：管理者的人格魅力；C：成功的管理实践）。

5. 与人合作的精神

一滴水难成沧海。任何人都是集体中的一员。只有大家相互理解和支持，才能组成一个强大的集体。现代社会不但需要人们依靠集体的智慧和力量，还需要人们发挥协作精神。所以大学生千万不能自以为是，摆架子，要勇于去做艰苦的工作；在基层要乐于与群众结合，要善于体会、理解领导的意图，特别是在自己的专业领域，要尽自己所能提供各种方案供领导选择、决策；对同事要真诚相待、乐于助人；要敢于接受挑战和挫折，要有明智的得失观，该自己得的要晚一步得，不该自己得的千万不要得；不要嫉妒别人，嫉妒别人就是伤害自己。

二、知识素质

1. 扎实的基础知识

基础知识是知识结构的根基。大学毕业生无论选择何种职业，也不管要向哪个专业方向上发展，都少不了扎实的基础知识。近年来，尽管科技发展迅猛，知识更新加快，但更新的绝不是基础知识。基础知识是知识更新的原动力，正如目前讨论的高考科目的改革，“3+X”中“X”可以是变数，但语文、数学、外语这个“3”是不变的。特别是随着市场经济的不断完善，大学毕业生就业已不可能再像以往那样“从一而终”，职业岗位随时变动的情况不可避免。要适应这些变化，大学生就必须拥有扎实宽厚的基础知识。著名数学家苏步青教授讲过一段极为深刻的话：“现在的学生一进大学即分系、分专业，由于急于求成，急于专业化，学生仅学到限于本专业的一些基础知识，只能‘单打一’，将来毕业后适应性很差，只会守住自己的一个‘小摊子’；换一个方向（更不要说换专业）就晕头转向，不知所措，这怎么能适应四化建设的需要呢？大学教育的根本一点，是要扩大学生的知识面，把基础知识的面拓得尽可能宽一点。这样，学生就有了‘后劲’。”

2．精深的专业知识

大学毕业生毕竟是高校培养出来的从事专业性较强工作的高级专门人才，因此专业知识应是其知识结构的核心部分，也是科技人才知识结构的特色之所在。所谓精深，就是说大学生对自己所要从事专业的知识学习要有一定的深度，不仅要有量的要求，更要有质的要求，对概念体系、理论体系、研究动态等都要有深入的了解，同时要兼顾其他相关知识领域。专博相济，以博促精已成为当前对高科技人才的重要要求。

3．有一定的其他知识技能

现代各类职业都要求从业者的知识“程度高、内容新、实用性强”。“程度高”是指知识量大、面宽；“内容新”是指从业者的知识结构中应以反映当今科学技术发展状况的新知识、新信息为主；“实用性强”是指从业者的知识在生产、工作中有很强的实用价值。市场经济的发展进一步强化了企业及其员工的社会化功能，任何一个企业或其员工都不可能再像以前那样只单一地面对少数几个部门和经常打交道的几个人，他们必须面对整个社会，不断与“市场”打交道，并根据“市场”这张晴雨表不断调整自己的行为。正因为如此，尽可能多地掌握一些技能的员工就更为用人单位所看重，这也就是除专业知识之外掌握一技之长，诸如书法、绘画、驾驶、公关能力的大学毕业生求职更易成功的原因所在。

三、能力素质

（一）适应社会的能力

大学毕业生走出校门之前大都有“天高任鸟飞，海阔凭鱼跃”，在五彩纷呈的社会生活中创造一番业绩的远大抱负。但当他们在真正的生活激流中奋勇前行时，会发现老师描绘给他们的社会与眼前真正接触的社会有相当距离。他们想干的事业的成败并不简单取决于他们是否肯干，还要受到许多其他因素的牵制和干扰。他们不曾设想过或虽曾设想但没有想到社会有如此复杂，挑战有这么多，因而容易产生不安或不满情绪，这种情绪有时可能会使部分人轻易改写理想目标。但深究一下就会发现，导致这一现象的真正原因是毕业生缺乏适应社会的能力，因为他们对真实的社会生活作了简单的或片面的估计，出现反差，便产生不适。其实人类文明始终是在继承和创新的矛盾运动中不断发展的，要改造世界，首先要接纳世界；只有接纳了这个世界，才能站稳脚跟找到真正改造世界、创造业绩的切入点。当然，接纳世界并不是让你消极等待和向困难屈服，更不是让你没有任何原则地去苟同消极落后的东西，甚至同流合污，而是要你用积极主动的态度去接纳现实，并有勇气和决心去为消除生活中的消极现象、张扬主旋律尽一份当代大学生应尽的责任。

一个人适应社会的能力是其素质、能力的综合反映，适应社会能力的强弱是与他的思想品德、知识技能、活动能力、创造能力、处理人际关系能力以及健康状况等密切相连的。一般来说，一个素质比较高、各方面能力比较强、身心健康的大学生走上社会后，能够很快适应环境、适应工作；即使是在比较困难的条件下和比较差的环境中，也能变不利因素为有利因素，通过自己的努力取得好的成绩。

（二）人际交往能力

人际交往能力就是与他人相处的能力。有人做过这样的估计，人们除了 8 小时睡觉时间外，在其余 16 小时中，约有 70%的时间都在进行交往、沟通信息。这一估计的准确程度如何且不去管它，但在市场经济发展过程中，人们的社会交往在工作、生活中所占比重之大却是任何人不能否定的。有时甚至一些重要的发现或科研成果也是在人际交往中产生的。著名物理学家李政道在一次讲话中说，他和杨振宁合作研究共同打破宇宙守恒定律的成果，许多就是在吃饭时交流解决的。在国外，以交流信息为目的而出现的“工作午餐”、“沙龙酒会”就是重视人际交往对工作影响力的新的例证。要求大学生重视人际交往能力培养不仅是因为未来的工作环境需要，而且还因为社会上的人际关系远比学校的同学、师生关系复杂得多。社会生活要求步出校门的大学生必须与各种各样的人发生这样或那样的关系。能否正确、有效地处理好这些关系，不仅影响到他们对环境的适应状况，而且影响着他们的工作效能、心理健康、生活愉快和事业的成败。

（三）组织管理能力

大学生毕业后不可能人人都能走上领导岗位从事管理工作，但每个人在将来的工作中却都会程度不同地运用到组织管理才能，这是现代社会对人才提出的新的要求。随着市场经济逐步形成与完善，人的社会属性得到进一步的强化，作为受过高等教育的大学毕业生，不管他供职于什么部门，从事怎样一项工作，都需要与别人进行合作协调。这实际上就是组织管理能力的具体应用。近几年来，在毕业生就业过程中，我们也注意到这样的现象，用人单位选用毕业生的首选对象是学生党员和学生干部，事实上是他们很看重毕业生的组织管理能力。

（四）表达能力

表达能力是指运用语言、文字阐明自己的观点、意见或抒发思想、感情的能力。它包括口头表达能力、文字表达能力、数字表达能力、图示表达能力等几种形式。数字表达能力、图示表达能力属专业范围内学习的基本技能，这里主要强调口头表达能力和文字表达能力。表达能力不仅在工作以后明显显示出其重要性，如工作汇报、年终总结、文件起草、研究报告等都需要，而且在毕业生求职择业过程中也发挥着不可低估的作用，比如自荐信的撰写、个人材料的准备、回答招聘人员的问题、接受用人单位的面试等。可以这样说，在求职这一环节上，表达能力的强弱直接影响到择业的成败。

（五）动手能力

动手能力是知识转化为物质力量的重要保证，是要求高级专门人才必备的一种实践技能。对毕业生而言，无论今后是从事教学、科研还是在生产第一线，动手能力的强弱都将直接影响到你的能量的发挥。作为一名科技人员，只懂得技术原理是不够的，如果缺乏动手能力，那就会直接影响到研究工作的成败。作为一名教师，只有丰富的知识而不能把这些知识准确生动地传授给学生也不行。因此大学生应注意克服重理论轻实践的倾向。事实上为培养基础知识扎实、动手能力强的一代新人，各高校在人才培养模式上已作了相当大的调整，基本上结合教学进程都安排有毕业实习等教学环节，毕业生必须重视这些环节。

（六）开拓创新能力

开拓创新能力其实质是一种综合能力，它是各种智力因素和能力品质在新的层面上融为一体、相互制约、有机配合而形成的一种合力。大学生如果只能熟悉背诵前人的定理、定义，安于现状而不思开拓、创新、进取，那么他学得的知识就会变得毫无意义。著名物理学家、诺贝尔奖获得者温柏格说过：“不要安于书本上给你的答案，要去尝试发现与书本上不同的东西，这种素质可比智力更重要，往往是最好的学生和次好的学生的分水岭。”因此，大学生在学习过程中，应着意不断培养和强化自己的开拓创新能力。

（七）竞争能力

每个人都有争强好胜之心，从这个意义上来说，竞争是生物进化法则注入人类血脉的一种本能。到了现代社会，由于人们知识和技能的激增与强化，这种本能的潜质在人们身上演变成顺利完成某种活动的明显的心理特征，因而也变成了人们的一种能力素质。作为文明人类所追求的一种能力特征，竞争的目的不是为了吃掉对方，而是为了促进生产力的发展和社会的进步。随着社会主义市场经济的进一步发展与完善，市场竞争更趋激烈，而市场竞争归根到底是人才的竞争。充满竞争的市场需要具有竞争力的人才。作为一个立志成为现代化人才的大学毕业生，如果不懂竞争、不具备竞争能力，在竞争的激流中就有随时被淘汰的危险。

（八）决策能力

决策能力是指在面临多项选择中能及时、果断作出最佳选择的一种能力。它可以使一个人少走弯路，少犯错误，以较少的付出，收获较大的成功。人的一生往往会遇到许多重大的选择，优柔寡断、错失良机和草率决断，都会给整个人生带来莫大的影响。因此大学生在校学习期间，就要有意识地去培养自己的决策能力，从日常小事做起，不要事事都请别人拿主意。这样日积月累，就会形成一种能力。如果具备这一能力，毕业求职时就会从各种信息和建议中，对适合自己的职业岗位作出积极准确的反应。当然这一能力带给你的实惠并不只是这一点。

四、身体素质

健康的体魄是人才的物质保证。假设好身体是个“1”，职业是个“0”，房子是个“0”，职称、官位都是“0”，如果有身体这个“1”，加一个“0”成十，加两个“0”成百，加三个“0”成千……如果没有身体这个“1”，一切还都是零。用人单位接收毕业生的目的就是为了让他们为社会、为本单位创造财富。一个毕业生，即使其他各方面条件都不错，但体弱多病，用人单位是不愿意接收的。

从上述可以看到，社会需要高素质、多规格的人才。大学生应该在校期间发奋学习，努力把自己培养成思想品德好、专业水平高、竞争意识和社会活动能力强、身体好的德识才学兼备的新型人才。

第四节　大学生就业市场的择业特点

在大学毕业生走向就业市场与用人单位“双向选择”的过程中，其择业意识和就业观念都在发生着变化，并呈现出明显的特点。

一、择业者择业意识增强

大学生的择业意识随着就业市场化的发展，越来越强烈。具体表现在：

（1）大学生开始注意平时的就业准备，并由注重择业的结果变为注重择业的基础。

过去，许多学生只是一味追求如何去求职，如何找到理想的单位，而忽视平时的就业准备。而今，大学生对自身素质在就业中的作用比以往任何时候都要清楚。不少大学生意识到，“学业”是“择业”“就业”和“创业”的基础和前提，要想在就业市场的竞争中获胜，就必须树立质量观念，努力扩充竞争的“资本”，只有不断提高自身的综合素质和多种能力，具备真才实学，才能在就业竞争中居主动地位，找到理想职业。

（2）由“等待分配”变为“主动出击”。

如今的大学生一改过去“统包统分”所带来的消极“等待分配”的观念，求职意识增强、并积极主动参与就业市场的竞争。

二、择业者择业取向化明显

大学生在职业取向上，主要有所谓的“红道”“黄道”“蓝道”和“黑道”之分。“红道”即到国家机关或行政管理部门，走“仕途”，求高地位之路；“黄道”即进大公司，尤其是外商独资、中外合资、民营公司，或者自己创业办公司，走经商或求得高薪之路；“蓝道”即出国留学，走向国外发展之路；“黑道”即攻读硕士、博士学位，走深造、做学问或求高层次之路。

在以往大学生的择业取向上，大都以“红道”为主，以走“仕途”为荣。近年来，大学生择业观趋于多元化，并呈交叉情形。这种择业观的变化主要反映在以下几个方面：

1．择业价值趋向商品化

随着利益观念影响的加强，大学生择业主导思想上的商品意识不断增强，功利色彩日益浓厚，受其影响，许多大学生在择业就业上一反过去那种“到基层去、到边疆去、到祖国最需要的地方去”的“老三到”转为“到三资去、到国外去、到挣钱最多的地方去”的“新三到”。

当物质利益或者说金钱开始成为许多人衡量个人价值的标准时，一些学生往往选择了那些能迅速使自己的知识转化为金钱的单位，因而不少大学生赞同“有理想不如有钱，成才不如发财”的观点，以经济利益为出发点，讲求实惠的商品化择业趋向正影响着当代大学生。

2．择业理想趋向务实化

当前，大学生较多地倾向于留在工作环境好的大城市和地理位置好、生活条件优厚的沿海发达地区。据有关部门统计，高校毕业生择业热点首选深圳、广州等沿海城市和天（天津）南（南京）海（上海）北（北京）等大城市，这些城市对毕业生吸引力越来越大，而到边远省区就业和回生源地的毕业生越来越少。

3．择业目标趋向多元化

大学生的择业观与就业观，制约着他们对职业的选择和地点的选择。由于大学生择业价值取向的多样性，从而导致了大学生职业走向的多元化倾向。这种多元化主要表现在：首先，是对未来从事职业行业领域的选择上；其次，是对工作地点的选择上。

4. 追求自我价值的实现

实现自我价值是当代大学生人生观和价值观的直接反映，是大学生们积极上进的内在动力。符合兴趣，发挥特长，得到实惠，体现个人价值，已成为许多大学生的口头禅。这一点固然不错，但一定要适度，正确处理好个人、集体和国家需要的关系。

5. 择业期望值居高不下

所谓择业期望值，是指求职者要获得的职业位置对其物质精神的需求满足程度。每个毕业生都希望毕业后获得一份能更多、更好地满足自己物质、精神生活需求的工作；但必须看到，这种需求变为可能要受到条件和客观因素的制约，即择业的期望值必须有一个度，把握不好这个“度”，就难免走入择业的误区。

6. 择业选择的不稳定性和多变性

具体表现在：有些人酷爱自己的专业，然而又怕过艰苦的生活，择业时茫然无措；有些人虽然意识到基层和艰苦行业需要人才，最能锻炼自己，但怕基层条件差，埋没了自己的才能，在择业时举棋不定；还有的不顾自己专业特长，把待遇高、福利好的单位作为择业标准，但同时又想实现自己的价值与抱负，在择业时犹豫不决。毕业生择业的不稳定性与多变性，一方面对自己的就业不利，择业时左顾右盼，当断不断，必定错失良机；另一方面对用人单位不利，反反复复，随意违约，延误了用人单位挑选人才的时机。

7. 择业的心理素质脆弱

当代大学生虽然具备了一定的知识素养，但由于缺乏社会阅历，加之应变能力不强，在选择职业时往往存在着某些片面认识，致使他们在择业就业过程中有求全求美、从众和胆怯心理，缺乏抗挫折和抗风险心理。

8. 创业者日益增多

循规蹈矩，按部就班，已不再为人们所推崇。越来越多的大学生独闯天下，自立门户，艰苦创业，干自己的事业。

三、讲究择业技巧

在大学生就业市场上，毕业生越来越讲究求职技巧。主要表现在：

1. 随身“护照”越来越多

大学生把反映自己能力的各种各样的证书，形象地称为“护照”。这些“护照”除英语四、六级证书和计算机等级证书外，还有优秀毕业生、优秀学生干部、优秀团员、三好学生等种种先进荣誉称号证书，以及驾驶证、专业技术等级证、社会事务兼职证书等表现自己能力的各种证书、证件。

2．内部硬件越来越硬

大学生把内在文化功底、技能称为“硬件”，这也是用人单位比较看重的。有的学生自踏进校门，就想方设法在本校、跨校或通过参加自考等形式，选修第二专业甚至第三专业。这样的复合型人才颇受用人单位青睐。

3．广告宣传越做越广

毕业生除了自费在报纸、杂志和电台上为自己做广告宣传之外，还举办个人能力展示会，制作求职名片、电子杂志、视频简历、求职光盘等。尤其是利用互联网求职成新宠。如：开办个人博客、自制个人求职网页，在个人简历中加入人才素质测评报告等，利用多种形式，多视角、全方位展示自我。

4．“背叛”专业日渐流行

一些学生辅修第二专业甚至第三专业，不但增强了其求职竞争力，也为其“背叛”专业提供了条件。

5．应聘材料越来越精美

对于毕业生来说，应聘材料无疑是一张名片，能否打动用人单位，至关重要。于是应聘材料就出现了两种趋势。一种是越来越厚，如自荐信、推荐信、个人简历、获奖证书、发表作品等；另一种是越来越精美，如激光打印、彩色印刷、塑料封套等。

6．“试工实习”越来越多

近年来，用人单位选择应届毕业生时，要求试用一段时间的“试工”现象越来越普遍，而对于大学生来说，到意向单位去实习，既可以对单位有一个全面的了解，又利于日后做工作。

7．外部包装越来越“花”

求职时，大学毕业生比以往任何时候都注重“形象”。爱美的女士自不必说，就连一些平时不修边幅的男士们也穿起西装，打起领带，用上发胶、摩丝等。

8．“求职消费”越来越高

大学生求职阶段，讲究的着装，精美的简历，四处求职的通信费、交通费等都所费不菲，大大增加了求职费用。

第二章 职业基础知识

职业与人的一生有着密切的关系，选择职业就意味着选择自己的未来和人生。渴望一个理想的职业，充分发挥自己的聪明才智，成就一番事业，也就成为大学毕业生梦寐以求的人生大事。因此，毕业生多了解一些社会职业的基础知识，对自己的择业和成长都有所裨益。本章着重介绍有关职业的含义、特征、发展、分类，职业锚，职业发展趋势，热门职业，职业资格证书，职业技能鉴定等知识，以期对大学生择业有所帮助。

第一节 职 业 概 述

一、职业的含义及其特征

（一）职业的含义

对于职业的含义，从不同的角度可以得到不同的看法和认识。从词义学的角度看，“职业”一词由“职”与“业”构成。所谓“职”，是指职位、职责，“业”是指行业、事业、业务。从社会学的角度看，职业是一个人为不断取得经济收入而连续从事的具有市场价值的特殊活动，这种活动决定着从事它的那个人的社会地位。而在 21 世纪，职业则是指个人为服务社会、服务他人所从事的相对稳定的、有报酬的劳动而获得的一种社会劳动岗位。

首先，职业是人们谋生的手段。人的生存离不开衣、食、住、行，否则，生命就无法延续。职业活动最重要的标志就是获取报酬，没有报酬的劳动不属于职业活动。因此，人们要想通过劳动获取报酬，就必须有职业。

其次，职业是个人才能发挥及个人能力进一步提高的舞台。人们只有在不断的社会劳动中，才能运用所学知识，发挥个人才智，从而创造社会价值，因此个人的特长和才能只有在自身的就业岗位上才能得以施展；同时，在创造社会价值的同时，人们通过劳动不断认识自我价值，并使自身的体力、智力、技术水平得以提高。

对大学生来说，职业的意义在于：①对个人来说是为了生存；②发展个性，或者说是发挥个人才能；③参与社会劳动，承担社会义务，为他人提供服务。

（二）职业的特征

1. 职业的社会特征

（1）同一性。首先是行业内的同一性，同一行业其劳动条件、工作对象、劳动强度、工作性质、生产方式、工作内容等方面相同或相近。正是由于这些相同点，人们就会形成共同的行为模式，有共同的语言习惯和道德规范。基于此，才形成了诸如行业工会、行业联合体等社会组织。其次是行业之间的同一性，在不同行业的不同职业类型之间仍然存在着相同点，如工作时间固定、按劳取酬、岗位基本固定等方面基本相同。应当注意的是，职业的同一性特征随着社会的发展，在不同阶段的表现有所不同。

（2）差异性。首先是行业性差异，不同行业之间存在的差异很大，其劳动条件、劳动强度、工作对象、工作性质、工作内容、生产方式等方面都不同，就形成了不同的行为模式、道德规范和语言习惯。人们常说的“隔行如隔山”，就充分说明了这一点。其次是时代性差异，在社会发展的不同时期，职业在同一行业、同一阶段、同一区域内的分布状况会有所不同，选择职业的方式上也有所不同。

（3）层次性。所谓层次性是指各类职业间的层次和各个职业类型内部的层次。首先是各类职业间的层次，从社会需要角度来看，职业并没有高低贵贱之分，但实际生活中，由于不同职业对人们的素质要求不同，不同职业的体力劳动、脑力劳动的付出，收入水平的高低，工作任务的轻重，和社会声望、权力地位等因素不同，以及人们对职业的看法或舆论的评价不同，也就有了职业的层次之分。这种差别本身不以个人的意志为转移，也就决定了人们对职业层次的认识。其次是各个职业类型内部的层次，同一职业类型内部的层次之分是根据从业者所履行的领导职权和责任不同而划分的，这也就是职位。

（4）时代性。职业具有时代性是指不同的历史时期具有不同的热门职业。人们择业时，受到社会对职业的需求情况、个人兴趣、社会观念、时代风尚及媒体宣传等因素的影响，就形成了不同时期的不同热门职业。我国曾出现过“当兵热”“银行热”“下海经商热”“计算机热”“炒股热”等。这些热门职业的出现，都是符合社会发展趋势和各行业发展需要的。

2. 职业活动的特征

（1）社会性。职业是社会分工的结果。马克思明确指出：“每一种职业都是社会分工中的一定部门。”职业随着社会分工的产生而出现，随着社会分工的发展而变迁。每一个社会成员，只有在从事社会职业的活动中，才能体现自身价值。

（2）经济性和连续性。所谓职业的经济性，是指人们从事某种职业活动，并取得一定的经济成果，从而获得经济收入或报酬。所谓职业的连续性，是指一个人在较长时间内持续从事某种职业，并通过职业活动较稳定地获得一定的经济收入或报酬。正是因为职业具有明显的经济性和连续性，才与人们的社会活动和日常活动紧密地联系在一起。

（3）知识性和技术性。人们在社会生活中无论从事何种职业，都需要在一定程度上掌握和具备该职业所需要的知识和技术，这表明知识性和技术性是一切职业活动共有的特性。区别之处在于从事某些职业活动所需要的知识和技术比较容易掌握，从事另一些职业活动的知识和技术不易掌握。有的职业活动的知识和技术必须在特定的学校、培训机构里获得，有的却可以在家庭、在就业实践中获得。而且由于科学技术的发展与管理水平的提高，要求从业人员必须具备更高的科学知识和操作技能。

（4）规范性。任何职业活动特别是技术性较强的职业活动必须遵从职业规范。职业规范主要包括人们在职业活动中应遵守的操作规则、办事章程，职业道德规范和在职业活动中养成的种种习惯等。这些职业规范或以法律、法规，或以组织章程和有关公约、守则的方式体现出来，或只是一些约定俗成的非正式的规范。无论何种职业活动都要受一定职业规范的约束。

二、职业的产生与发展

（一）职业的产生

职业是人类社会发展到一定阶段的产物，是随着社会分工的产生而出现的。原始社会是人类历史上最初的社会形态，氏族是社会的基本生产单位和组织。氏族成员中存在着自然劳动分工，如男子狩猎、捕鱼，女子在家抚养子女、管理家务。这种分工几乎是纯自然和自发的，是建立在性别、生理差异和年龄状况基础上的，还不能称为职业分工。随着社会生产力的发展，人类征服自然能力的提高，原始农业在社会生产中的重要性越来越明显，农业在社会生产中起主导作用。随后，由于社会生产力的逐步发展，产生了三次社会大分工。第一次社会大分工，畜牧业从农业中分离出来；第二次社会大分工，工业从农业中分离出来；第三次社会大分工，出现了商业。经过三次社会大分工之后，氏族解体，私有制产生，阶级出现，导致了体力劳动和脑力劳动的分工和对立。至此，职业活动已成为普遍的社会现象。人类社会产生了各种各样的职业，职业家族就慢慢地分化扩展起来。

（二）职业的发展

人类社会进入阶级社会后，出现了脑力劳动和体力劳动的大分工。到了资本主义社会，由于科学技术的发展和生产工具的改革以及社会化大生产的实现，生产力得到了空前的发展，涌现出成千上万种职业。我国目前正处于社会主义初级阶段，在经济体制上实行以公有制为主体、多种所有制形式并存的社会主义市场经济。随着政治体制、经济体制改革的进一步深化，生产力的进一步发展，各种各样新职业也会不断出现。

职业发展过程的快慢是由社会生产力发展水平快慢决定的。社会生产力的发展，促进了社会分工，而社会分工又产生了不同的职业。社会分工随着社会生产力的发展及人类社会经济生活的进一步提高而发展深化，同时也引起社会职业的发展演变。职业的发展变化主要表现为：职业分工由简单到精细，职业内容不断弃旧更新，职业结构不断调整，新型职业不断产生，对从业人员的素质要求不断提高。

三、职业的功能

所谓职业的功能，是指职业活动与职业角色对人、对社会的作用及影响。概括起来主要有如下几方面：

（一）职业决定着人们的生活方式

不同的职业、职位给就业者带来的经济收入有明显差别，经济收入的高低影响着人们的生活水平和生活方式。

（二）职业是实现个体价值的途径

自我价值的实现是人们最高层次的需要。人们从事某种职业不仅是为了获取报酬，更重要的是在职业活动中可以展现自己的智慧和才华，发挥和发展自己的潜能，实现自己的人生理想和价值。这里应注意的是，只有个人的需要与社会的需要较好地结合起来，个体价值才能实现。

（三）职业是完善人们个性的手段

职业作为一个特定的社会角色，影响着就业者个人的兴趣、能力及性格的形成和完善。

1. 影响个人的兴趣

兴趣是一个人热衷于认识某种事物或积极进行某种活动的心理倾向。它是由人们的需要而产生，并在社会实践中逐渐培养和发展起来的。正因为如此，职业才会影响一个人的兴趣和爱好。

2. 影响个人的能力

能力是指一个人完成某种活动所需要的，并且影响其效果和效率的心理特征。能力是在个人遗传素质的基础上，在一定的社会环境里通过社会实践而形成和发展起来的；而个体之间能力的差异，主要是后天影响的结果，其中所从事职业对其能力的影响尤为突出。例如：教师职业能提高人的口头表达能力和写作能力，律师职业能提高人的思辨能力等。

3. 影响个人的性格

所谓性格，是指一个人在先天生理基础上，在社会实践活动和不同环境熏陶下逐渐形成的比较稳定的心理特征。人的性格由处事原则、对事态度、活动方式三个方面构成。每一种职业特有的操作规则、办事章程、职业道德会要求从业者具备特殊的处事原则，每种职业特定的知识和技术，决定其活动方式的特殊性。例如：军营生活可以使人变得勇敢、机智；运动员职业能培养一个人坚忍不拔、顽强拼搏的性格；企业管理职业能使人具有勇敢、沉着、果断的性格。

（四）职业反映了个人及家庭的社会地位

社会地位的高低取决于社会权力的大小、社会声望的高低、经济收入的多少。职业的经济性告诉我们，职业是个人获得经济收入的主要手段，不同职业带给人们的经济收入显然不同。职业的层次性告诉我们，职业的层次之分是根据职业者所履行的领导权和责任不同划分的。不同的层次产生不同的职位，也就履行不同的领导权和责任，社会权力自然不同。社会声望的高低不仅取决于经济收入和社会权力，还受晋级提升的机会、职业声誉、劳动环境条件、安全感和历史传统等的影响。因此，通过某人所从事的职业便可大体看出其社会地位的高低。

（五）职业发展是推动社会进步的动力

从社会学的角度看，职业反映了社会的进步。人类社会是由政治、经济、文化、教育、科学技术等诸方面构成的。人类社会的发展是以上诸因素共同发展的结果，这些因素的发展又是和与之相适应的职业者分不开的。如专职科技工作者推动科技的发展，医务工作者推动了医疗技术的进步，教师是推动教育发展的主力等。在当今社会里，每一项主要工作，每一种重要的劳动以及社会活动，都有与之相适应的职业。

第二节　职　业　锚

一、职业锚的含义

职业锚的概念是由美国埃德加·施恩教授提出的，他认为职业规划实际上是一个持续不断的探索过程。在这一过程中，每个人都在根据自己的天资、能力、动机、需要、态度和价值观等慢慢地形成较为明晰的与职业有关的自我概念。施恩还说，随着一个人对自己越来越了解，这个人就会越来越明显地形成一个占主要地位的职业锚。

所谓职业锚就是指当一个人不得不作出选择的时候，无论如何都不会放弃的职业中的那种至关重要的东西或价值观。正如“职业锚”这一名词中“锚”的含义一样，职业锚实际上就是人们选择和发展自己的职业时所围绕的中心。

一个人对自己的天资和能力、动机和需要以及态度和价值观有了清楚的了解之后，就会意识到自己的职业锚到底是什么。要想对职业锚提前进行预测是很困难的，这是因为一个人的职业锚是在不断发生变化的，它实际上是在一个不断探索过程所产生的动态结果。有些人也许一直都不知道自己的职业锚是什么，直到他们不得不作出某种重大选择的时候，比如到底是接受公司将自己晋升到总部的决定，还是辞去现职，转而开办和经营自己的公司。正是在这一关口，一个人过去的所有工作经历、兴趣、资质、性格取向等才会集合成一个富有意义的职业锚，这个职业锚会告诉此人，对个人来说，到底什么东西是最重要的。

二、职业锚的分类

（一）技术或功能型职业锚

具有较强的技术或功能型职业锚的人往往不愿意选择那些带有一般管理性质的职业。相反，他们总是倾向于选择那些能够保证自己在既定的技术或功能领域中不断发展的职业。

（二）管理型职业锚

有些人则表现出成为管理人员的强烈动机，“他们的职业经历使得他们相信自己具备被提升到那些一般管理性职位上去所需要的各种必要能力以及相关的价值倾向”。承担较高责任的管理职位是这些人的最终目标。当追问他们为什么相信自己具备获得这些职位所必需的技能的时候，许多人回答说，之所以认为自己有资格获得管理职位，是由于确定了自己具备以下三个方面的能力：

（1）分析能力——在信息不完全以及不确定的情况下发现问题、分析问题和解决问题的能力。

（2）人际沟通能力——在各种层次上影响、监督、领导、操纵以及控制他人的能力。

（3）情感能力——在情感和人际关系危机面前只会受到激励而不会受其困扰和削弱的能力以及在较高的责任压力下不会变得无所作为的能力。

（三）创造型职业锚

有些大学生在毕业之后逐渐成为成功的企业家。这些人都有这样一种需要：“建立或创设某种完全属于自己的东西——一件署着自己名字的产品或工艺、一家自己的公司或一批反映自己成就的个人财富等。”

（四）自主与独立型职业锚

有些毕业生在选择职业时似乎被一种自己决定自己命运的需要所驱使着，希望摆脱那种在大企业中工作而依赖别人的境况。因为，当一个人在某家大企业中工作的时候，其提升、工作调动、薪金等诸多方面都难免要受别人的摆布。这些毕业生中有许多人还有着强烈的技术或功能导向。然而，他们却不是到某一个企业中去追求这种职业导向，而是要么是自己独立工作，要么是作为一个相对较小的企业中的合伙人来工作。

（五）安全型职业锚

还有一少部分毕业生极为重视长期的职业稳定和工作的保障，似乎比较愿意去从事这样一类职业：这些职业应当能够提供有保障的工作、稳定的收入以及可靠的未来生活。这种可靠的未来生活通常是由良好的退休计划和较高的退休金来保证的。对于那些对地理安全性更感兴趣的从业者来说，如果追求更为优越的职业，意味着将要在生活中注入一种不稳定或保障较差的地域因素的话——迫使从业者举家搬迁到其他城市，那么从业者会觉得在一个熟悉的环境中维持一种稳定的、有保障的职业对自己来说是更为重要的。对于另外一些追求安全型职业锚的从业者来说，安全则是意味着所依托的组织的安全性。他们最可能优先选择到政府机关工作，因为政府公务员看来还是一种终身性的职业。这样的从业者显然更愿意让雇主来决定其去从事何种职业。

第三节　职业与职位的分类

一、职业与职位的关系

职业是指人们为了谋生和发展而长期从事相对稳定的、有经济收入的、分门别类的社会劳动，职位是指从业者在职业活动中所履行的领导职权和责任。从职业和职位的概念不难看出，二者既有联系，又有区别。首先，职业是职位划分的基础。有了职业就有了职位划分的存在，有了职位的划分，就有了职业内部的层次性。其次，职业是一种社会劳动，是无贵贱之分的，而职位是具体的工作岗位，同一职业有多个职位，有高低之别。

二、职业的分类

（1）我国 1999 年 5 月颁布了《中华人民共和国职业分类大典》，将我国职业归为 8 个大类，66 个中类，413 个小类，1 838 个细类。1999 年 5 月到 2005 年 12 月，又确立了 77 个新职业，因此，到 2005 年底，我国职业共有 8 个大类，66 个中类，413 个小类，1 915 个细类（职业），4 700 多个职业。2005 年在保持其总体框架不变的原则下，重点对现代制造业、现代服务业和信息产业领域的新职业进行了增补，共 77 个职业。8 个大类分别是：第一大类：国家机关，党群组织，企业、事业单位负责人；第二大类：专业技术人员；第三大类：办事人员和有关人员；第四大类：商业、服务业人员；第五大类：农、林、牧、渔、水利业生产人员；第六大类：生产、运输设备操作人员及有关人员；第七大类：军人；第八大类：不便分类的其他从业人员，一直沿用至今，目前正在修订。

在新的经济发展时期，为了应对新旧职业的交换，人力资源和社会保障部自 2004 年 8 月建立了新的职业信息发布制度。根据目前能查到的数据，2004 年 8 月至 2007 年 4 月，国家劳动和社会保障部共发布 9 批 96 种新职业。截至 2007 年 5 月 14 日，据有关资料统计，我国共有 1 979 个职业系类，而且每年会新增大约 20～30 种新的职业。以此推算，截至 2013 年我国大约有 2 000 多种职业。如近年新产生的职业有：会展设计师、珠宝首饰评估师、创业咨询师、手语翻译员、灾害信息员、孤残儿童护理员、城轨接触网检修工、数控程序员、合成材料测试员、室内装饰装修质量检验员、形象设计师、锁具修理工、呼叫服务员、水生哺乳动物驯养师、汽车模型工、水产养殖质量管理员、汽车加气站操作工、牛肉分级员、首饰设计制作员；可编程序控制系统设计师、轮胎翻修工、品牌管理师、医学设备管理师、农作物种子加工员、报关员、机场运行指挥员、社会文化指导员、宠物驯导师；衡器装配调试工、汽车玻璃维修工、工程机械修理工、安全防范系统安装维护员、助听器验配师、豆制品工艺师、化妆品配方师、纺织面料设计师、生殖健康咨询师等。

（2）按行业分类，职业可分为第一产业、第二产业和第三产业的职业。第一产业是国民经济发展的基础行业，如农业、林业、渔业、畜牧业等；第二产业是国民经济发展的主导行业，如工业、交通业、建筑业等；第三产业是指商业、服务业、旅游业等。

（3）按经费来源分类，职业可分为行政事业单位和企业单位职业。

（4）按主要付出劳动的性质分类，社会职业可分为以体力劳动为主的职业和以脑力劳动为主的职业。

（5）按利用自己的资源获取自己生存的资源方式的不同可分为以下三种：

1）出卖自己资源的打工一族：

黑领：出卖自己的时间和体力；最现实的梦想就是学得技能做个蓝领。

蓝领：出卖自己的时间、体力和技能，就是做技术工种。

白领：出卖自己的时间、技能和智慧，就是做管理、策划和设计的。他们都期望自己不久就可以成为经营一族。

2）用自己的资源赚钱的经营一族：

初级的是自由职业者：自己为自己打工，是利用自己的时间、智慧和一技之长来赚钱，有的甚至没有技能也可以赚钱。

中级的是企业主：继承或建立一个系统平台，让有限的工人为自己打工；是利用自己的智慧和无形资产赚钱。

高级的是投资者：投资企业，让企业为自己打工赚钱；投资房产让租赁者为自己打工赚钱；投资各种项目赚钱。

3）善驾驭物的靠网络系统赚钱的一族：

初级的是连锁加盟——加盟店：他们只需投资加盟，找个好地段开店，按要求经营就很有可能赚钱。

中级的是人际网络——主要是直销业：因为他们只要建立起自己的网络，那么网络内的人都在为他打工。

高级的是互联网络——电子商务：之所以将其排在这里是因为网络是未来市场发展的大趋势，电子商务是网络的重要的组成部分。

三、自由职业

1. 自由职业的定义

根据《韦氏大词典》，自由职业者（Self-employed）是：独立工作，不隶属于任何组织的人；不向任何雇主做长期承诺而从事某种职业的人。

别名：在家办公的自由职业者（SOHO：small office，home office）、顾问、临时工（occasional worker）、承包人、自由代理人、单飞雁（lone eagle）、独行侠（lone ranger）、单干户、自由工（open-collar worker）、唱独角戏的（soloist，solo operator）、靠电话联系进行工作的人（telecommuter）等。

自由职业就是职业过程完全自由，从业者可以自由选择自己的工作时间、工作量和工作的形式。这主要体现在以下三个方面：

（1）灵活性——可以根据自己所需要的时间、努力程度和工作的选择来安排。

（2）满足感——能够尽可能地发挥自己的创造力。

（3）挣钱能力——可以完全不加夸张地根据自己的技能、经验和市场行情，想挣多少就挣多少。

2. 自由职业对从业者的要求

（1）自由职业需要从业者具有很强的自制力。也就是说自己能否在时间上管理把握好自己；另外，因为每个月收入不固定，所以如何管理好钱袋也是必须认真对待的问题。

（2）自由职业需要从业者具有持续发展的自我市场销售能力。对于那些墨守成规的人，选择自由职业将会是一种挑战。

（3）自由职业需要从业者具备快速作出决定的能力。一个人应该选择最适合自己的项目，应该知道如何回答“不”，什么时候回答“不”，确切地说，从事自由职业时懂得如何拒绝一个项目是非常重要的。

（4）自由职业者除需要完整的专业知识和技能外，还应该具备处理各种事务的能力。

（5）自由职业要求从业者必须了解全面的知识。无论做什么，都需要了解许多关于全球市场的知识，了解不同的文化、不同的人，以及地区性的政治理念等。

自由职业拥有着其他职业无法比拟的优点：自由的感觉，从业者可以自己选择节奏，选择服务，选择时间，选择工作的数量，选择挣钱的多少，一切都可以自己选择。但其对从业者的要求之高，却不是每个人都能达到的。对于在校的大学生而言，自由职业是一个非常好的锻炼机会，可以作为真正择业前的一种试探，因为它可以为更好地辨别不同职业的特性提供帮助，测试从业者的技巧，了解自身的性格、特点与能力，从这个试探里得出的结果，能为真正择业提供帮助。

四、职位的分类

从职业与职位的关系得知，职位是在职业的基础上划分的。每一种职业都有职位的划分，前面谈到职位是根据从业者在职业活动中所履行的领导职权和责任来划分的。一部分职业在不同地区、不同单位中职位的划分也有所不同。随着社会的发展，职业在同一地区、同一单位中职位的划分也会发生相应的变化。另一部分职业职位的划分国家或省、市是有明确规定的，比如各省根据《国家公务员职位分类工作实施办法》确定本省国家公务员职位分类，而各专业技术职业职位的划分就更加明确，例如：

（1）科学研究职业分为研究员、副研究员、助理研究员、研究实习员四个职位。

（2）高等教育教师分为教授、副教授、讲师、助教、普通教师五个职位。

（3）卫生技术职业分为主任医师、副主任医师、主治医师、医师、医士五个职位。

（4）经济业务职业分为高级经济师、经济师、助理经济师、助理经济员四个职位。

（5）政工人员职业分为高级政工师、政工师、助理政工师、政工人员四个职位。

（6）工程技术职业分为高级工程师、工程师、助理工程师、技术员四个职位。

第四节 职业的发展趋势与热门职业

一、职业的发展趋势

我们已经进入一个知识就是财富的“新经济时代”，新技术取代旧技术，新产品取代旧产品，这是不可逆转的历史发展趋势。因此，了解职业的发展趋势，就会掌握择业的主动权。职业的发展趋势主要表现在以下几个方面：

（1）社会分工的加速发展，使社会职业的种类大量增加，新兴行业不断涌现，新职业大量出现。这正是科学技术突飞猛进、生产工具大量改进以及生产过程高度社会化，促使社会分工越来越细的结果。我国 1986 年 6 月发布的《国家标准职业分类和代码》中，社会职业仅为 126 个小类，而 1999 年 5 月颁布的《中华人民共和国职业分类大典》中，社会职业增加到 413 个小类。13 年间就增加了 287 个小类。进入 21 世纪，科学技术发展就更为迅猛，社会职业的种类也将越来越多。与此同时，一些不适应社会发展的职业将被淘汰。

（2）经济飞速发展，使社会职业结构变迁的速度加快。经济领域是集中职业种类和职位数量最多的社会生活领域。经济活动对职业的变迁、发展有十分直接而又特别重要的作用。我国以经济建设为中心，推动了经济的发展，从而促使产业结构和行业结构变迁的速度加快。

（3）第三产业职业的数量和在全部职业中所占的比例进一步加大。伴随第三产业的发展，新职业大量出现，在职业层次上形成了若干“高新第三产业”职业群，如金融、商贸服务、传播、智力服务业等。而受产业结构的影响，农业与工业部门就业人数的比重在不断下降，第三产业就业人数不断增加，这是现代社会发展的大趋势。我国近十年从事第三产业人数的增长，远远大于第一、二产业就业人数的增长，第三产业已成为我国容纳新增就业人员最多的部门。

（4）职业的流动性增强。随着社会职业的不断增加，可供选择的职业也不断增多，打破了职业的相对稳定性。究其原因有三：一是科技的进步，生产力的提高，使得旧的职业不断地消失，新的职业不断地产生。二是新技术的运用，新工艺的推广，使得同一职业对就业者提高了要求，迫使就业者不断地参加培训，以提高适应能力和竞争能力或放弃已有的却不能胜任的工作岗位。三是就业者个人或因人际关系紧张，或因劳动内容不适合、劳动强度大，或因经济收入低、社会声望低等原因而放弃已有的就业岗位。

（5）新兴职业多以“知识型”为主。全球的就业市场已在发生巨变，科学技术的飞速发展使新技术、新工艺得以广泛应用，由此而产生的新的职业多以知识为基础。美国《新闻周刊》报道说，近十年来增长最快的职业包括电脑工程师、系统分析师、数据管理员、物理治疗师、职业医疗师等。这说明新兴职业者必须是“知识型”劳动者。所谓知识型劳动者，是指掌握一定科技专业知识，又能实际动手操作的劳动者。他们受过相当程度的正规教育，拥有一定的理论知识、分析和动手能力，是体力与脑力结合的劳动者。当前社会的失业人群中低学历者占绝大多数，越来越多的企事业单位比以往更注重知识层次高的人才。在我国近年来，“学历热”“自考热”“考研热”“留学热”等种种现象也说明了此问题。

二、未来职业的特点

有关专家预测，未来职业将呈现以下三大特点：

（一）职业的教育含量增大

各种就业岗位，需要更多的受过良好教育、掌握最新技术的技术工人，单纯的体力劳动或机械操作职业将明显减少。

在发达国家，制造业中蓝领工人失业率高于从事管理工作的白领员工；而白领员工中从事服务性工作，如银行、广告等的失业率又明显高于从事开发和研究工作的员工。未来白领、蓝领阶层的界线将越来越模糊，职业逐渐向专业化方向发展。

（二）职业要求不断更新

一些职业，因新的工作设备和条件变化，对职业内容有了新的要求。如行政工作人员，在以前只要求具备较好的组织协调能力，分析问题、解决问题能力，文字表达能力，口头表达能力等。但现在除要求他们具备上述能力以外，还要求具备社会交往及计算机辅助管理、办公自动化操作能力等。

（三）永久性职业减少

只有少数人能拥有“永久性”的工作，而从事计时、计件或临时性职业的人会越来越多。

三、职业发展对大学生择业的影响

现代职业的发展变化无疑会对大学毕业生就业产生多方面的影响。因此对于大学生，不论是在校就读，还是面临求职择业，联系本人实际，充分考虑职业发展趋势是极为重要的。

（1）社会职业种类的大量增加，扩大了大学毕业生择业的范围，增加了就业机会。现代职业的分化及职业种类的增多，使得大学毕业生可以不再拘泥于传统职业种类的狭小范围，可以在更广阔的就业天地里结合自己的兴趣与特长，选择更适合自己发挥才能的岗位。

（2）社会职业结构的变迁及职业流动性的增强要求大学毕业生转变就业观念，以发展的眼光看待问题。着眼于未来，客观看待市场变化，正确看待初次就业，寻找那些有潜力、有发展机会的职业，在工作中丰富自己的知识，提高个人能力，才能面对变化的职业市场而立于不败之地。

（3）社会对“知识型”人才的大量需求，要求大学毕业生必须拓展自己的知识面，成为适应时代需求的多面性、复合型人才。

四、热门职业

（一）认识“热门”职业

什么是热门职业呢？我们可以从两个角度来认识它。首先从人们的普遍认识看，热门职业是指有较高经济收入、有舒适的工作环境、有较高的社会地位的职业。而其中经济收入是最为主要的，这是合乎情理的，毕竟职业是从业者获得经济收入以维持生存的主要手段。从社会学角度看，热门职业产生于新兴行业（如电子商务、网络开发）和成长型行业（如通信、房地产业）。这是由行业对从业人员的需求与从业人员数量的供求关系所造成的。新兴行业是新知识、新技术应用最早、最活跃的领域，必然要求高知识层面的从业人员，而由于人们对新技术、新知识认知过程的相对滞后，造成满足行业需求的人才匮乏。对于成长型行业而言，其发展的快速性要求知识技术的不断更新，行业规模的不断扩张使得对从业人员数量需求增大，而人才的培养和成长又无法跟上行业的成长速度，从而造成供求关系的失调。因此在这两类行业中产生热门职业，正所谓“物以稀为贵”。

（二）“热门”与“冷门”的辩证发展

我国在1978年以前，虽然国家已发行了一些国库券，但不允许进行市场流通，所以证券业务几乎为零，证券交易职业无人问津。而随着改革开放及股市的建立，尤其是国家对部分企业进行股份制改造，并允许股票进行交易，再加上允许国债进行流通，使我国的证券交易非常活跃，这一行业得到迅速发展。证券交易员也成为热门职业，而在20世纪末期股市大跌，交易量急剧萎缩，证券交易员被打入冷宫，直到2006年初股市开始复苏，交易量开始回升，证券交易员职业又开始升温。

我国在20世纪90年代中期，随着传呼机使用的推广，“传呼小姐”这一职业得以迅速发展，从业人数剧增，当时很多人都非常喜欢这一职业；可到了21世纪，随着社会的发展、科学技术的进步，手机的普及程度越来越高，传呼机逐渐被取代，“传呼小姐”这一职业也逐渐衰败，走向消亡。

通过以上两个例子，我们不难发现职业的“冷”、“热”不是一成不变的，而是随着时间的推移、社会的发展而变化的。社会的不断进步带动经济的发展，并不断改变着经济结构，由此而带动职业结构发生变化，产生新的职业，淘汰落后的职业。曾经备受冷落的职业可能变得受人瞩目，而今天众人趋之若鹜的所谓“热门职业”，在将来可能无人问津。因此职业的“冷”、“热”不仅是相对而言的，而且是不断变化，甚至可以相互转换的。面对飞速发展的现代社会，盲目地追求所谓“热门”职业而忽视其本身的发展规律是不可取的；大学毕业生在选择职业时，应该不仅看到职业的今天，而且看到它的过去和未来，客观、冷静地作出适合自己的选择。

（三）21 世纪中国社会的主导行业

我国的人事管理机构根据全国各类专业协会的有关统计资料，对我国未来急需人才进行了分析和预测。分析结果认为，我国未来一个时期的主导职业包括：会计、计算机技术、软件开发、环保、健康与保健医药、咨询服务、保险、法律、老年医学、家庭护理服务、公共关系、市场营销、生命科学、旅游管理与服务、人力资源管理等十六个行业。我们将这十六个行业中职业的基本情况及相关专业提供给广大毕业生作为择业参考：

1．会计类

随着社会经济的发展和财务管理规范化，社会上的各种企业事业单位对会计的需求也大大提高，会计也将成为各行业中的一个热门专业，其社会地位和收入也较高。该行业的从业者应具有助理会计师、会计师、高级会计师和注册会计师不同职称或专业认证资格证书。要从事这一行业一般需要具有会计专业、财经专业、统计学专业等专业的学历或学位，并首先参加会计从业资格考试并获取会计从业资格，在获得会计从业资格的基础上，按会计职称等级高低由低到高，逐一通过国家的各等级的会计师资格考试，获得会计师上岗的各种资格证书。关于会计资格考试的相关信息可查阅中国会计证考试网（http://www.kuaijizheng.com）。

2．计算机技术类

随着计算机技术的发展和广泛应用，计算机硬件、软件的开发、应用和维护成为社会各行业工作的重要组成部分，相应地就有一些计算机技术人员从事计算机软硬件方面的安装、调试和维护工作。因此，各行业（如银行、医院、政府部门、企业等）对计算机技术方面的专业人才的需求也越来越大，待遇也比较优厚。这些行业需要的专业人才包括计算机硬件工程师、程序员、网络管理员、系统维护专家及数据库管理人员等。这些专业人员一般需要获得计算机、信息技术、电子技术或相关专业的学历或学位。

3．计算机软件开发类

计算机技术的普及促进了计算机软件业的飞速发展，软件开发成为计算机行业的重要开发领域，软件设计专家成为软件开发业热门人才。软件开发专家主要从事操作系统、开发工具、应用软件等计算机软件的开发工作，要求具有计算机软件专业或相关专业的学历或学位，并具有一定的软件开发经验。这项职业在未来相当长的时间里，将成为社会上的高技术和高待遇的职业。

4. 环境保护类

随着环境污染的加重和国家与公众环保意识的增强，社会对环境保护类专业的人才需求将呈直线上升趋势。环境保护具体包括环境监测、环境质量评价、环境治理（环境工程）和环境卫生等方面的工作，需要环境科学、地理学、生物学、环境化学、环境工程学等方面的专业人才。

5. 中医和健康医学类

改革开放以来，我国的人均收入和生活水平有了大幅度的提高，人们对自己的生活状态和健康状况也越来越关注，健康医学应运而生，医用保健品的市场也越来越大，中医学和健康医学成为一个受大众关注的领域。由于西医对一些疑难病症的疗效不大，而中医在辨证治疗和整体治疗方面具有独到之处，而且与当今的生物制药领域有密切的关系，因此，社会对中医师和健康医学人才的需求量将逐渐增加。通常这方面职业从业者需要获得生物医学或中医学专业方面的学历或学位。

6. 咨询服务类

当今的社会是一个信息膨胀的社会，信息获取已经成为科学技术发展和商业运作的关键环节。社会分工的精细化和专门化促进了信息咨询和相关咨询行业的发展，并成为社会发展和进步的一个主导职业。目前社会上的咨询行业有企业咨询、心理咨询、信息咨询（包括各种信息服务咨询）、教育咨询等。从事咨询业需要具有教育学、心理学、管理学、信息科学、经济学等方面的学历或学位。

7. 保险类

社会经济结构的变化和各种不可预期的因素给人们的工作和生活增添了很多不确定的因素，这就需要有完善的社会保障体系。社会保障体系的不断完善促进了保险业的发展，保险业的发展将人们生活中的不确定因素造成的损失降低到最小的限度。社会对保险业务员、管理人员、精算师和索赔估价员的需要也不断增加，待遇也高于一般的职业。一般从事保险业的人员需要具有保险专业、金融专业、经济类专业、管理类专业的学历或学位。

8. 法律类

随着社会的发展和进步，法律法规也不断健全和完善，国家颁布的各种法律法规将越来越多、越来越详细。一般的老百姓对众多的法律条文不可能了解得很清楚，从事司法工作的政府机构（如法院、检察院）也需要高素质、高学历的法律人才。同时，为了更好地开展法律咨询和处理各种刑事和民事案件，对律师的需求量将越来越大，律师行业将成为一个高智力、高社会地位和高收入的职业。

从事律师行业需要具有法律或其他相关专业领域的学历或学位，并获得国家的律师资格证书。

9. 老年医学类

人口老龄化是全世界，也是我国面临的一个严峻的问题。随之而来的就是老年人的医疗、社会保障、心理问题等一系列社会问题，如何解决这样一个庞大群体上述方面的需求，成为一个重要的、急待解决的问题。其中老年医疗和保健是最突出的一个问题，老年医学方面职业的社会需求也将大大提高。社会将急需医学、老年医学、健康保健和护理等方面的专业人才，从事老年人医疗保健事业。如此大的社会需求也将为这个行业的从业者带来丰厚的经济回报，同时也将为老年人的身心健康作出贡献。

10. 家庭护理和服务类

社会生活和工作节奏的加快使家庭成员的压力加大，照顾病人、老人和孩子成为年轻和中年父母的沉重负担，家庭护理的需求量也因此大大提高。相关的热门人才为幼儿教师和家庭服务人员，这类人员通常不需要很高的学历。但是，对于这个行业的管理者，则需要具备社会服务、管理学等方面的学历或学位的专门人才。

11. 公共关系类

公关和企业形象设计对一个公司或企业的发展是至关重要的，公关行业因此成为极有发展前景的职业，该职业的从业者一般需要获得公共关系学、社会服务类专业、经济贸易类专业、管理类专业的学位，并具有相关的工作经验。

12. 市场营销类

市场营销包含了企业经营中与市场有关的一切活动，是一项包含销售在内的整体性和综合性的活动过程，其目的是为了创造销售产品的机会。消费品公司、工业设备公司、服务行业等均广泛运用市场营销手段，需要市场营销方面的人才。如今，一些非盈利部门，如学校、医院、社会组织等也进行市场营销活动，有相应的人才需求。从事这方面的人员一般需要具有市场营销学、管理学、经济类专业的学历或学位。

13. 生物化学和生物技术类

生物化学和生物技术是近些年科学研究与生物技术开发的一个热门领域，该领域在生物制药、保健品开发、治疗疑难病症的药品的研制、人工蛋白质的合成等方面有巨大的发展潜力。目前的新药主要是生物化学家与生物技术专家开发出来的，并对治疗和预防疾病起到了重要的作用。该领域的从业者一般需要具有生物化学、生物技术、生物医学、分子生物学等专业的学位。

14. 心理学类

我国已经将心理学列为 21 世纪重点发展的十几个学科之一。自 1997 年起，国家教育部在北京师范大学、浙江大学、华东师范大学等重点院校建立了心理学学科基础研究人才培养基地。此后，国家在心理学领域的投入力度逐年加大，心理科学也逐渐成为一个受国家和社会关注的专业，在社会各行业中的需求也不断提高。如从事市场研究、人力资源开发、心理咨询与心理治疗、学习障碍的矫正与教育心理学研究、人机交互作用的研究等均需要大量的心理学人才。在我国，心理学作为一个新兴的学科，也得到国家政府部门、社会各行业的广泛关注和重视，并在社会的各领域中得到广泛应用。从事心理学方面的职业需要获得心理学专业或应用心理学专业的学位。

15. 旅游管理与服务类

人们收入和生活质量的提高，对户外娱乐、休闲和旅游活动在经济和时间上的投入也逐渐增加，促使旅游业迅速发展。旅游业是投入少、收益高的行业，获取的利润较为丰厚，在 21 世纪旅游业将迅速发展。人们在旅游方面的消费将大幅度提高，随之对旅游代理公司的需求会大幅度增加，同时也将带动相关产业的迅速发展，如航空公司、出租车公司、客轮公司、商业、宾馆和餐饮业等。旅游业的发展将促进社会经济的全面发展，旅游业也将成为国家重点开发的产业之一。该职业的从业者一般需要具有旅游管理或管理学、地理学或相关专业的学位或学历。

16. 人力资源管理类

未来社会的竞争是人才的竞争，谁拥有人才谁将在激烈的竞争中拥有立足之地。在近几年的发展中，无论是政府机构还是企业，都建立了专门负责招聘人才的人事机构或人力资源部。其职能已不再是传统的人才的档案管理，其主要的职能是招聘和培训员工，使人尽其才，最大限度地开发人力资源的潜力，创造最大的经济效益和社会效益。人力资源管理也因此备受企事业单位的重视，并成为政府机构和企业的重要职能机构。如国家人事考试中心有专门负责公务员和企业人力资源开发方面的中心，在国内的企事业单位人才选拔和安置方面做了大量的工作，开发了一系列人才选拔方面的工具。国内新兴的大型企业和国外的大公司中也都设有专门的人力资源部，负责企业和公司的各级人才的选拔和员工培训。如国内北大方正和联想公司，国外的 IBM、NOKIA、MOTOROLA 等著名的公司均有专门的人力资源部门和人力资源专家。在未来社会发展中，对人力资源专家的需求也将不断增大。从事这方面职业需要具有人力资源管理、心理学、管理学等方面的学历或学位。

第五节 职业资格证书制度

一、什么是职业资格证书制度

（一）职业资格的概念

职业资格是指对从事某一职业所必备的学识、技术和能力的基本要求。职业资格包括从业资格和执业资格。

从业资格是政府规定专业技术人员从事某种专业技术性工作的学识、技术和能力的起点标准。从业资格通过学历认定或考试取得。

执业资格是政府对某些责任较大、社会通用性强、关系公共利益的专业技术工作实行的准入控制，是专业技术人员依法独立开业或独立从事某种专业技术工作在学识、技术和能力方面的必备标准。执业资格通过考试取得。

从业资格和执业资格同属于职业资格，反映了职业资格含义的不同层次。获取从业资格只证明已达到从事某职业对人所掌握知识、技能的最低要求；而获取执业资格则反映其专业知识、技能的水平高低。

（二）职业资格证书的含义

职业资格证书是职业标准在社会劳动者身上的体现和定位，是对劳动者具有和达到某一职业所要求的知识和技能标准的认证。职业资格证书分为“从业资格证书”和“执业资格证书”。

（三）职业资格证书制度的含义

职业资格证书制度是劳动就业制度的一项主要内容，也是一种特殊形式的国家考试制度。它是指按照国家制定的职业技能标准或任职资格条件，通过政府认定的考核鉴定机构，对劳动者的技能水平或职业资格进行客观公正、科学规范的评价和鉴定，对合格者授予相应的国家职业资格证书。

二、如何获取职业资格证书

职业资格证书制度规定：“经职业资格考试合格的人员，由国家授予相应的职业资格证书，证书由人力资源和社会保障部统一印制，各地人事（职改）部门具体负责核发工作。”

（一）从业资格证书

从业资格证书建立在从业资格确认的基础上。从业资格确认工作由各省、自治区、直辖市人事（职改）部门会同当地业务主管部门组织实施，通过学历认定或考试取得。具备下列条件之一者，可确认从业资格。

第一，具有本专业中专毕业以上学历，见习一年期满，经单位考核合格者。

第二，按国家有关规定已担任本专业初级专业技术职务或通过专业技术资格考试取得初级资格，经单位考核合格者。

第三，在本专业岗位工作，经国家或国家授权部门组织的从业资格考试合格者。

（二）执业资格证书

执业资格证书是对经执业资格考试合格的人员，由国家授予的证书。执业资格考试的报名条件、考核内容、考核标准由于专业不同有所差异，但都是由国务院劳动人事行政部门综合管理。

（三）执业资格注册

注册是对专业技术人员执业管理的重要手段，未经注册者，不得使用相应名称和从事有关业务。国务院有关业务主管部门为执业资格的注册管理机构，各省、自治区、直辖市业务主管部门负责审核、注册，并报国务院业务主管部门备案，各省、自治区、直辖市人事（职改）部门负责对注册工作的监督、检查。

申请执业资格注册，必须同时具备下列条件：①遵纪守法，遵守职业道德；②取得“执业资格证书”；③身体健康，并能坚持在相应的岗位工作；④经所在单位考核合格。

再次注册者，应经单位考核合格并进行知识更新，获得参加业务培训的证明。

国务院业务主管部门负责确定必须由取得执业资格的人员充任的关键岗位及工作规范，并负责检查监督关键岗位的执业人员上岗及执业情况。对违反岗位工作规范者要进行处罚。对已在须由取得执业资格人员充任的关键岗位工作，但尚未取得执业资格证书的人员，要进行强化培训，限期达到要求。对经过培训仍不能取得执业资格者，必须调离关键岗位。

应特别注意，取得“执业资格证书”者，应在规定的期限内到指定的注册管理机构办理注册登记手续；逾期不办者，执业资格证书及考试成绩不再有效。还应注意，不同专业的执业资格注册规定有所不同。

三、职业技能鉴定

（一）什么是职业技能鉴定

职业技能鉴定是一项基于职业技能水平的考核活动，属于标准参照型考试。它是由考试考核机构对劳动者从事某种职业所应掌握的技术理论知识和实际操作能力作出客观的测量和评价，是国家职业资格证书制度的重要组成部分。职业技能鉴定分为五个级别：初级、中级、高级、技师、高级技师。

（二）职业技能鉴定机构

（1）人力资源和社会保障部所属职业技能鉴定指导中心：参与制定国家职业技能标准和组建国家职业技能鉴定题库，开展职业分类、标准、技能鉴定理论研究及咨询服务，推动全国职业技能竞赛活动。

（2）各省、自治区、直辖市劳动与社会保障行政部门所属职业技能鉴定指导中心：组织本地区职业技能鉴定工作和具体实施考评员的资格培训，开展职业技能鉴定有关问题的研究和咨询服务，推动本地区职业技能竞赛活动。

（3）经人力资源和社会保障部批准，有关行业可建立行业的职业技能鉴定指导中心：参与制定国家职业技能标准以外非社会通用的本行业特有工种的职业技能鉴定工作和考评员的资格培训，开展职业技能鉴定及有关问题的研究和咨询服务，推动本行业的职业技能竞赛活动。

（4）职业技能鉴定站（所）：是具体承担对待业人员、从业人员、军地两用人才、各级各类职业技术院校和其他职业培训机构的毕（结）业生，进行职业技能鉴定的事业性机构。

（三）职业技能鉴定的申报条件

参加不同级别鉴定其申报条件有所不同：

（1）参加初级鉴定的人员必须是学徒期满的在职职工或职业学校的学生。

（2）参加中级鉴定的人员必须是取得初级技能证书，并连续工作 5 年以上或是技工学校以及其他职业学校毕业生。

（3）参加高级鉴定的人员必须是取得中级技能证书 5 年以上，连续从事生产作业的，或是经过正规高级技工培训并取得结业证书的人员。

（4）参加技师鉴定的人员必须取得高级技能证书，具有丰富的生产实践经验和操作技能特长，能解决本工种关键操作技术和生产工艺难题，是有传授技艺能力和具有培养中级技能人员能力的人员。

（5）参加高级技师鉴定的人员必须是担任技师 3 年以上，具有高超精湛技艺和综合操作技能，能解决本工种专业高难度生产工艺问题，在技术改造、技术革新以及排除事故隐患等方面有显著成绩，而且具有培养高级工和组织带领技师进行技术革新和技术攻关能力的人员。

申请职业技能鉴定的人员，要根据申报职业的资格条件，确定自己申报鉴定的等级，向当地职业技能鉴定站（所）提出申请，填写职业技能鉴定申请表。报名时应准备好照片、身份证、培训证书、技术等级证书或工作单位劳资部门出示的工作年限证明等。申报技师、高级技师任职资格时，本人必须要有一定的技术成果和工作业绩，并提交本人的技术总结和论文资料等。

（四）职业技能鉴定的主要内容及方式

职业技能鉴定的主要内容包括：职业知识、操作技能和职业道德三个方面。这些内容是依据国家职业技能标准、职业技能鉴定规范（即考试大纲）和相应教材确定的并通过编制试卷来进行鉴定考核。

职业技能鉴定的方式分为知识要求考试和操作技能考核两部分。知识要求考试一般采用笔试，操作技能考核一般采用现场操作加工典型工件、实施生产作业项目、模拟操作等方式进行；计分一般采用百分制，两部分成绩都在 60 分以上为合格，80 分以上为良好，95 分以上为优秀。

不同专业的具体考核内容应参照该专业技能鉴定考试大纲。

（五）职业技能鉴定证书

职业技能鉴定证书包括技能等级证书、技师合格证书和高级技师合格证书。它是劳动者职业技能水平的凭证。同时，按照原劳动部、司法部劳培字[1992]1 号《对出国工人技术等级技术职务证书公证的规定》，职业技能鉴定证书是我国公民境外就业、劳务输出法律公证的有效证件。证书由人力资源和社会保障部统一印制，并由劳动行政部门按规定核发给职业技能鉴定合格者。

四、就业准入控制政策

2000 年 7 月 1 日由劳动和社会保障部发布的《招用技术工种从业人员规定》正式实行。该规定要求企业招用技术工种从业人员必须从持有职业资格证书的人员中录用。它标志着国家开始在全国范围内实行劳动力市场就业准入控制政策，其基础就是职业资格证书制度。

（一）什么是就业准入控制

所谓就业准入是指根据《劳动法》和《职业教育法》的有关规定，对从事技术复杂，通用性广，涉及国家财产、人民生命安全和消费者利益的职业（工种）的劳动者，必须经过培训并取得职业资格证书后，方可就业上岗。实行就业准入的职业范围由人力资源和社会保障部确定并向社会发布。

（二）我国实行就业准入的职业

目前，人力资源和社会保障部依据《中华人民共和国职业分类大典》确定了实行就业准入的 90 个职业目录，分别是：车工、铣工、磨工、镗工、组合机床操作工、加工中心操作工、铸造工、锻造工、焊工、金属热处理工、冷作钣金工、涂装工、装配钳工、工具钳工、锅炉设备装配工、电机装配工、高低压电器装配工、电子仪器仪表装配工、电工仪器仪表装配工、机修钳工、汽车修理工、摩托车维修工、精密仪器仪表修理工、锅炉设备安装工、变电设备安装工、维修电工、计算机维修工、手工木工、精细木工、音响调音员、贵金属首饰手工制作工、土石方机械操作工、砌筑工、混凝土工、钢筋工、架子工、防水工、装饰装修工、电气设备安装工、管工、汽车驾驶员、起重装卸机械操作工、化学检验工、食品检验工、纺织纤维检验工、贵金属首饰钻石宝玉石检验员、防腐蚀工、动物疫病防治员、动物检疫检验员、沼气生产工、营业员、推销员、出版物发行员、中药购销员、鉴定估价师、医药商品购销员、中药调剂员、冷藏工、中式烹调师、中式面点师、西式烹调师、西式面点师、调酒师、营养配餐员、餐厅服务员、前厅服务员、客房服务员、保健按摩师、职业指导员、物业管理员、锅炉操作工、美容师、美发师、摄影师、眼镜验光员、眼镜定配工、家用电子产品维修工、家用电器产品维修工、照相器材维修工、钟表维修工、办公设备维修工、保育员、家政服务员、养老护理员、秘书、公关员、计算机操作员、制图员、话务员、用户通信终端维修员。

第三章　职业生涯规划与职业准备

职业生涯是人的一生中最有意义的一段历程。科学的职业生涯规划能够帮助我们根据自身的条件，按照社会发展的要求，把握人生的机遇，顺利地实现立业、创业的理想，实现人生的价值。21 世纪是创新的世纪，是一个机遇与挑战并存的世纪，作为当代大学生，就必须在未来的职业生涯中抓住机遇、迎接挑战，才能创出一番辉煌的业绩。

第一节　职业生涯及其规划

一、职业生涯

（一）职业生涯的含义

职业生涯是指一个人一生的工作经历，特别是职业、职位的变动及工作理想实现的整个过程。科学地将其划分为不同的阶段，明确每个阶段的特征和任务，作好规划，对更好地从事自己的职业，实现人生目标非常重要。

（二）影响职业生涯的因素

职业生涯既是个人发展的基础，又是个人发展的历程体现。在这个重要而漫长的过程中，每个人的职业生涯都会受到多种因素的影响。

1. 个人因素

个人的个性、追求、价值观等都直接影响到职业生涯的进展。不论成长于怎样的环境，大多数人对自己未来发展都有一定的愿望、设想、预计和准备，一些人还为实现个人抱负设置了目标，并为实现此目标而努力创造条件。

2. 组织因素

在人的一生中，对个人职业生涯影响最大的还是他们的工作组织。因为，一个人的职业空间来自于组织，除非自己创办公司。组织对员工个人职业生涯发展的影响包括人力资源观念、管理措施及管理者的水平。

3. 偶然性因素

在个人职业发展过程中，不可避免地要受到某些被称为机遇的偶然性因素的影响。有时候，这些影响的作用是巨大而难于对抗的。然而，有所准备的人总是要比那些缺乏准备的人更易于掌握主动权。

二、职业生涯规划

（一）职业生涯规划的概念

职业生涯规划（Career Planning），又称为职业生涯设计，是指根据个人的主客观条件，对其性格、能力、特点经过测定、分析、总结，并结合时代特点和被规划者的职业倾向，确定其最佳的职业奋斗目标，并为实现这一目标作出行之有效的安排。简而言之，就是帮你分析你适合做什么以及应该怎样去做。

按照时间维度，职业生涯规划一般分为短期规划、中期规划、长期规划和人生规划四种类型。

（二）职业生涯规划的特征

制定个人职业生涯规划时，还要注意职业生涯规划的两大特性：个性化和开放性。

1. 个性化特征

每个人的成长环境、个性类型、价值观、能力、对成功评价的标准、职业生涯目标等不尽相同，所以不同的人对自己的职业生涯规划也不相同。因此，个人职业生涯规划是个性化的发展蓝图。组织不能把既定的职业生涯规划强加在个人身上，无论是单位领导还是父母朋友，也无法替我们作规划。从这个意义上来说，个人职业生涯规划没有一套固定的模式，只能由我们根据自己的实际情况斟酌制订。

2. 开放性特征

个人职业生涯规划不是空想，也不能无视社会、环境和他人的影响。毕竟人是社会的动物，如果你制订自己的职业生涯规划时，只从个人愿望出发，而不考虑组织环境的需求与发展趋势，也不考虑他人的忠告，只一味闭门造车，不说规划目标无法实现，单就执行规划中可能遇到的那种强烈挫折感都会让你沮丧不已。一份有效的职业生涯规划必须是在对主客观环境审时度势的基础上，广泛听取领导、同事、家人等意见之后，制订出来的。而且，在这个开放变革的社会里，有效的个人职业生涯规划更要经历数次的修订和调整，绝非一成不变。

因此，一份好的个人职业生涯规划应该是切实可行、适时严谨、弹性适应和可持续的。

（三）职业生涯规划的意义

1. 促成自我实现

如果一个人没有职业生涯规划，个人也可能获得事业上的成功。但是，有了有效的职业生涯规划，肯定会取得更迅速的成功和更多的成就。同时，职业生涯规划不仅能帮你找到自己喜欢而且适合自己的工作，更重要的是，它引导人们努力去追寻自己理想的生活方式。

2. 发掘自我

成功的职业生涯规划会帮你挖掘潜力，发掘自我，走向成功。

（1）引导你认识自身的个性特质、现有和潜在的资源优势，帮助你重新认识自身的价值并使其持续增值。

（2）引导你对自己的综合优势与劣势进行对比分析。

（3）引导你树立明确的职业发展目标与职业理想。

（4）引导你评估个人目标与现状间的距离。

（5）引导你前瞻性并与实际相结合地进行职业定位，搜索或发现新的有潜力的职业机会。

（6）帮助你学会运用科学的方法、采用切实可行的步骤和措施，不断增强你的职业竞争力，实现自己的职业目标与理想。

总之，职业生涯规划能够使你充分发挥个人的专长，挖掘潜在力量，克服职业生涯发展中的困难，避免人生陷阱，获得事业的成功。

3. 减轻来自社会、企业的压力

当今的社会，无论是组织还是个人，无不希望在竞争中脱颖而出并长期立于不败之地。

第一，社会、企业的迅猛发展，要求人们及时适应环境，要应对环境的飞速变化，就需要不断地更新知识，而更新知识就要有明确的努力方向，并精心准备，因此，职业生涯规划只能由自己来主导。

第二，企业不打无准备之仗，企业不欢迎无准备之人。企业的竞争就是人才的竞争。在这种环境下，大多数企业将职业生涯的开发与管理引入人力资源管理工作流程，旨在帮助员工进行职业生涯规划。在这种情况下，如果员工自己不能有意识地、主动地配合企业组织的人力资源规划，将会失去很好的发展机会，很可能被组织淘汰。因此，职业生涯规划必须依靠自己来做，而且要尽早做。

（四）职业生涯规划的要素

职业生涯规划因人而异，不同的人侧重不同，因而考虑因素就不同。我国人事科学研究者罗双平用一个精辟的公式总结了职业生涯规划的三大要素，即

职业生涯规划=知己+知彼+抉择

所谓“知己”就是认识自我与了解自我。“知彼”就是熟悉周围的环境，特别是与职业生涯发展有关的工作环境。知己知彼互相联系，确定的职业生涯目标

要符合现实，而不是一厢情愿；对从事的职业要感兴趣，而不是被动地去干；所从事的职业能发挥专长，利用了个人的强项；对工作的环境能够适应，而不是感到处处困难，难以生存。这就说明你的职业生涯规划不仅做到了“知己”“知彼”，而且还作出了正确的“抉择”。

（五）职业生涯规划的步骤

1．正确自我评估

自我评估是个人职业生涯规划的基础，如果要有效地规划自己的职业生涯，就首先要正确地自我评估。自我评估的主要内容一般包括性格、兴趣、学识水平、特长、思维方式、价值观、情商以及潜能等。即弄清楚我是谁，我想要干什么，我能干什么。

2．分析环境因素

环境因素对每个人职业生涯发展的影响是不可忽视的，作为生活中的一个个体，大学生只有顺应外部环境的需要，扬长避短，最大可能地发挥个人优势，才能实现个人的目标。

分析环境因素包括分析政治环境、经济环境和组织环境，即分析周围环境条件的特点、发展与需求变化趋势，自己与环境的关系以及环境对自己的有利条件与不利条件等。要相应地调整自己，适应环境的要求。这样设计的职业生涯规划才会切实可行，而不至于空泛。

3．明确目标方向

制订职业生涯规划就是为了实现个人某种职业目标，从而获得个人理想的生活，所以明确目标方向是职业生涯规划的核心。一般情况下，大学生可根据个人情况与周围环境条件确立人生目标和长期目标，并且通过目标分解，形成符合组织需要的中期和短期目标。

4．策划实施方案

策划实施方案是为实现个人职业生涯目标而制订的行动计划。在明确职业生涯的目标方向后，就应尽快制订相应的行动方案来实现它，这就像设计自己实现目标的阶梯，要具体可行。

5．及时反馈评估

针对规划的目标和行动方案，并根据现实存在的问题，及时反馈评估，适时作出调整方案，从而保证自己的目标顺利持续下去。从这个意义上说，反馈评估的确是一个再认识、再发现的过程。

（六）职业生涯规划的原则

1．长远性原则

职业生涯规划一定要从长远考虑，着眼于大方向。

2．挑战性原则

职业生涯目标或措施要具有挑战性，对自己要起到激励作用。

3．清晰性原则

职业生涯目标、措施必须清晰、明确，实现目标的步骤要直截了当，避免绕圈子、走弯路。

4．可行性原则

职业生涯规划要从现实出发，充分考虑个人、社会和企业环境的特点，与社会需求协调一致；各阶段的划分与措施安排具体可行，避免不着边际的幻想。

5．适时性原则

职业生涯中要实现各种目标，对行动安排、先后次序必须作出明确的时间限制和规定，列出详细的时间表，以作为日后行动检查的依据。

6．适应性原则

制定职业生涯目标或措施一定要有弹性或缓冲性，要留有随着环境的变化而作调整的余地。

7．持续性原则

职业生涯的各个发展阶段应该持续连贯地衔接起来，考虑到职业生涯发展的整个历程，作全程的考虑。具体规划与人生总规划、主要目标与分目标应协调一致。

第二节　职 业 准 备

一、职业道德

（一）职业道德的内涵

职业道德，是指人们在职业活动中处理人与人之间、人与社会之间关系所应遵守的道德准则和行为规范。就一个具体组织来讲，道德准则（Code of Ethics）是表明一个组织基本的价值观和它希望雇员遵守的道德规则的文件。

职业道德是以个人的道德、社会的公德为基础，结合本行业的特点而逐步形成、发展起来的一种道德准则和规范。职业道德对整个社会、对具体的行业、对从事这种职业的人来说，都有十分重要的作用，对职工个人事业的成败、生活的幸福起着保障作用。

（二）职业道德的基本内容

职业道德包括行业道德规范和该行业员工应具有的道德行为，包括以下几个方面：

1．爱岗敬业

爱岗，就是热爱本职工作，忠诚于自己所从事的职业；敬业，就是从业人员认识本职业在社会总体系中的地位和作用，认识本职工作的社会意义和道德价值，从而敬重本职工作。如何看待自己所从事的职业和岗位，是否认同和追求职业岗位的社会价值，是全部职业道德的核心。

2．诚实守信

诚实守信是每个从业人员应有的道德品质和行为准则。所谓“诚”就是“表里如一”，所谓“信”就是“言行一致”。

3．公正无私

公正无私指办事公道，对人一视同仁，对事有原则性。待人接物处事，“公”字当头，无私为本。

4．服务精神

你在所从事的职业岗位上是服务者，但你又是其他职业岗位工作者的服务对象，你如何要求别人对你服务，自己就要同样地为别人服务。所以，这种服务精神必须成为所有从业人员的职业美德。服务精神的核心，就是全心全意、全方位、全过程地为你的顾客、为你的工作对象服务。

5．奉献精神

有一个人生价值的公式：人生的价值=个人奉献-（个人的消费+享受）。也就是说一个人为社会所创造的财富应该大于他自己所消费和享受的东西，这样人生才具有价值。只有这样，社会财富才会不断丰富起来，社会才能不断发展，个人也会受到社会的肯定和尊重，否则就是享受他人劳动成果的寄生虫。

（三）职业道德养成

职业道德是大学生从业必不可少的条件，任何一个行业、一个单位，都十分看重这一点。因为任何一个行业都希望招聘到德才兼备的员工。

（1）通过学习培养自己的职业道德。其方式有：①通过接受家庭和学校的教育来获得；②通过自己学习思考来培养；③向周围的人学习，学习他们优秀的职业道德。

（2）培养道德良知，强化道德意志。其方式有：①加强个人的责任心；②通过学习先进人物的事迹，激发自己的荣辱感，以有职业道德为荣，以无职业道德为耻，明白“耻之一字，乃人生第一要事”。

（3）训练良好的道德行为，养成良好的道德习惯。道德行为是个人所采取的符合道德理念、道德准则和道德规范的言论和行为。它的产生是以道德理念、道德准则和规则为内动力，从而形成道德动机，然后表现在行动上。评价一个人的道德品质的高下，不但要听其言，更要观其行，也就是说主要是看他表现出来的一系列的道德行为，只有道德行为，才使道德品质有了社会价值和社会意义。所以，道德行为是一切道德品质的归宿和外在表现形式。每个人从小就要不断地训练良好的道德行为，养成良好的道德习惯。

总之，道德品质的高低是人的素质高低的重要方面，是决定人的尊严、价值和成就的基石。良好的职业道德不仅决定人的尊严、价值和成就，而且显示行业的文化品位，不仅使行业得到发展，人类文明得到延续，也能使自己终生受益。

二、职业知识

（一）职业知识构成

1. 知识结构及其特征

知识结构就是指一个人知识体系的组合方式与构成情况。一个人所掌握的知识应该是一个相互协调的具有一定层次结构的知识体系；如果知识结构不合理，那就很难形成创造力。知识结构的差异性是普遍的，但是，它仍具有以下几个共同特征：整体性、层次性、动态性。

2. 合理的知识结构

知识结构，应由基础知识、专业知识和相关学科知识三部分组成。

（1）扎实宽厚的基础知识。基础知识是指应有的基础文化科学知识，包括自然科学基础知识、人文社会科学知识和科学思想方法等。这些基础知识是现代科学基础的理论支柱，提供专门人才所需要的知识面和世界观，是各门类、各学科都应掌握的共同性知识。

基础理论是人类认识世界和改造世界的经验总结，它从实验、观察、推理以及科学抽象中得出概念、定律和定理，对事物分析研究有着普遍的指导作用。掌握厚实的基础理论就能融会贯通，汲取各种新理论、新知识，建立起相应的科学知识结构。基础知识是知识结构的根基，是大学生的基本功。

（2）精深的专业知识。专业知识是指从事某项事业所需要的较为系统的专门知识。专业知识在人才知识结构中占有重要地位，是知识结构的核心部分。专业知识是知识的主干方面，它不仅是基础理论知识的继续，也是培养学生运用所学理论解决实际问题和把实际问题抽象成理论的桥梁。大学生应该学好本专业已有的知识，学习要有一定的深度，了解本专业的发展历史，注意吸收本专业的最新知识，明白本专业的发展动态，甚至对本专业的边缘学科和可能出现的交叉学科也应有所涉猎。专业知识的宽厚与精深程度决定着今后的发明、发现和创造性的工作。

（3）相关学科知识。要有合理的知识结构就必须学习和掌握广博的综合知识。实践证明，一名科学技术人才，要掌握某一学科，是需要具有广博的知识的。因此，大学生必须要在掌握本学科、本专业知识的基础上，学习和掌握其他相关学科的知识。相关学科与专业知识间的联系，不仅仅指理科和理科、工科和工科、文科和文科之间的交叉结合，而应形成高层次的文理相通、理工相融等格局。所以，要在教师的引导下，合理选择学科，在专深的目的下求广博，在广博的基础上求专深。

（二）职业知识学习

1. 树立正确的学习观念

（1）终身学习观。终身学习观，是指人们在学习过程中，要从“一次学习，终身享用”的观念中解脱出来，把视野扩展到为适应人的一生的成长和发展的需要而学习。

（2）自主学习观。自主学习观，是指在教师的有效指导下，主动地学习，有主见地学习。自主学习观是学生在学习过程中的一个重要指导思想。这一观念的建立，会对学生学习计划的制订、学习内容的选择和学习方法的调整有重要影响。

（3）创造性学习观。创造性学习观，是指把学习看成一种创造性活动。在接受知识时要像前人创造知识时那样去思考；在解决问题时力图提出创新的解决方法和见解。

（4）勤奋学习观。勤奋是学习、成才与作出重大贡献的重要前提条件，是成功的基石。勤奋学习观是传统学习观中的精华，古人历来强调勤奋学习的重要性，“书山有路勤为径，学海无涯苦作舟”等名句千古流传。勤奋学习、艰苦劳动是取得成功的必要条件，因为人的生命是有限的，勤奋至少等于延长了生命。

2. 掌握科学的学习方法

学习方法，就是学习中汲取知识、驾驭知识的手段和具体方法。没有方法就不能很好地学习。学习方法通常有：目标规划；课前预习；记笔记和查资料。

三、职业能力

职业能力是指从事一项职业必须具备的能力。能力就是实力，无论从事什么职业，都必须有必要的能力作保障。

（一）职业能力的重要性

1. 是个人在社会上生存的必要手段

人要立足于社会，就必须有一份能保证自己和家人正常生活的稳定收入。因此，大家都要靠自己从事具体职业来取得报酬。如果没有一份取得适当报酬的工作，连基本的吃、住、行等生存条件都保证不了，其他的任何事情就无从谈起。

2. 是实现个人社会价值的主要依托

只有通过工作获取报酬，才能在社会中生存。人不可能离开社会而生存，因为人享受着社会给予的一切：衣、食、住、行、教育、娱乐等，因此，每个人都有义务和责任对社会做出自己的贡献，而这种贡献也主要体现在自己的职业工作中。只有为人民的幸福和国家的强盛拼搏，做出创造性的优异成果，才能受到社会的肯定和人们的尊敬，从而实现个人的社会价值。

3. 是个人素质和潜能得到充分发挥与发展的基础

人的一生是短暂的。青少年学习阶段是为将来从事的职业做准备，只有走向工作岗位以后，才能有条件发挥自己的聪明才智。而职业工作最能发挥个人的能力、兴趣和爱好，充分体现人生价值。从事自己喜欢的职业，并能挥洒自如才会其乐无穷。因此，有了正确的职业定位和职业平台来发挥自身才能，才会使自己的人生更有意义。

（二）职业能力准备

培养毕业生的职业能力，达到与市场需求接轨势在必行。那么，应准备哪些职业能力呢？

1. 专业实践能力

专业实践能力就是实际操作能力，它是人的智力转化为物质力量的关键，是专业工作者必须具有的一种实践能力。无论从事任何一项工作，若是心有余而力不足恐怕不会取得什么成绩。在现实生活中，高职毕业生就业后主要从事直接生产和一线管理等职业技能性较强的工作。专业操作能力的强弱，直接影响到单位的经济效益和工作效率。因此，毕业生只懂理论知识是远远不够的，还应具备较强的实践能力。

人的实际操作能力，主要体现在操作的快捷性、准确性和灵活性上。一个人的能力不是天生的，是在后天的学习、工作、生活中逐渐锻炼、培养起来的；要提高自己的动手能力，关键在于多看、多练，熟能生巧。看得多、练得多，才能真正提高自己的操作技巧和能力。

2. 表达能力

表达能力是指运用各种方式阐明自己的观点、意见，表达思想的能力。它包括语言表达能力、文字表达能力、数字表达能力、图式表达能力等形式。表达的关键是要准确、鲜明和生动。没有准确的表达，信息就不能如实传递出去，也就失去了表达的意义。只有鲜明、生动的表达，才能更好地排除人们接受信息时遇到的障碍，才有助于表达目的的实现。因此，表达要努力实现准确性、鲜明性和生动性。

心理学家曾对交谈中言谈与行为传递信息的效果进行分析研究，结果表明，其中言辞只占 7%，声音占 38%，而体态竟占 55%。

3. 适应能力

适应能力即生存能力。当在现实生活的激流中奋进时，会发现实际情况往往不尽如人意，有一些人会感到对现实生活不适应，如面对现实生活中的消极现象常常产生不安、不满和畏难的情绪。

一个人适应社会能力的强弱是与其思想品质、知识技能、活动能力、创造能力、处理人际关系的能力及健康状况等密切相关的。一般来讲，一个人的素质比较高，各方面能力比较强，就能很快适应环境，胜任工作；即使是在比较困难的条件下和比较差的环境中生存，也能通过自己的努力取得较好的成绩。

对社会环境的适应应该是积极主动的适应，不是消极、被动地等待和对困难的屈服，更不是对现实、消极现象的认同，甚至同流合污。适应要同发展结合起来，要与创造联系起来，如果只讲适应，不思进取和创新，那么社会就不会进步，个人也不会成功。

4. 人际交往能力

人际交往能力就是与他人相互协作的能力。有人做过统计，人们除了 8 小时的睡眠外，在其余 16 小时中，约有 70%的时间都在进行交往和沟通信息。

一个人不论成就任何事业都不可能是个人行为，常常是团队协作行动，所以，不论是领导者还是普通工作人员，都要有好的人际交往能力。凡是成功人士，都很注意主动与人交往，广交朋友，建立友谊。这种友谊就是人生发展的一种资本，朋友越多，资本越厚，成功的机会就越多。从某种意义上来讲，“选择朋友，就是选择自己的未来，就是选择自己的命运”。一些学生初涉世事，阅历较浅，缺乏经验，往往在错综复杂的关系面前茫然失措，无法适应，常常感叹“工作好搞，关系难处”。

培养良好的人际交往能力要做到以下四条：

一要积极大胆地参与。人际交往能力是人们社会实践的结晶，大学校园是优秀青年的聚集地，宽松浓厚的文化氛围为同龄人交际提供了良好的条件，各种社团活动活跃，各种社会实践机会繁多，要珍惜并抓住这个机会，积极大胆参与。

二要诚实守信。在人际交往中要诚实守信，以诚相待，以诚取信。俗话说“人无信而不立”，在处世过程中不诚实的行为，可能导致自己终身的遗憾。

三要平等待人。人与人之间都是平等的，只有职务、职业、分工不同，无人格高低贵贱之分，要光明磊落，襟怀坦荡，培养与人平等合作、团结共事的能力。如果没有这种平等待人的观念，就难以与别人建立良好的沟通，更不用说建立良好的人际关系。

四要顾全大局。在利益面前要“三思”，不该得到的不去争，培养集体观念和顾全大局的大度性格，这是与他人建立良好关系的重要思想基础。

5. 组织管理能力

任何一项工作离开组织管理工作都是难以做好的。纯“书生型”的人才已经不能适应未来社会发展的需要。因此，要重视通过参加各种社会活动，来提高自己的组织管理能力。在学校生活中提高组织管理能力的机会很多，要积极主动、抓住机遇，可以毛遂自荐担任学生干部和各种社会活动的组织工作。从学生干部到社团组织者，任何一个职位都可以使你的组织管理能力得以锻炼和提高。

6. 创新能力

创新能力是使各种智力因素和能力品质在新的层面上融为一体、相互制约所形成的一种合力。它是在多种能力发展的基础上，利用已知信息，创造新型独特具有社会价值的新理论、新思维、新产品的能力。它是一种综合型、高层次的思维能力和行动能力，是以技能为基础具有一定科学根据的创新。

在知识经济时代，创新能力可以用爱因斯坦的质能转换公式表述：$E=mc^2$。创新能力就相当于这个公式的 c，这就是说，只要有创新，即使物质质量很小，也能创造出巨大的财富；创新优势可以弥补资源和资本上的不足。如比尔·盖茨是世界首富，他的微软公司是世界最大的公司之一，他的成功就在于不断创新。

7. 决策能力

决策能力是对未来行为的决断和选择能力。良好的决策能力可以实现对目标及实现手段的最佳选择，能少走弯路，少犯错误，以较少的代价取得成功和进步。

在未来的工作中，面对各种问题及其发展变化都需要迅速决断，及时予以妥当处理。因此，培养自己的决断能力十分重要，要从日常小事做起，不要事事都请别人拿主意。当然既要善于征求他人的意见，又要有自己的主见，逐渐养成多谋善断的良好习惯。只有这样日积月累，在以后职业生涯中遇到大事情时，才不至于无所适从。

8. 学习能力

学习的目的在于改变自己。美国一项统计指出，一个人一生中至少会换五种以上专业工作。宋代朱熹说过：“无一人不学，无一事不学，无一时不学，无一处不学。”终身学习是每个人经营人生的重要途径之一，在竞争日益激烈的时代，必须树立终身学习的观念，而且要不断提高学习效率，学以致用。

获取新知识的能力对于当代大学生的成才和事业的成功，是极为重要的。事实上，一个人获取新知识的能力，不仅表现为有较强的获取新知识的意识，更重要的是具有对文献、资料查阅和检索的能力；也要有较强的信息收集和处理能力；有较强的外文阅读和语言交流以及思辨能力；还要有克服被动、迟钝的学习倾向，不断增强获取新知识的能力。

四、态度

（一）态度的概念

态度是对人、事、物、观念等的评价。它反映了一个人对某件事情的感受。当一个人说“我喜欢我的工作”时，他是在表明他对工作的态度。态度是个体对一定的对象所持有的比较稳定的评价与行为倾向。它是个体在其社会化的进程中，通过与社会环境中的人与物的交往、接触而逐渐形成的复杂的心理结构，是人的个性倾向的一个重要组成部分。

一般地，态度包括认知、情感和行为倾向三个要素：

（1）认知要素。态度的认知成分，由一个人所持有的信念、观点、知识或信息组成。它是“态度”的基础，如对某一社会行为作出“善”或者“恶”的评价等。“歧视是错误的”就是一种认知。

（2）情感要素。态度的情感成分，是态度中的情绪或感受部分，是指对某一事物的喜好或厌恶等内心体验，情感可能会导致行为后果。这是“态度”的核心成分，如：“我不喜欢小王，因为他歧视少数民族。”

（3）行为倾向要素，又称意向要素。态度的行为成分，是指以某种方式对某人或某事准备做出反应的意向；它是行为的准备状态，而非行为本身，如“由于我的感受，我可能选择回避小王的行业”“我想向老师提出有关建议”“我准备举手反对某项决定”等。

为了简洁，“态度”这个词通常只指情感部分。

（二）态度的改变与影响

1. 态度的改变

态度是可以改变的。态度的改变包括两个方面：一是方向的改变，即由“赞成”转变为“不赞成”，或相反；二是强度的改变，即由“赞成”，到“很赞成”，或相反。

态度的改变依其主动程度可分为个人主动改变和被迫改变。当然，即使“被迫”最终也要个人自愿，否则仍不能改变。

态度由认知、情感和行为三种要素构成，并且三者之间是协调一致的。因此态度的改变，可以从三种要素的任何一种入手，只要使某一种要素发生变化，就必然影响态度的协调性，造成内心的紧张和冲突；为了摆脱紧张、冲突带来的不安，当事人就会改变其他两种要素，以取得新的协调一致。

心理学家凯尔曼（Kelman）提出了态度改变要经过“顺从、认同、内化”的理论，按照这种理论，一个人的态度发生改变需经历以下三个阶段：

（1）顺从阶段。在外部的压力下，被改变者仅从外显的行为上表现出与“改变要求一致”。这种改变是外制的，受奖惩的支配。

（2）认同阶段。被改变者变被动为主动，觉得“改变要求”是值得的、合理的和有吸引力的。这时的基础机制主要是模仿，它涉及情感要素。

（3）内化阶段。被改变者从理智上认定“基础要求”的合理和有价值，并进而内化为个人的态度。这个阶段的改变主要基于理智的思考，它涉及的是认知因素。

2. 态度的影响

研究人类学习的教育人士和心理学家说，“情感”是改变态度过程中非常重要的因素，像恐惧、高兴、焦急、激动等情感，都会形成我们对各种事件的感受。当情感不断地与某一事件伴生的时候，就会产生非常强烈且难以改变的态度或感受。

一个人的态度可以对周围人的态度产生非常强烈的影响。当人们处于团队中的时候，这种情况会更加明显。

人们难以隐藏其态度；当然，态度也不是可以直接看到的。没有人能够看到你的内心感受，但是这些感受却会对你的行为产生深刻影响，所以要隐藏态度几乎不可能。你的行为可以将你的态度清楚地告诉身边人。

你的态度影响别人。通常，当一个团队的态度发生变化时，主要的原因是一个或几个人推动了这种变化。由于态度具有感染效应，当一个团队中领导人表明其态度时，这种态度对团队的影响显然具有传导效应。

一种负面的态度可能使你无法改善环境；而积极的态度就可以使你能够推动必要的变革，帮助你或别人，或坚持那些正确的东西。

第三节　职业兴趣与职业选择

一、职业兴趣

（一）兴趣

兴趣是个体积极探索某种事物，并带有积极情绪色彩的心理倾向，是对客观事物所表现的选择性态度。“积极的情绪色彩”是指个体乐意关注该事物，愿意了解与之有关的知识，愿意探索与之有关的未知领域；在了解和探索的过程中愿意为之付出极大代价。它是动机的一种表现形式，也可以说兴趣是人们从事活动的动力。

1. 兴趣与需要

兴趣是以需要为基础的。如人在饥饿时需要食物，他就对食品以及食品的气味、颜色等都感兴趣。人们对需要的事物往往急切地去了解、探索，产生好奇心；而对不需要的事物往往是不会产生兴趣的。

一般来说，由低层次的需要（如生理需要等）引起的兴趣都是短暂的；而由高层次的需要，尤其是由实现自我价值的需要引起的兴趣才是长久的。

2. 兴趣与工作、事业的关系

兴趣是人们活动的动力，兴趣越浓，人们活动的动力就越大，在活动中成功的机会也越大；反之，兴趣越低，人们活动的动力就越小，在活动中成功的机会也就越小。所以任何一个想在工作和事业上取得成就的人，关键的第一步就是必须对自己的工作和事业有强烈的兴趣。一位好教师，想在教育事业中取得较大的成就，就必须热爱教育事业，对教育事业充满浓厚兴趣，热爱学生，认真钻研所教的课程，积极参加各种能提高教育教学效果的社会活动，当然就有可能在自己的工作和事业上取得较大成就。正因为这样，科学巨匠爱因斯坦以其切身体验得出的结论是：“兴趣是最好的老师”。

关于兴趣爱好与职业之间的关系，美国著名职业规划指导专家霍兰德发明了“霍兰德六角型理论”。他将职业选择看作一个人人格的延伸。他认为，职业选择也是人格的表现。他强调：个人的人格与工作环境之间的适配和对应是职业满意度、职业稳定性与职业成就感的基础。由此，霍兰德假设：在我们的文化里，大多数人可以分为六种人格类型：现实型、研究型、艺术型、社会型、企业型和传统型。

现实型：有运动机械操作的能力，喜欢机械、工具、植物或动物，偏好户外活动。

传统型：喜欢从事资料工作，有写作或数理分析的能力，能够听从指示，完成琐细的工作。

企业型：喜欢和人群互动，自信，有说服力、领导力，追求政治和经济上的成就。

研究型：喜欢观察、学习、研究、分析、评估和解决问题。

艺术型：有艺术、直觉、创造的能力，喜欢运用想象力和创造力，在自由的环境中工作。

社会型：擅长和人相处，喜欢教导、帮助、启发或训练别人。

（二）职业兴趣的形成与培养

职业兴趣是人们力图了解某种职业的认识倾向，或者说，职业兴趣就是有关职业偏好的认识倾向。职业兴趣是一个人成才的动力。

1．职业兴趣的形成

职业兴趣的形成与人们所处的历史条件、实践活动和对自身能力的认识有着密切的关系。如当前电子技术与应用和通信事业都得到较大发展，对这两个职业有兴趣的人也增加得很快，这是由现实需求和科学技术的发展阶段决定的。又如某人经常从事某种职业，在长期实践中通过对职业活动的认识，了解和培养了自己的能力和特长，也可引起对该职业的浓厚兴趣。

2．职业兴趣的培养

（1）重视培养间接兴趣。人在最初接触某种职业时，往往对职业本身缺乏强烈兴趣，必须要从间接兴趣着手培养职业兴趣。可以通过了解职业在社会活动中的意义，对人类活动的贡献等以引起兴趣，也可以了解某项职业的发展机会引起兴趣，还可以通过实践逐步提高间接兴趣。

（2）积极主动参加社会实践活动。人只有通过实践活动才能认识社会，从而了解社会职业。实践活动不能仅限于参观访问等形式，要重在参与。要参加职业活动的全过程，了解该职业活动中人际之间的关系、人与物之间的关系以及职业对社会产生的影响等。职业兴趣只有在实践活动过程中才能形成和巩固。

（3）客观评价从业者的能力和确定职业兴趣。对某项职业有浓厚的兴趣是成功的前提，但事业要取得成功也必须具备从事该职业所要求的能力。因此在培养职业兴趣的同时也要客观评价从业者的能力，看其是否适合某种职业，在此基础上形成的职业兴趣才是长久的。

在培养职业兴趣时，要注意以下几个问题。

（1）培养广泛的兴趣。具有广泛职业兴趣的人，不仅对自己的职业领域的东西有浓厚的兴趣，而且对其他方面也有一定兴趣。这种人眼界比较开阔，解决问题时也可以从多方面得到启发，在职业选择、变动上有较大的余地。如小提琴家傅聪对中国古典文学有浓厚的兴趣，便能从古诗意境中更好地把握音乐的演奏。国外一个电台主持人，利用闲暇搜集古玩和旧家具。当他失去主持人的工作后，他原来的“业余爱好”使他能靠鉴定古玩、修复旧物继续他的职业生活。兴趣范围狭窄、涉足面小的人，对新事物的适应性就要差些，在职业选择上所受限制也多些。

（2）要有中心兴趣。人的兴趣不但要广泛，而且还要有一定的集中爱好；既广且精，才能学有所长，获得深邃的知识。如果只具有广泛性而无中心职业兴趣，人往往会知识肤浅，没有确定的职业方向，心猿意马，这样难以有所成就。

所以，还应注重培养自己在某一方面的职业兴趣，促进自己的发展和成才。

（3）保持稳定的职业兴趣。人在某一方面有持久稳定的兴趣，才能投入更多的热情和精力，才能深入钻研相关的内容，也才容易有所发展和成就。

（4）培养切实的职业兴趣。职业兴趣的培养不能全凭自己的主观愿望而不考虑客观现实条件；否则，就会画地为牢，处处碰壁。

（三）职业兴趣与职业的关系

1. 职业兴趣的转化和强化

（1）职业兴趣是一个多维概念，人们对某个职业有兴趣，可以是对职业工作本身有兴趣，也可以是对由这项职业带来的各种功利感兴趣。如果仅对后者感兴趣，那么这种兴趣是短暂的。一个人只有对工作本身感兴趣，淡化职业兴趣中的功利色彩，这种职业兴趣才是长久的，也才是可贵的，也是人们最需要的职业兴趣。

职业兴趣可以在自发的兴趣上加以培养而形成。值得注意的是，人们所从事的职业会随着一定的政治和经济形势变化而变化。现代社会的职业兴衰变化快，更新非常迅速，人生可能发生的职业变化或许会越来越多，越来越频繁。这就要求人们的择业观念要更新，职业兴趣也要转化。如果淡化了职业兴趣的功利色彩，一般来说比较容易培养新的职业兴趣。

在这里要强调的是，个人的兴趣要符合当前社会需求和所处的环境。当客观环境已不再允许你从事原来有浓厚兴趣的职业时，就要适应社会需求，及时寻找新的职业，培养新的职业兴趣。千万不能因为自己对新职业不了解而拒绝它。犹豫不决或从内心排斥新职业，就会失去再就业的机会。

（2）职业实践对职业兴趣的激发。只有通过职业实践，才能对职业本身有深刻的认识和了解。在了解该职业在社会中的意义和在工作中付出艰辛后，认识到自己的社会价值，产生了自豪感，便会激发起职业兴趣。另外，在努力学习、刻苦钻研，尽快掌握新知识和新技术的过程中，也可以激发职业兴趣。

2. 职业兴趣在职业发展和职业创造中的作用

（1）职业兴趣使人在工作中身心愉快。关于兴趣的概念，心理学家作过这样的表述：兴趣是个体积极探索某种事物，并带有积极情绪色彩的心理倾向，是对客观事物所表现出的选择性态度。如果人们对自己从事的工作具有强烈的职业兴趣，那么他在实践活动中一定是“带有积极情绪色彩”地工作，自始至终都会处在积极愉快的情绪状态中。在这种状态中，其工作效率一定是很高的，人际关系一定是和谐的，它造就了一个积极、和谐、令人向往的美好环境。因此职业兴趣在提高工作效率的同时，也促进了人的身心健康并使人精神愉快。

（2）职业兴趣促进对事业的热爱，可以使人对社会有更大的贡献。因为兴趣是人们活动的动力，因此职业兴趣就是职业工作的动力之一。有强烈职业兴趣的人，一定会被该职业所吸引，会强烈地热爱这个职业，并具有很强的动力，愿意为它付出任何艰辛。

（3）培养职业兴趣除了自己的主观愿望外，还要看客观条件，看是否有这种社会需求。当客观条件和社会需求都不能满足自己的愿望时应该及时转变观念，培养新的职业兴趣。但如果对原来的职业兴趣十分强烈的话，这种兴趣并不会消失，只是被深深地埋藏在心底。一旦条件具备，他还会从事自己怀有强烈兴趣的那种职业。如著名画家齐白石老人，年轻时就深深地爱上了绘画事业，但由于条件所限，只能从事木匠行当。直到 40 岁以后才有机会游览名山大川，产生了灵感，强化了职业兴趣，改行专门从事绘画。又用了几十年的辛勤劳动，形成了独特风格，终于成为国画界一代宗师。

这里还要说明的是，每个人还应该在职业岗位上立足当前，要努力做到干一行、爱一行，以当前工作为重。在条件不具备时，不努力从事现有的工作，不尽力克服困难，创造条件，而动摇退却，是一种不良倾向，要加以克服。

（4）职业兴趣能培养锲而不舍的意志品质，强烈的职业兴趣的驱使会使人迸发出一种不达目的誓不罢休的勇气。工作中遇到了困难，会想尽一切办法来克服，甚至为事业而献身。

（5）积极的兴趣有利于创造性思维的形成。积极的兴趣能使人们在工作时处于积极愉快的情绪状态中，在这种状态下，人们的兴奋度很高。这就提高了神经系统活动的速度和灵活性，促进了神经系统各部分的连接，很容易迸发出创造性的火花，有利于创造性思维的形成。反之，一个人总是处在消极状态中，神经系统活动的灵活性极低，就不会有任何创造性的意向。因此要培养人们的创造性思维，首要条件就是使他处于一种积极的、具有较高兴奋度的状态之中。

（四）职业与性格匹配

不同性格类型的人，适合于不同的职业。外向的人宜于去搞社交性和活动性的工作，而内向的人则更适于搞文字性和安稳性的工作。

人的性格千差万别，或热情外向、或羞怯内向、或沉着冷静、或火暴急躁。职业心理学的研究表明，不同的职业有不同的性格要求。虽然每个人的性格都不能百分之百地适合某个职业，但却可以根据自己的职业倾向来培养、发展相应的职业性格。不同性格特征的人员，对企业而言，决定了每个员工的工作岗位和工作业绩；对个人而言，决定着自己的事业能否成功。

不同的职业对人也有不同的性格要求，要适应某一职业，就必须具备或培养这一职业要求的性格特征。比如，作为医生，要有精益求精、一丝不苟的工作态度，有救死扶伤的人道主义品质，有高度的责任感并具有同情心；教师要热爱教育事业、富有爱心、为人师表、严于律己；工厂技术员要有创新精神、实干精神和吃苦耐劳、持之以恒的品质；管理干部要善于交往沟通、多角度思维、关心下属等。可以说，从事每一种职业都有一定的“职业性格”，好的职业性格有助于个体在相应职业中更好地完成工作。另一方面，在职业实践中，职业活动的要求也会让从业者巩固或改变原有的性格特征，形成许多新的性格特征。如商业活动中，营业员可以形成主动耐心的职业性格，现代化生产要求从业人员具有高度的组织性、计划性和协调性。所以，性格和职业是相互对应、相互作用的。

另外，除去直接的作用，性格对人的职业活动的影响还表现在通过对其他个性心理特征的作用的影响，间接地作用于职业行为。其一，优良的性格品质可以在某种程度上掩盖和改造气质，使它服从于职业的要求。例如，在严格的军事训练中造就侦察兵的沉着冷静、机智勇敢等性格特征，可能掩盖或改造胆汁质者易冲动和不可遏止的气质特征。其二，优良的性格特征也能促使能力的形成和发展。观察表明，智力发展水平高的学生都与高水平的坚韧性和自制力相结合。同时，优良的性格特征也往往能补偿某种能力上的相对弱点，如“勤能补拙”。另外，在多种职业能力形成和发展的过程中，相应的性格特征也发展起来。例如，科研工作者在发展观察力、思维力的同时，也逐渐形成严谨、细致等性格特征。

不过，除了少数职业对性格类型有着较为苛刻的要求之外，诸如营销人员的积极主动、能言善辩，大多数的职业并不一定过分强调与性格之间的严格对应。因为，不同类型的性格在同一职业领域中能够有各具特色的表现，同一性格的人在不同的职业领域中也会有各显魅力的展示。比如，情绪型的人，如果从事文学创作，会因感情丰富细腻而将人物的心理活动刻画得惟妙惟肖；如果从事科学研究，则会因善于想象而在非逻辑思维上比理智型的人更胜一筹。

而且，人的性格是极其复杂的，对性格与职业的关系的任何固定、静止、片面的看法都是有失偏颇的。人所属于的性格类型并不是绝对单一的，大多数的人可能主要划分为某一种性格类型，但还有相近的和具有中性关系的其他性格类型，真正相排斥的并不多。因此大学生对自己进行职业设计时，对此不必顾虑过多。

二、职业选择

（一）职业选择的含义

1．职业选择是人生的一种决策

职业选择是个人对于自己就业方向和工作岗位类别的比较、挑选和确定，是一种人生的决策。职业选择是人们职业生活的正式开始，是人生道路的关键环节，也是人成为社会活动主体、实现其人生价值的开始。选择一个职业，走上新的岗位，也是人生命运的转折点。

2. 职业选择是个人能力意向和社会岗位的统一

不同的人有不同的择业目标，社会上的职业岗位也对将要聘用的劳动者进行挑选。在这里，选择是双向的，个人与用人单位既作为选择对方的主体，个人的条件与用人单位的空缺岗位又是被对方选择的客体，在这种双向选择过程中，个人的能力、意愿与社会的岗位结合在一起，即三者的有机统一，个人才能真正实现职业选择。

3. 职业选择是一种现实化的过程

职业选择，包括个人的选择与被选择，实际上是一种个人意向的现实化过程。进一步分析，这种现实化又包含两方面的内容。

（1）个人向客观现实妥协的过程。当个人的选择意向与实际情况不尽相符、存在矛盾的时候，人的职业选择就是一种在进行选择时打破幻想、承认实际、降低要求的过程，也就是向现实妥协的过程。

（2）个人对“我与职业”关系的调适过程。向现实妥协，对于存在着浪漫情调和幻想色彩的青年来说，可能是不情愿的、不甘心的，甚至是痛苦的，但又是非常必要的。因为，它使人能够真正地认识自我，真正认识个人在社会中的真实地位和现状，是一种自我反思后真正能够解决“我与职业”的关系，从而科学合理地完成职业选择的“调适”过程。

（二）职业选择的类型

1. 标准型选择

标准型选择，即在人的职业生涯历程中顺利完成职业准备、职业选择、职业适应期，比较成功地进入职业稳定期。

2. 先期确定型选择

先期确定型选择，即人们在职业准备期接受方向明确的职业与专业教育，并在准备期确定自己的职业方向，有时教育培训单位还协助介绍对口的职业。

3. 反复型选择

反复型选择，即当一个人选择职业走上工作岗位后，不能顺利完成职业适应期，或者自己的职业期望提高，导致二次选择，以至三次、四次选择。

（三）职业选择要素

1. 职业意向

（1）职业意向与选择。人是具有能动性的。在选择职业问题上，人们一般都具有一定的意愿与意向。所谓职业意向，是指个人对于社会职业的评价和选择偏好。一个人可以对社会中各种各样的职业作出评判：哪个最好，哪个差些，哪个最适宜自己发展，哪个自己不愿从事，哪个自己难于胜任等。这些都体现了人的职业意向，使得人自动趋向于从事某种职业。

在人们的思想观念中众多的职业可以按照一定的“好”与“差”标准进行排列，从而成为一个职业系列。决定其好与差的标准，主要有职业的社会地位、劳动报酬的高低、个人兴趣与才能的发挥、职业劳动强度与环境、职业的社会意义及贡献等因素。也就是说，人们通常是按照上述因素对职业进行评价和选择的。有了意向，才有选择。把握人的职业意向，是促进人的职业选择合理化的途径。

（2）影响职业意向的因素。人的职业意向，一般说要经过萌芽期、空想期、现实期，在面临就业时才比较清晰地确定下来。

1）影响职业意向的成长与确立的因素包括。①个人的生理条件与心理特征；②教育状况，包括各个时期接受教育的内容，以及最后达到的教育水平和专业、职业类别；③家庭影响，尤其是父辈及兄长所从事职业的范例作用；④社会习俗、风尚、传统及多种环境；⑤个人的年龄、阅历（特别是其职业经历）及个人对经济的考虑；⑥社会的人力需求状况，以及职业信息的传播；⑦社会政策对于职业方向的导向作用；⑧职业知识教育和社会的职业指导。

2）职业知识与职业信息的来源。职业知识与信息，对人的职业意向的形成和变化，有着重大影响。对职业知识的广泛了解和对职业信息的及时掌握，有助于职业意向的合理确立。这里列举取得职业知识与职业信息的一般途径：①一般的职业科学知识教育，以及具体的职业、专业教育；②家庭教育与影响；③一般的学校教育；④亲戚朋友的影响；⑤广播、电视、报纸、杂志等大众传播途径；⑥个人所见所闻和亲身体验；⑦学校与社会的职业指导、职业介绍机构等。

（3）职业意向的变化。职业意向的变化包括以下几个方面：

1）影响职业意向变化的原因。由于各种条件的作用，人的职业意向确立以后，还会发生一定的变化。造成职业意向变化的原因主要有：①最新职业信息的获得；②个人所面对的各类择业机会；③职业适应状况（适应或挫折）；④对于某一职业岗位内容的深入了解（一般在从事该职业较长时间后）；⑤接受较高等级的教育培训；⑥个人阅历的增长；⑦企业、事业、机关等用人单位的培训和职业生涯指导等。

2）职业意向变化的过程。①现实化。一般来说，青年人在就业前，往往对未来职业充满、不切实际的幻想。当他们进入职业选择阶段，特别是走上工作岗位以后，面对现实，就能比较客观地看待问题，承认现实，并可能在一定程度上降低原有的意向水平，打消不切实际的想法。②调整方向。人们在职业适应期以及职业准备期接受教育时，可能发现自己不能适应某一职业，从而转变职业方向；

也可能发现自己虽然胜任这一职业，但其他一些职业对自己更为适合，或者更加喜欢其他职业，这时也可能会调整职业方向。

3）提高意向水平。当一个人能力有较大的提高，所在的工作岗位不能满足其发展需要时，就可能提高意向水平，倾向于从事更高类型的职业。

职业意向的变化，使人们对自身和岗位有了更好的了解，会现实地对待职业。

2．职业岗位

职业岗位选择的对象。岗位是人们进行职业选择的对象。在社会总劳动体系中，各种职能的劳动体现为各种不同的职业岗位，它们构成人们选择的对象。但是一个人能选择某种职业并在该岗位就业，必须要以这种职业有空缺、需要招收人员为前提。这就是说，在个人选择职业的同时，职业也在选择适合的个人。个人的就业，即个人的职业实现正是在这两种选择共同作用下形成的。

（四）职业选择原则

1．客观原则

从客观实际出发，是职业选择的首要原则。具体来说客观原则包括以下三个方面。

（1）个人素质条件状况。要将个人的职业意愿和自身素质相联系，给予充分的考虑，估计一下自己能否胜任某项职业的要求，评价个人职业意愿的可行性。

（2）社会需求的可能性。对于现实社会职业岗位需求的可能性，也要作出客观的估计。一般应考虑以下几个方面。

第一，我国经济结构正在大调整，虽然一些新兴产业在发展，但需要人员的数量有限。

第二，我国的体制改革在促进经济效益增加的同时，也使大批富余人员下岗分流。

第三，我国人口众多，近年进入就业年龄的新成长劳动力每年增加几百万人，但社会职业岗位数量有限，就业压力巨大。

总之，要选择职业，必须考虑当前社会上实际存在的职业岗位，考虑其需要，而不能只考虑自己的主观意愿。

（3）基于现实的选择。当原来的就业意愿暂时不能得到满足时，要根据社会需要作出新的选择：

其一，根据社会需要作出新的选择，走另一条职业道路。

其二，选择一种与自己的“理想职业”相接近的职业，或继续接受教育培训，积累就业条件。

其三，先到社会上容易就业的职业岗位上去工作，再根据自己在这一职业的工作情况，决定是否进行职业流动。

2. 主动原则

要就业者，不应消极地待业而应积极准备就业条件，主动寻求就业门路；能力强者可独立创业。积极的生活态度，对于人的职业生涯发展和取得成就都大有益处。

（1）积极准备就业条件。积极地准备就业条件，就是要参加就业培训，争取在就业前掌握一定的职业技能，为自己的顺利就业创造良好的条件。只有具备了一定的专业技术知识和良好的职业素质，才有可能在就业竞争中获得成功，得到自己所喜爱的职业。

“积极准备”包括以下几个方面：

其一，留心搜集各种职业知识和用人信息。平时要做“有心人”，大量积累有关的职业知识和供求信息，为未来的职业选择作准备。

其二，到职业介绍机构进行咨询，了解就业情况，寻找合适的就业机会。

其三，参加各种职业技能培训，为就业创造机会和条件。

其四，准备好求职信，做好应聘、面试的心理与形象等方面的准备。

（2）主动就业。主动就业是市场经济体制下就业的重要原则，它包括以下几方面：

其一，主动与可能招聘人员的单位进行联系，毛遂自荐。

其二，主动求得父母兄长、同学老师、同事朋友的各种帮助，善于在市场经济中找到自己的位置，多方面开拓门路。

其三，主动开拓就业岗位，自谋职业，自主创业，成就自己的事业，这既能够按照自己的意愿解决自己的职业生活道路，也能为社会作出一定的贡献。

3. 比较原则

（1）个人和岗位的比较。职业选择是岗位和个人双方相互的选择，因此，在职业选择中必须把人和岗位结合起来相互比较，看岗位对人的要求和人对岗位的适应能力是否协调一致。这样才能保证个人作出最佳的职业选择，实现人职匹配。

（2）几个职业间的比较。在职业选择初期，人们的职业兴趣往往比较广泛，而不是局限于某个职业；另一方面，社会提供的职业岗位也不会局限在某一两种职业上。这就使得择业者面临如何选取适合于自己的职业的问题。

通过上述两个方面的比较，就能较好地从诸多职业中选择出一个最适合于自己、各方面条件都相对优越、自己又能得到的职业。需要注意的是，在对不同职业的比较中，要有职业生涯规划意识，即要有自己的人生大目标，把职业作为实现自己最大价值的手段。

4. 主次原则

人们选择职业，一般都有多种标准和条件。其中有现实的内容，也有幻想的因素；有合理的意愿，也有过分的要求。在具体选择职业时，不可能各种标准和条件都能得到满足。因此，必须分析哪些是主要条件、哪些是次要条件，哪些是现实的、哪些是幻想的。

在职业选择决策的过程中，要抓住主要的和现实的条件，抛弃次要的和幻想的因素。如果在选择职业时死抱着一些次要的、不切实际的条件不放，非要面面俱到不可，那就可能丧失很多就业机会而难以实现就业，甚至错过真正的好职业。

第四章 就业形势、观念转变与择业原则

面对日益严峻的就业形势，大学毕业生必须转变观念，把握机遇，掌握正确的择业原则，科学决策，才能在激烈的就业竞争中把握就业机会，顺利就业。本章主要介绍我国大学生目前面临的就业形势、大学生就业观念的转变和择业的原则等内容。

第一节 大学生的就业形势

一、我国目前的就业状况

（一）劳动力供大于求压力进一步加大

目前，我国劳动力供大于求的矛盾十分突出，需要就业的人口在逐年上升，就业面临着巨大压力。据有关方面对我国人口结构的推算：目前是我国劳动力过剩的第三个高峰期，城镇失业职工、未就业的大学生和向城镇转移的农村劳动力大量增加，自然增长的劳动力数量不断上升，劳动力出现严重过剩。

据国家发改委的资料显示：2013 年 16 岁以上至 60 岁以下（不含 60 岁）劳动年龄人口增长达到 91 954 万人，全年城镇需要安排就业人数总量约 2 500 万人，而 2014 年政府工作报告公布 2013 年新增就业人数 1 310 万人，与 2 500 万需要就业的人数相差 1 180 万人，而且这种情况还会继续，就业形势十分严峻。

（二）经济增速放缓，对就业的拉动效应减弱

就业与经济发展密切相关，随着经济规模和产业结构的变化，单位 GDP 增长的就业拉动能力明显扩大。据测算，每亿元 GDP 容纳的就业量，第二产业约为 1 058 人，第三产业为 1 348 人，后者超过前者约 30%。2013 年，服务业增加值占 GDP 比重首次超过第二产业。近十年来单位 GDP 增长拉动新增就业数量总体呈上升态势。2008 年以前，GDP 增长一个百分点，拉动就业增加不足 100 万人，而目前上升到 140 万～160 万人。

从国内经济形势看，2013 年我国经济增长 7.7%，处在预期目标的合理区间，但已连续两年低于 8%的水平，国内经济运行总体平稳，但发展速度变缓，下行的

压力短时期内还难以改变，用工整体需求下降，进而极大地减少了由经济快速增长而带来的就业需求量的增加，影响了经济增长对就业的拉动效应。

从国际形势看，世界经济复苏减缓，直接影响着已经融入世界经济的我国的对外贸易，使得外向型出口企业发展困难，吸纳就业能力下降。为维护竞争优势，各国多采取贸易保护措施，使得我国已经连续十几年成为全球遭受贸易摩擦最多的国家，后危机时代我国外部经济发展环境比较复杂，对我国外部经济拉动就业产生了不利影响。

（三）城镇化中农村劳动力转移就业压力大

近年来，我国城镇化建设不断加快，城镇化率大幅提高，农村劳动力向城镇转移的步伐加快，城镇人口快速增加，我国城镇化率由 2000 年的 36.2%上升到 2013 年的 53.7%。在城镇化进程中，农村的就业压力减轻，但是劳动力转移就业压力增大：一是城镇对农村劳动力就业吸纳能力有限，每年城镇中新成长劳动力、高校毕业生需就业；二是农村劳动力向大中型城市转移的门槛较高。由于户籍限制、素质技能要求、就业信息不畅通等因素，农村转移劳动力寻找工作难度大。

（四）新兴产业的加快发展影响到就业水平

一方面，在大力调整夕阳产业和淘汰落后产能时，要对涉及职工的转移安置提供帮助；另一方面，新兴产业在我国具有良好的发展前景，这其中必然导致技术技能人才短缺。此外，由于科技进步、劳动生产率提高等因素，也使一些企业减少新员工吸纳，甚至排挤出部分劳动力，这也会导致就业的结构性问题。

（五）区域经济格局调整特别是中西部地区加快发展导致劳动力流动新变化

近年来，我国中西部经济发展不断加快，农民工工资不断上涨，与东部地区的差距缩小，如在东中西部务工的农民工月收入差距已经缩小至 30 元左右。区域就业形势差别明显，东部地区求职人数同比出现大幅下降。随着中西部地区传统劳务输出大省的工作环境好转，返乡就业、创业正成为越来越多外漂农民工的新选择。

（六）企业用工成本的承受力与劳动者高期望值的矛盾导致供求双方难以对接

从 2009 年以来，货币工资一直以两位数的速度快速增长，且增速逐年加快。据统计，2013 年全国共有 27 个地区调整了最低工资标准，平均调增幅度为 17%；有 17 个地区制定了工资指导线，基准线普遍在 14%左右。调查反映，当前工资增长和企业承受能力的矛盾已导致许多中小企业和大型劳动密集企业的普工短缺。

（七）人口结构变化使劳动力供给增长放缓

我国人口结构正在发生变化，在一定程度上导致了劳动力供求关系的变化。我国劳动适龄人口的总量开始减少，在新生劳动力供给方面，大学生将占据一半左右的水平，农民工总量特别是跨省流动农民工的增速减缓，并逐步趋于稳定。据预测，我国劳动年龄人口将于2016年达到峰值，总量为9.99亿人，之后逐渐下降，到2020年将下降至9.87亿人。2011～2020年就业年均增速将比前期下降0.9个百分点，拉动经济增长率下降约0.4个百分点。城镇化加速推进所释放的农村富余劳动力和劳动力素质的提高，仍然不能弥补劳动力人数减少对经济增长造成的负面影响。

从上述情况可以看出，就业前景不容乐观，就业形势非常严峻。大学生要做好充分的思想准备，迎接挑战。同时，也应该看到，国家体制正在转变的过程中，就业形势随着社会主义市场经济的逐步完善和国民经济的不断发展，会不断好转。尤其是从2010年开始，党中央、国务院十分重视大学生就业，采取了诸多措施鼓励大学毕业生到基层就业，给出多种优惠政策鼓励大学生创业，制定诸多保障措施维护大学生就业，大学生的就业情况在不断好转。

二、影响大学生就业的因素

2013年，全国普通高校毕业生规模为700万人，2014年增加到727万人。当前高校毕业生就业形势复杂、严峻，主要影响因素有以下四个方面。

（一）国际经济形势持续低迷，青年就业问题严峻

全球金融危机爆发带来的负面效应远未消除，世界经济增长迟缓，2013年世界生产总值只增长了2.1%，世界上几乎所有地区和主要经济体都表现欠佳。受金融危机和地区劳动力市场的长期影响，全球就业形势不容乐观。欧、美等大多数发达经济体面临着经济复苏缓慢、财政紧缩、主权债务风险上升、低增长高失业等诸多问题，很多发展中国家也受到波及，呈现出口下滑、投资需求减少、失业率上升等现象。国际劳工组织发布报告显示，2013年全球失业人口突破2亿人，达2.02亿人，比上年增加500万人。接下来几年，失业率还会持续攀升，到2018年，全球失业人口将达到2.15亿。青年人首当其冲。青年失业问题在中东、北非、欧美等地区已成为影响社会稳定、引发局部地区社会动荡的重要因素。国际经济及就业形势在一定程度上抑制了我国的外贸、出口、投资等，势必也将对高校毕业生就业产生影响。

（二）国内宏观就业形势面临三重压力

目前，我国发展仍处于重要战略机遇期，但面临不少风险和挑战。经济增长下行压力和产能相对过剩的矛盾有所加剧，企业生产经营成本上升和创新能力不足的问题并存。我国GDP增速由2009年的8.7%下降到2012年的7.8%，2014年又下调为7.5%，GDP的下调对就业将产生重要影响。2013年国内城镇需就业的劳

动力已达到 2 500 万人，高校毕业生总量比 2009 年增加了近 100 万人，宏观就业压力增大。同时，随着产业结构调整和创新驱动发展战略实施，部分地区用工需求与劳动力供给结构性失衡现象更加凸显，我国宏观就业形势面临经济放缓、就业总量持续增加和结构性矛盾突出三重压力。

（三）针对高校毕业生的有效用人需求呈下降趋势

据 2013 年 2 月初对近 500 家用人单位统计，这些单位 2013 年计划招聘岗位数同比平均降幅约为 15%。从行业情况看，医疗卫生、咨询、电子商务、旅游、文化体育等行业用人需求略有增加，但钢铁、机械、采矿、能源、建筑等行业，用工需求不同程度减少。在调研的 200 多所高校中，约有 60%的高校认为就业形势严峻，特别是很多地方高校反映用人需求下降或明显下降。部分毕业生也对就业前景感到担忧，少数毕业生甚至感到焦虑。这些情况需要引起我们高度重视。

（四）高校毕业生就业工作中还存在着一些薄弱环节

国家虽然出台了一系列促进毕业生就业创业的政策措施，但少数地方仍存在政策不落实、措施不到位等问题；引导鼓励高校毕业生到基层就业工作虽取得显著成效，但在以创业带动就业、鼓励多渠道多形式就业等方面还有大量工作要做；毕业生就业服务体系虽日趋完善，但服务质量和水平需要进一步提高、就业困难毕业生的帮扶机制需要进一步健全；毕业生就业中还存在“有业不就”和“无业可就”现象，转变毕业生就业观念任务艰巨。

三、当前大学毕业生就业形势

2010 年以来，我国大学毕业生的初次就业率一直徘徊在 70%～80%左右，专业有冷有热，区域性矛盾突出，供需仍不平衡，就业形势依然严峻。据统计，2001 年全国共有普通高等学校毕业生 114 万，2005 年 338 万，2010 年 630 万，2013 年 700 万。2014 年将要达到 727 万，比 1998 年全国大学生的在校人数 630 万还要多出 100 万，是 2001 年的 6.4 倍。从这几年大学生待业的人数来看，每年都在 100 万以上。据北京大学教育经济研究所调查统计，截至 2013 年 6 月底，大学生初次就业率为 71.9%，还有大约 197 万人没有找到工作。与毕业生人数急剧增加形成鲜明对照的是：2013 年全国城乡新增就业岗位 1 310 万个，2013 年需要就业的人口是 2 500 万，差额在 1 180 万人，就业压力十分巨大。而 2014 年高校毕业生突破 700 万人，成为 2013 年后的“更难就业季”。2013 年受全球经济不景气的影响，很多企业裁员减少人力招募，沿海一带一些小企业倒闭导致一部分人需要再就业，新增的就业岗位不断下降，需要就业的人员还在增加，供大于求的矛盾更加突出，总体就业形势十分严峻，必然给大学生的就业带来更大的难度。

除传统就业渠道外，行业、层次和区域上的供需矛盾，也加大了大学生的就业难度。从地区看，东部省市吸纳了全国 50%以上的高校毕业生，而西部不足 20%；从学历看，高职高专毕业生的就业率近几年逐年上升但仍低于本科生；从学科专业看，工科和应用性较强的学科专业就业形势较好，而一些文科专业和女生就业越来越困难。

改革开放三十多年来，我国经济取得了飞速发展，2010 年我国 GDP 达到 54 742 亿美元，已经成为超过日本的世界第二大经济体。然而，在取得巨大成就的同时，也引来了很多问题，特别是就业问题。据报道："世界上最大的就业战争正在中国打响，就业与失业问题已经成为我国 21 世纪初期经济发展的最大挑战。"

2013 年年底，中国总人口为 136 072 万人，其中 15～59 岁，91 954 万人，占人口总数的 67.6%。由此看出，中国人口中有近 68%属于正常的就业人口。然而，近年来我国的城镇登记失业率却居高不下，保守统计近几年一直徘徊在 4%-5%之间，仍然有相当数量的人口失业，这些都会给逐年增长的大学毕业生就业雪上加霜。

在大学生就业形势十分严峻的情况下，党中央国务院一直十分重视大学生的就业工作，连续出台文件在政策上、措施上为大学生就业保驾护航。每年召开全国高校毕业生就业工作会议，整体部署全国的大学生就业工作。在 2013 年全国高校毕业生就业工作会议上就从"落实'一把手'工程，强化组织领导；狠抓政策落实，找准政策突破点；多管齐下，大力拓宽就业渠道；以创业带动就业，大力扶持更多毕业生自主创业；再接再厉，全力做好征集高校毕业生入伍工作；强化信息服务，进一步提升就业指导和服务水平；采取有力举措，做好困难毕业生就业帮扶工作；唱响主旋律，扎实做好毕业生思想政治教育工作"八个方面为大学生就业创造条件，并将其作为高校考核的重要指标，有效地促进了大学生的就业工作。在党中央国务院的亲切关怀下，在国家各部委的大力支持下，我国大学生毕业后半年内的就业率近几年来一直保持在 90%以上（最终就业率），维护了国家的社会稳定。

但是，我们必须看到，在经济形势并不景气的情况下，就业形势不容乐观。大学毕业生必须保持清醒的头脑，正视现实，随时了解就业市场的变化，不断转变就业观念，尽早地做出相应的对策，降低期望值，只有这样，才能顺利就业。

第二节 树立正确的择业观

一、适应形势，转变观念

择业观是大学毕业生世界观、人生观、价值观在就业上的反映，它直接影响和决定择业行为的产生。正确的择业观将引导毕业生走向合适的岗位，而不正确的择业观只会使就业越来越难。

市场经济体制的建立及毕业生就业制度的改革，打破了以往旧的毕业生分配制度，把毕业生就业推向了市场，毕业生及用人单位实行双向选择，就业竞争日益激烈。为适应这种新的就业方式，就必须树立新的择业观念。“天之骄子”，“国家干部”等计划经济体制下毕业生就业制度造成的优越感不复存在。而在市场转轨过程中，如不更新就业观念，就不能正确、客观地认识自己，就很难找到理想的职业。因此，适应当前的就业形势，及时转变就业观念，树立正确的择业观，不仅有助于大学毕业生正确择业求职，而且有利于他们参加工作后，在工作岗位上施展才华。

二、树立正确的择业观

（一）从“精英”向“大众”的转变

2002 年，我国高等教育毛入学率达到 15%，进入了国际公认的高等教育大众化发展阶段。2012 年全国各类高等教育总规模达到 3 325 万人，毛入学率达到 30%，高等教育快速发展，较好地满足了人民群众接受高等教育的愿望。高等教育由精英教育向大众化教育的推进，大学生就业模式必然由精英教育阶段所形成的毕业生就业模式向大众化教育阶段所形成的毕业生就业模式转变。

在精英教育阶段，由于高等教育是稀缺资源乃至社会特权，受教育者的地位必然增高，被称为“天之骄子”，就业实行“统包统分”的就业模式。精英教育条件下形成的思维定式，把高等教育的作用认定为是培养精英人才，没有把高等教育定位为素质教育的重要组成部分，总是认为大学毕业生就是“国家干部”“白领阶层”，是这个“家”、那个“家”，只能去大城市、大机关、高薪企业工作。持精英教育阶段就业观念的人仍抱有传统的“学而优则仕”的观念，认为毕业不能找到一个声望好、待遇高的工作，仿佛就是个人事业的失败，认为大学生享受国家干部待遇，高等教育培养的人才就应该从事高级、专门性质的工作，就业期望值过高。

而在大众化教育阶段，由于接受高等教育将成为相对多数人的权利，上大学不再需要“千军万马过独木桥”，大学生也不再被称为“天之骄子”，大学生就是普通老百姓，大学培养的是普通劳动者，大学毕业生的就业同普通老百姓找工作一样，不存在照顾、包统的问题，“双向选择，自主择业”的就业模式是目前就业的主要形式。因此，大学生的就业观念也应该由精英就业的观念，转变为大众就业的观念。大学生也要作为一名普通的劳动者，从事普通劳动者所从事的工作。社会中的各行各业都需要大学生，既有大学生毕业去当工人，也有大学生毕业去做个体经营，只要是大学生通过诚实劳动来为社会创造价值，来实现自己的价值，就是现在社会所倡导的。劳动者的素质普遍提高了，社会才能更好地发展。

（二）从“城市”向“基层”的转变

当前，一方面，高校毕业生就业面临着一些困难和问题；另一方面，广大基层特别是西部地区、艰苦边远地区和艰苦行业以及广大农村还存在人才匮乏的状况。一些县市能提供比城市好得多的工作和待遇，但很多大学生还是不愿去。十几年寒窗苦读，好不容易来到大城市，又要回到县市，心里觉得憋屈，认为走向基层以及中小城市，是“没有办法的事”。实际上，基层的天地广阔，蕴藏着无数的机会，中国有 70 万个行政村，加上基层社区以及其他的基层就业岗位，似乎能够提供不可小觑的大学生就业机会。在现实生活中，村民委员会主任、书记，乡镇以上的国家各级公务人员都应由受过高等教育的人来担任，农村种植业、养殖业、家庭农场的主办人，乡镇企业、区街工业、个体企业的管理和技术人员也应该由受过高等教育的人来担任。随着民众素质的普遍提高和大学生人数的增加，可能过去由高中或中专生从事的职业逐渐要由大学生来担任。就业层次下移，这种“高才低就”的现象从个人讲可能暂时感到委屈，但这是社会不断进步的表现。

大学生完全可以把到基层就业视为创业的起步、成才的开始，通过了解国情民意，积累经验，增长才干。“大学生应该将就业的姿态放‘低’，将人生的目标抬‘高’，在城市就业已趋于饱和的情况下，选择到基层就业是理性的、现实的。”大学生到基层，特别是行政村，有利于农村的经济建设，也有利于锻炼自己。大学毕业生要根据劳动力市场的需求，找到自己的位置和发展空间，实现自己的人生价值。

（三）从“公有”单位向“非公有”单位转变

在传统的职业观念影响下，人们都希望到政府机关、事业单位或国有大企业谋职、发展，而不愿意到集体企业或民营企业求职发展。在对大学毕业生就业选择的统计调查中，95.8%的人选择的是政府机关、科教文卫事业单位、科研院所、大型三资企业。个体经济、私营企业则是他们最不愿意去的两个地方。从表面上看，大学毕业生愿去什么单位就业是无可厚非的。但是，在目前和今后的一段时间内，政府机关、科教文卫事业单位、科研院所、大型三资企业由于多种原因（如体制原因、产业结构原因、亏损等），吸纳大学毕业生的能力是有限的，很难大量接收大学毕业生去就业。特别是在高等教育大众化的就业背景下，所有大学毕业生都去政府机关、科教文卫事业单位、科研院所、大型三资企业就业，显然是不切实际的。

随着改革开放的深入，民营企业的数量和规模发展迅速，人们的就业观念也发生了深刻的变化，大学生的就业倾向越来越向“非公有”的单位转变。从人才市场、职介中心的招聘统计情况来看，民营企业设摊招聘的比重最高，求贤若渴的态度非常明显。以前大学生到民企就业总是顾虑重重，担心民营企业规模小，经营管理水平低，个人没有发展前途；怀疑民营企业管理不规范，福利待遇没有保障；还害怕民营企业工作不稳定，办公环境差。而现在的民营企业发生了重大变化，特别是沿海发达地区的民营企业发展非常迅速。人才市场的薪资调查表明，民营企业的收入水平甚至已和三资企业不相上下，民企灵活的用人机制和激励手段为人才创造了比在其他单位更好的个人发展空间。随着社会养老保险、失业保险、住房公积金制度的建立和完善，在民企工作也不用担心五金交纳等个人保障问题。

（四）从“白领”向“蓝领”的转变

传统观念中，大学毕业生是高级知识分子，成为国家干部、管理者的思想根深蒂固。在中国，国家公务员历来以国家干部、工作稳定、福利待遇好被誉为众多职业中的“铁饭碗”，面临择业的大学生更是对其趋之若鹜。公务员工作尽管收入一般，但社会地位高，工作环境相对稳定、轻松，使公务员成为家长和大学生心目中的理想职业和最稳妥的选择。但中国人口众多，就业压力巨大，如果千军万马挤一座独木桥，反而不容易结合自身特点找到适合自己的工作。

对于工人职业，很多人在观念上落伍了。在电子设备大规模应用于制造业，工业数控技术大行其道的今天，需要的早不是“卖苦力”，而是“知识型蓝领”。据了解，发达国家制造业中，技师、高级工、中初级工比例为 35:50:15，高素质工人比例占据了绝大多数。可中国目前却正好相反，中初级工比例很多地方竟超 9 成，从某一方面说导致了我国劳动生产率、产品质量、产品附加值很低。技师、高级工紧缺对企业发展已形成严重掣肘。目前全国数控设备操作、医疗护理等人员严重短缺，重点高职院校和骨干专业毕业生供不应求，企业对高级管工、高级汽车修理工开出近万元的月薪等，均是最好证明。知识型蓝领正是恰恰需要有着很好的理论基础的大学生，他们的思维、知识和学习能力是成为一名高级蓝领的最好条件。

（五）从“专业对口”向“通用人才”的转变

很多大学生就业时特别强调要专业对口，认为大学花费了几年时间所学的专业是自己的生存之本，如果离开了自己所学的专业而选择其他行业，那就白白浪费了大学的时间，专业情结依然影响着求职的心理。实际上大多数用人单位，招聘人才的标准是：注重应聘者的个人能力和综合素质，至于专业是否完全对口，并不过分计较。现代社会分工越来越细，在校期间所学专业知识与现实需要难以完全吻合，求职过程中如果过分强调专业对口则难以找到合适的职业。一个具有开拓精神的毕业生，应看重行业的发展前景，并及时调整自己的择业方向，勇于选择与自己所学专业相近或相关的职业。

随着职业的发展，人们越来越难以找到一份可以只使用一种技能的职业，更难以找到一份终生的职业了。在职场当中，企业所需要的复合型人才非常稀缺，出现这种现象，和过分强调“专业”的教育制度有直接关系，尤其是文理分科，专业被人为地划出藩篱，完全不相容。其实，企业的岗位设置根本不需要这种划分，尤其是做管理者，更必须同时懂技术和了解人。企业需要的是能干的人，而且常常需要的是兼有文、理、工的知识和技能的人。职场生存发展的关键，在于你的能力是否得到别人的认可，求职就像做营销，应该挑选最能够给别人留下深刻印象的时间和场景，充分展示自己的能力。跨学科学习的人，其优势在于整合和创新能力。

目前我国正处于经济转型、体制转轨时期，随着经济结构的调整，必然也会使某些行业迅速发展，如第三产业的邮电通信、金融保险、社会服务等，就业人数将会明显增加。由于我们的教育结构不能很快地适应产业结构的调整，也必然会使某些专业的毕业生找不到专业对口的工作。大学教育不仅仅是学习专业知识和技能，更重要的是培养了大学生的综合素质和综合能力，大学生进入一个新的领域会比没有受过高等教育的人更快更好地融入与适应。

（六）从“打工”向“创业”的转变

“打工”和“创业”实际上是两种完全不同的就业方式。打工是指企求他人给自己一份工作的就业模式，是一种被动就业的行为。这种行为说明求职者的一种依赖心理，同时也说明毕业生对自主创业的认可程度不高。自主创业是给自己“打工”，是一种主动就业的行为。新一代大学生精力旺盛，有着强烈的挑战自我、实现自我的激情，并且无负担，没有太多牵挂，有较高的文化水平，专业基础扎实，具有创新意识，自主学习知识的能力强，善于接受新知识。

从现阶段的就业形势看，国家宏观政策鼓励大学生自主创业；社会主义市场经济体制的建立和市场经济的发展，为广大毕业生的自主创业提供了良好的社会环境。条条大路通罗马，挖掘创业潜能，摆脱依赖心态，创业——这包含机遇与挑战的字眼，已经成为无数大学生心中的梦想。中国也已经诞生了第一批大学生创业者。清华大学三位大学生 1999 年 5 月创办了中国第一家大学生高科技公司——视美乐，专利产品为多媒体超大屏幕投影机。清华大学科技创业者协会的同学认为：“创业是一种精神，创业是一种意识，创业是一种素质。创业不是个人行为，创业是合作和表率。创业不是谋取私利，创业者是坚定的爱国者，富有激情的实践者，艰苦创业的实干家。”

（七）从“被动就业”向“主动就业”转变

“被动就业”等于坐等失业。在高等教育大众化的就业背景下，大学生就业形势“吃紧”，不少职业岗位都出现了“饱和”现象，如要就业，要么淘汰别人，要么就另辟蹊径，坐、等、靠、要的时代已经一去不复返。物竞天择，适者生存，竞争获胜，将永远是市场经济下选择职业的不变的游戏规则。所以要就业，不能没有竞争的意识和主动参与的观念，不能一味地坐、等、靠、要，而是要靠“争”，不“争”就没有工作，就等于失业。

（八）从“终身就业”向“动态就业”转变

终身就业，这是计划经济的产物，在社会主义市场经济条件下不可能做到，即使是在计划经济体制下也不可能完全做到。随着社会对人才要求的更新和提高，人才资源总是在不断地交换和流动中得到优化配置，有效利用。科学技术的突飞猛进和知识的快速更替，用人制度的改革和人才市场的建立，必将使失业和就业成为今后大学毕业生一生中经常遇到的事情。因此，毕业生应该意识到，第一份工作对于许多人来说，更多的是一种锻炼、一种实践经历、一种融入社会的渠道。每个大学生在一生中，都要有多次就业的思想准备。青年择业指导专家汪大正说，随着市场经济发展，个人就业的自主性与封闭性同步增加，教育形式的多样性与终身学习的长远性趋势越来越明显，计划经济的就业终身制逐步被市场经济的终身就业制所取代，过去可能在一个单位工作一辈子，现在一生中可能有几次的就业机会。中国人平均一生就业 1.1 次，美国人平均一生就业 6.5 次。市场经济把铁饭碗换成了泥饭碗，中国人一生只从事一种职业，并终身在一个单位工作的时代已经过去。随着社会的发展，人的一生“一次就业”会被“多次就业”所替代。

（九）从“贪图享乐”向“艰苦奋斗”转变

改革开放给我国经济带来了繁荣，人们的生活水平不断提高，大学生是青年中的佼佼者，无疑成为社会的宠儿；加之，近几年大学生中独生子女增多，都是在娇生惯养的环境中进入大学的，因此，多数大学生贪图享乐，缺乏吃苦耐劳、艰苦奋斗的精神。在选择职业时，他们多数不愿意到艰苦的环境和岗位上去。由于怕吃苦、缺乏敬业精神而“待业”的大学生不乏其人。

我国是一个发展中国家，虽然改革开放后国民经济有了很大的发展，但距离发达国家的水平相差甚远，总体上还很落后，而且底子薄，物质基础差，这就决定了现在仍然要保持和发扬艰苦奋斗的优良传统。因此，大学生在择业时，首先应该做好吃苦耐劳的准备，树立敬业爱岗、艰苦创业的精神，为祖国的繁荣富强贡献自己的青春年华。

第三节 毕业生择业决策

一、择业决策的原则

择业决策的原则，是指大学生在就业决策时应当遵循的基本要求。能否掌握正确的择业原则，对一个人的成长、成才，在工作岗位上发挥更大的作用，具有深远的意义。

（一）社会需求的原则

所谓社会需求的原则，是指一个人在择业时，把社会需要作为出发点和归宿，以社会对自己的需要为准则，去观察、认识问题，进而作出合理的抉择。

人们选择职业，一般应从以下三方面考虑：维持生计、发展个性、承担社会义务。作为国家培养的大学生，择业时除了要考虑个人的主观愿望，还要服从社会需要，应该从社会的整体利益出发，充分发挥自己的聪明才干和个性特长。随着毕业生就业制度的改革，大学生有更多的择业自主权，改变了过去那种被动的局面；但是，这种自主权仍然是相对的、有条件的，并非可不顾社会需要，一味追求“自我实现”。在选择职业时，要首先把社会需要作为出发点，当个人意愿与社会需要发生矛盾时，要顾全大局，服从社会需要。

大学生在选择职业时，要处理好社会需要与个人发展需要的关系，正确处理好个人、集体、国家的关系，把个人利益和社会主义现代化建设的需要协调统一起来。每个人在选择职业时，可以也完全应该考虑个人的意愿、爱好、兴趣和特长。只有这样才能使个人的才能和潜力得到充分发挥，使个性得到较好的展现，从根本上提高工作效率。但是就某一个职业而言，个人需要与社会需要之间经常会存在矛盾，甚至是尖锐矛盾。满足了社会需要，则在一定时间内影响个人职业理想的实现，甚至在一定程度上要牺牲个人利益。面对这种情况，每个毕业生一方面不应过分强调个人的职业理想和利益，应努力把职业理想提高到较高境界，把社会需要看成是择业首要依据，把个人利益自觉地统一到国家的需要中去；另一方面，要充分认识到，个人才能的发挥总是与一定的历史条件和社会需要密切联系的，社会需要是个人才能得以充分发挥的条件和基础。有时，就某种职业而言，你虽然胜任，并对此有浓厚的兴趣，但由于该职业对从业者需求量很少，成功的几率较小。遇到这种情况，就不能片面强调自己的条件和兴趣爱好。

值得注意的是，有些职业社会十分需要，也确有利于人们发挥才能，但由于这些职业岗位艰苦、社会地位较低、地理位置不理想等原因，有些毕业生宁愿“待业”，也不愿从事这类职业。这种倾向的产生，实际上是没有处理好国家需要与个人需要的关系。作为当代大学生，应该主动到这些需要自己的地方去施展才能。事实上，越是国家需要的地方，越有利于一个人聪明才智的发挥，也越有利于青年人锻炼成长。因此，毕业生应该“弃燕雀之小志，慕鸿鹄之高翔”，发扬“志在四方，振兴中华”的优良传统，把服从社会需要作为自己职业理想的立足点和选择职业岗位的原则，到祖国最需要的地方和岗位上去建功立业。

（二）政策约束的原则

政策约束的原则是指毕业生在选择就业岗位时，应把有关政策作为择业必须遵守的规范。目前，我国处在社会主义初级阶段，地区经济发展不平衡，社会主义市场经济还不完善，人才又是社会发展的根本动力，为了保证社会经济的全面发展和人事制度改革的顺利进行，国家必然会制定一些政策，从宏观上来调控人才的流向和分布。其重要意义表现在，一是要保证满足不发达地区和重点行业对人才的需求。如对不发达地区人才政策的倾斜，重点就业计划的下达等，都较为有效地保证了这些地方对人才的需要。二是合理分流，避免人才的积压浪费。大城市、大机关长期以来是大学毕业生择业的热点，但是，那里的专业技术人才充盈，刚毕业的大学生在那里实践锻炼的机会太少，造成了人才的浪费。通过就业政策的调控可以限制部分毕业生过于集中在一个地区或某类单位，引导毕业生到基层去，合理配置人才。三是政策约束原则是服从社会需求原则的辅助手段。政策是国家根据社会需求情况而制定的，它带有一定的强制性，可以引导毕业生在择业时更好地服从社会需求。

大学毕业生在择业前必须全面了解政策，避免走入择业误区。毕业生在择业前应该全面、详细地了解和掌握就业的方针、政策、规定等，在就业政策允许的范围内确定择业目标，确保择业决策的成功。毕业生必须掌握和了解的政策主要有以下几个方面：

①国家总体的就业方针、政策；②所在省市的有关规定；③学校有关的具体规定；④用人单位吸引人才的规定；⑤人事制度的政策和变化等。

（三）扬长避短的原则

大学毕业生在择业、就业过程中，能否结合自己的实际，扬其长避其短，更好地展现自己的才能，同样是非常重要的。

扬长避短包括两层含义。首先，毕业生应结合个人的专业特长、性格特征和兴趣爱好，选择适合自己的就业单位。其次，毕业生在自荐和应聘过程中，不必过于自谦和自揭短处，可以向招聘人员充分介绍或展示自己的长处，比如学习成绩，获奖记录，有利于显示自己优势的社会工作能力或其他工作经历等。

做到扬长避短，关键要知己知彼，通过与竞争对手的比较，对自己的优势与不足有一个比较客观的认识。无论竞争何种职位，应聘者都应扬长避短，不仅要考虑自己所掌握的专业知识在竞争该职业时，是否具有一定的优势；还应考虑个人的兴趣爱好，看自己是否具备相应的性格特征，以及是否与其岗位所要求的气质倾向相一致。盲目应聘与自己所学专业毫不相干，或与个人的兴趣爱好和性格特征相悖的职位，成功的可能性较小。即使能找到一个自以为不错的职位，在今后的事业发展上也难有作为。

（四）有利于发展的原则

发展、成才、有所作为，是绝大多数大学生的愿望。学生离开校门，迈向社会，从事社会职业是人生中的一次重大转折。为使自己的愿望变为现实，必须遵循人才成长的规律，必须坚持有利于发展的原则。如果仅有良好的愿望，却不坚持有利于发展的原则，过分看重地理位置、眼前利益，追求生活上的安逸，其结果则是自己的愿望难以实现，作用难以发挥。

客观环境对人的发展具有重要的制约作用，但对这种客观环境的选择，刚毕业的学生不一定能看得很准。往往有这样的情况，在许多人看好的就业部门或岗位不一定能很快成才，而在不被看好的部门或岗位却能很快发展。机会和环境有时也赐予那些默默无闻、在艰苦行业和岗位上努力奋斗的人。

要有利于发展，实现成才的愿望，大学生应努力做到：第一，理想与现实结合。现实生活充满挑战和富有生气，参与实践，深入基层，向实践学习，在现实中提高自己，是大学生成长的基本途径。大学生追求发展的愿望和理想，只有投入到现实生活中，才会有实现的可能。因此，要实现发展的目的，必须从实际出发，与现实生活结合。第二，理论与实践结合。人的发展、成才，虽然有许多共同性的东西，但每个人的成才途径不尽相同，各具特色。我们不能把别人的成才模式照搬过来，作为自己的发展模式。应该在实践中走出一条自己成才、发展的道路。第三，个人发展和社会发展相结合。在择业时要将个人的发展和愿望与社会对大学生的要求相协调，个人的发展应服从于社会的发展。

（五）分清主次的原则

在毕业生择业、就业过程中，摆在毕业生面前的选择是多方面的。比如单位性质、工作地点、工作条件、生活待遇、使用意图、发展方向等诸多方面，不可能样样遂人心愿，重要的是在择业过程中怎样权衡利弊，分清主次。

从用人单位的情况来看，有的单位性质较好，比如科研、设计部门，既有好的工作环境，又有较高的社会地位，也容易出成果，但也许其所在地域较偏僻，生活条件较差；有的单位可能生活条件较好，待遇较高，但工作劳动强度大，有风险；有的单位在大城市或沿海地区，各方面的条件较好，但专业不对口，英雄无用武之地；也有的单位虽然生活条件艰苦，基础条件差，但其发展前景广阔，有利于毕业生的成长和成才。凡此种种，该怎样取舍，如何选择？

事实上，在目前的社会条件下很少有单位是十全十美的，作为新时代的大学毕业生，应该从是否有利于自己才智的发挥，是否符合社会的需要出发，面对现实，“先就业，再择业，后创业”。分清主次，作出抉择，切不可因一味求全，急功近利，而失去良机。

二、择业决策的方法

择业决策是毕业生根据自身特点和择业原则确定择业方向、实现择业目标的过程。择业决策同其他决策有同样的性质，只有遵循科学的决策方法，才能确定合理的择业目标。

（一）认清形势，明确政策

求职择业不同于学习期间的社会实践，它是要找到一个适合自己的工作岗位，并能在这个岗位上充分发挥自己的作用，实现自己的价值。新的就业制度的出现使大学毕业生在择业中有了很大的自主权。要实现择业的成功，必须从宏观上了解所面临的就业形势、就业政策和规定、社会经济发展的状况等；同时从微观上了解自己所学专业就业的基本情况，做到心中有数，在择业过程中才能明确方向，主动出击，及时把握机遇。

社会在飞速发展，经过四年学习的大学生，毕业时的情况与四年前相比发生了很大的变化。一些专业由热变冷，由“短线”变成了“长线”，社会需求量也相对减少，给就业造成了困难。还有些专业，虽在不断地调整和改造，却仍跟不上社会的变化和需要。大学生只有正确分析自己所处的求职地位，把握面临的就业形势，进而积极主动地适应社会的需要，才能开创出一片自己的天地。

（二）搜集信息，了解单位

正确的决策是以可靠和全面的信息为依据的，所以捕捉就业信息，了解用人单位就成为择业决策的基础和前提。收集和掌握需求信息，就能了解目前总的就业形势，做到心中有数，才能进行比较和选择，从中筛选出自己相对满意的岗位，也才能在最后阶段果断决策，取得就业主动权。不掌握、少掌握或晚掌握就业信息，都可能使自己错失良机，处于被动状态。

收集和掌握就业信息的途径和方法是多方面的，对此将在第五章中具体阐述。作为毕业生，一定要利用多种渠道收集和掌握就业信息，尤其要主动与用人单位联系，了解他们的用人意向；要充分利用学校提供的就业信息渠道或求得专业教师和亲属的帮助，尽可能早日动手，以使自己保持主动。就业市场如同战场，要想成功，必须对用人单位的情况有详细的了解，才能占有主动权，作出合理的决策。

一旦收集了有关信息，就要进行认真归纳，认真分析，仔细筛选，为最后的选择做好准备。信息分析包括对信息可信程度的分析、对信息可用性程度的分析、对信息内涵的分析等。而一旦掌握信息，看到机会就要当机立断，紧追不放。

（三）正确估价，选准目标

正确估价自己，才能根据自己的实际情况，选准择业目标，走向成功。所以，在择业中找准自己的位置是最为重要的。要选择适合自己的岗位，首先要从收集需求信息入手，信息越多，选择的余地越大；信息越可靠、翔实，越有利于自己的取舍。其次，要善于筛选信息。筛选信息要从主观和客观两个方面着眼，从主观来讲，要考虑自身条件适合哪些单位，比如，所在的学校允许在多大范围内择业？所学的专业适合哪类工作？在班级的综合排名怎样？性格、气质、兴趣、爱好适合从事什么工作？在就业竞争中实力（如专业成绩、外语和计算机水平、社会活动能力、工作经验、身体条件等）如何？从客观来讲，用人单位的工作环境、经营状况、发展前景、人才结构、需求情况等，都是筛选时要慎重考虑的因素。只有综合考虑种种主客观因素，才能使你确定一个切合实际的择业方向，进而通过“双向选择”落实一份适合自己的工作。

（四）把握机遇，果断抉择

择业机遇是指在毕业生求职过程中所出现的偶然的、有利于择业成功的机会。一个人的成功，虽然要靠自身的能力，但也离不开机遇。对于处在人生选择重要关头的大学毕业生来说，能不能抓住择业的机遇，不仅关系到能否顺利就业，而且对走上社会以后的成长与成才都将产生重要的影响。机遇是偶然的，但也有其必然性，毕业生只要注意培养发现机遇、利用机遇的能力，就能及时把握机遇。

把握机遇，信息是前提。掌握的就业信息越多，发现有价值的信息也就越多，才有可能从中发现机遇。因此，毕业生要尽量收集更多的就业信息，创造更多的就业机会。

把握机遇，行动是关键。机遇是不会自己从天而降的，只有积极去寻找，才能发现，才有可能把握机遇。

把握机遇，能力是基础。机遇的出现是偶然的，但能否把握机遇就不是偶然的了，而在于人的能力。机遇对每个人来说是平等的，但抓住机遇的能力又是不平等的。有利的机遇也可以是创造的，因为人有适应环境、利用环境的能力。毕业生在学校期间，应注重锻炼自己捕捉信息、把握机遇的能力，为今后走上社会创造更多的机会。

俗话说：“机不可失，时不再来。”机遇是偶然的，稍纵即逝。在机遇面前，毕业生要克服从众攀比、依赖等待、患得患失等心理的影响，从自身的实际情况出发，权衡利弊，果断抉择。优柔寡断，犹豫不决，最后将丧失就业机遇。

（五）注意反馈，适时调整

注意反馈信息，适时调整择业目标是科学决策系统中必不可少的一步。确定的择业目标是否最佳，必须由实践来检验，在实施过程中才能发现问题，根据反馈的信息，不断调整择业目标，以便顺利就业。

在得到反馈信息和调整择业目标的过程中，一定要注意及时性。目前，毕业生的就业派遣仍实行统一派遣。因此，择业时间是受限制的。毕业生要在较短的时间内确定择业目标，信息反馈一定要快捷、及时，才有可能对择业目标进行不断的调整；否则，签订协议后，再改变主意，将按违约论处，会给用人单位和学校带来不良的影响。

反馈信息的准确性，对择业目标的修正非常重要。准确、真实的信息反馈，是调整、完善择业目标的必要条件，只有准确的信息反馈，才有可能对择业目标作出正确的修正。毕业生在收集反馈信息时，要尽量通过直接渠道来获取，减少中间环节，力求信息的准确和真实。

第五章 求职择业技巧

求职择业，就是选择自己的未来，是每个毕业生面对人生的又一个重大选择。渴望有个好的职业，发挥自己的才干，成就自己的事业，实现自己的人生价值，这是每个毕业生的心愿。在就业机制市场化、就业渠道多元化的今天，怎样才能找到自己理想的职业呢？求职者必须根据自己的实际情况和用人单位的要求，在充分做好信息准备、心理准备、资料准备的同时，掌握熟练的择业技巧会使自己在整个求职过程中得心应手，比较顺利地找到一份满意的工作。

第一节 求职信息与心理准备

一、求职信息的准备

（一）搜集信息

1．搜集信息的意义

求职信息是指通过各种方式传递的有关就业方面的消息，是毕业生求职择业的前提和必备条件，关系到求职择业的成败。在就业形势日益严峻的今天，就业不仅是实力的竞争，也是信息的竞争。作为新世纪的大学毕业生，应当高度重视就业信息的重要性，积极主动，多方面、多途径地收集就业信息，并认真细致、去伪存真地分析、筛选、整理这些信息，并作出准确的处理，把握选择的主动权，抓住就业机会，为成功的就业奠定基础。

（1）求职信息是职业选择的基本前提。在国家就业方针政策指导下，我国实行毕业生自主择业，用人单位择优录用的“双向选择”制度，使毕业生就业工作市场化。用人单位择人与毕业生择业的自主权日益强化，对于毕业生来说，必须了解和掌握可靠的需求信息，否则，就无法争取择业的主动权，也不可能找到自己理想的职业。

（2）求职信息是选择职业的重要依据。毕业生要使自己择业更具有科学性，就必须占有大量的信息。这些信息包括：国家的就业政策，鼓励毕业生就业的优惠政策，自己所属院校的就业原则及有关规定，更重要的是用人单位的需求信息。在这些信息的占有量和来源上如果存在缺陷，毕业生择业决策的科学性、可靠性将无法实现。

（3）求职信息是顺利就业的可靠保证。在掌握了大量就业信息后，毕业生经过筛选比较、科学决策，瞄准了一个或几个相对确定的目标，最后准备面试。面试几乎是所有用人单位的要求，毕业生要想顺利通过面试，就必须对用人单位的情况有所了解。如果在面试过程中，只简单地表明自己的求职意愿，而对用人单位的经营状况、产品结构、发展远景一无所知，面试的结果常常不理想。如果对用人单位了解多一些，成功的希望和机会将会大大增加。

2. 搜集信息的途径

（1）学校大学生就业服务指导中心。学校大学生就业服务指导中心是连接毕业生与社会的桥梁，它们既与毕业生就业工作所涉及的各级主管部门保持着密切联系，同时也与社会各界保持着密切的联系，是用人单位选择毕业生所依赖的一个重要窗口。学校通过发邀请函、打广告、开通校园网络、请进来、走出去等方式获得大量信息，发布给毕业生，供其选择。这是毕业生寻找就业单位收集就业信息的主渠道。

（2）大学毕业生就业供需洽谈会。各省、市、自治区每年都要举办多场大学生供需洽谈会，邀请各用人单位和毕业生当面洽谈。这也是大学毕业生寻找就业单位收集就业信息的重要渠道。

（3）人才交流中心和职业介绍服务机构。各省、市、区建立了人才交流中心、各类劳务市场和就业指导咨询机构，这是横向搜集信息的主要渠道。人才交流中心的主要任务就是收集、发布人才供求信息，办理人才交流登记，为用人单位招聘人才和个人求职做好中介服务和管理工作。因此，通过人才交流中心获得的信息比较准确，成功率比较高。

（4）各种宣传媒介。报纸、杂志、广播、电视等宣传媒介时常都在播报招聘信息并说明所需人才的条件、工作性质、待遇等。这种信息传播广、速度快、信息量大，容易发现择业机会，同样是大学生收集就业信息的重要渠道。

（5）各种社会关系。师长、校友，家庭成员和亲友，都可以为大学生提供就业信息。

（6）社会实践和教学实习。学校的社会实践和教学实习等活动，与学生所学的专业知识紧密相连。这些教学实践活动有利于毕业生开阔视野，使他们有机会了解到这些单位的需求信息和对毕业生的具体要求。其信息准确、可靠，且毕业生已与这些单位有先期沟通，彼此了解。不少毕业生就是在实习中获得这种准确、有效的信息而顺利就业的。

（7）计算机网络。网上求职择业已是一种非常重要的途径，而高校毕业生有电脑者不在少数，学校的计算机房也为大学生提供了大量的网络计算机，在网上获取求职信息对大学生来说十分方便。目前从国家到地方为了帮助大学生就业，都建立了专供大学生择业的网站，在进行网上招聘的同时，还为大学生提供了大量的就业信息。

（8）直接获取信息。毕业生直接到用人单位了解需求信息。这种方式最直接、最准确、最及时，也最具体，最大好处是中间环节少，工作效率高。

3．搜集信息的范围

当前，毕业生就业仍受到一定约束。因此，毕业生在收集信息时应注意以下几个因素。

（1）学校性质。就目前我国高等院校办学体制而言，不同性质的学校毕业生就业渠道和区域有所不同。

（2）就业政策。国家为保证满足一些地方和行业对毕业生的需求，制定了相关政策。例如：大学生志愿服务西部计划、国家招考公务员、鼓励大学生下基层等政策。

（3）专业及特长。毕业生应立足于自己所学专业和具备的能力、特长来收集就业信息。

（4）时间范围。收集的信息有一定的时限性，信息处理要及时。

（二）信息的分析

信息汇集越多，可供择业的范围就越广，但随之而来的对获取的就业信息进行处理就显得更加重要。善于利用各种渠道获取用人单位信息，善于归纳整理，这是求职活动的基本功。由于信息的来源和获取的方式不同，内容必然虚实兼有，真假不一。因此，对收集到的信息进行及时处理，去粗取精、去伪存真，是使用信息的前提。

1．信息的完整性

在搜集信息时一定要注意信息的完整性，一般要注意以下几个方面：①单位名称（全称）、单位所有制性质、主管部门；②单位的现状、企业排名、前景；③单位对应聘者学历、成绩、道德品质、职业能力的要求；④单位的企业文化；⑤岗位、工作地点、工作环境、工作时间、薪资待遇、员工培训等；⑥用人单位的联系方式，如联系人、通信地址、联系电话、邮政编码、传真、E-mail 等。要把收集到的信息内容全部整理得清清楚楚。

2．筛选信息

求职信息的筛选过程实际上是一个求职决策过程，这是择业的关键所在。求职者在广泛搜集求职信息的基础上，要结合自己的实际情况，依据国家、地区的政策和法规，对获取的原始信息进行有目的、有针对性地归纳、整理、分析和选择，使之更好地为自己的求职服务。筛选信息要把从小道或几经周折而未落实的信息与有根据的信息区别开来；要对信息进行分类统计，如信息是不是符合就业政策、方针，自己是否符合招聘要求。总之，通过分析，要明确信息的真实性，是否符合政策，可不可以实现等，分析出自己的主要目标和方向。

3. 应用信息

收集和筛选信息主要是为了利用这些信息，帮助自己找到合适的工作，这是分析筛选信息的最终落脚点。在对信息进行认真的筛选后，结合自己的实际情况，制订出切实可行的求职计划，并尽快与用人单位联系，争取在较短的时间内顺利就业。所收集的信息也可以帮助毕业生在毕业前根据用人单位对岗位的要求，调整和加强自己的知识和能力，以便于将来尽快地适应工作的需要。如需要强化某些技能，可以进行突击训练。

4. 交流信息

有些信息对自己不一定有用，但对他人可能十分有用，遇到这种情况，千万不要抓住不放，封锁消息，应主动告诉他人，这不仅对他人是个帮助，同时也增加了与他人交流信息的机会。从这种真诚的交流中，你也许会从别人手中获得对自己有益的信息。

二、毕业生择业的心理准备

（一）毕业生择业的心态表现

1. 求稳心理

所谓求稳心理，是指在选择职业时有些毕业生往往从职业的稳定性出发而选择那些国有企事业单位。这种心理受传统观念影响较大。例如，许多毕业生选择高校、科研单位、国家机关，认为这些地方收入虽不高，但稳定、有保障。

2. 从众心理

在招聘会上可以看到：一个单位来校面试，一个班级的同学要么一哄而上，要么都不去，这是因为毕业生对自己没有正确的定位，认为大家都去，肯定好；没有什么人去，肯定不好。在这种从众心理的影响下大部分人的求职愿望并不能实现，也会错失许多机会。

3. 求“闲”心理

求“闲”心理是指在求职择业中贪图舒适、清闲的一种心态。在招聘洽谈会上，一些求职者眼高手低、“挑肥拣瘦”地择业。他们宁可待业，也不愿意去干比较艰苦的工作。

4. 依赖心理

在择业过程中，一些大学生缺乏主动参与意识和竞争意识，信心和勇气不足，在社会为其提供的就业机会面前顾虑重重，不能主动地参与就业市场的竞争，向用人单位展示自我、推销自我，依靠自身的努力去赢得竞争、赢得用人单位青睐；而是寄希望于学校，寄希望于地方毕业生就业主管部门，寄希望于家庭，或静候学校和地方的安排，或依靠家长去四处奔波，缺乏择业的主动性，等靠思想和依赖心理严重，使自己在就业中处于劣势。

5. 低就心理

有低就心理的人总觉得竞争激烈，自己成绩不好，动手能力又差，技不如人，遂甘拜下风，不敢对自己“明码标价”，只想找个买家草草“卖出”，只要有人要就行了。对于一些单位开出的不平等协议也闭着眼睛签约，给日后工作带来隐患。

6. 求“利”心理

所谓求“利”心理，是指在选择职业时既有为国家、为社会、为人民做贡献的强烈愿望，但更多的是为自己获得高收入、高地位的渴求。许多毕业生择业时选择长江三角洲、珠江三角洲、特区、“三资”企业。还有些毕业生择业时只注重工资待遇，不管能否发挥自己的专长，单位发展前景如何，就“以身相许”。

7. 求“名”心理

毕业生择业时有求“名”心理，他并不了解有些职业的内在要求，并不知道自己能否胜任这些工作，只是单纯追求有名气、牌子亮的单位。还有一些毕业生向往大城市，“宁要城里一张床，不要郊区一幢房”的人也不在少数。

8. 造假心理

计算机技术的发展，使利用高科技造假成为可能。有些学生平时不好好学习，等开始找工作了，发现自己什么都不会，便把希望寄托在伪造获奖证书、荣誉证上，企图借此增加自己成功的砝码；岂不知，假的真不了，真的假不了，到头来只能害了自己。

（二）毕业生择业的心理障碍

心理障碍是指毕业生一些不健康的心理现象或倾向，它是心理压力和心理承受力相互作用，使毕业生失去了应有的心理平衡的结果。心理障碍的表现形式多种多样，对毕业生的影响程度有轻有重。归纳起来，毕业生择业时常见的心理障碍主要有以下几种：

1. 矛盾

大学生在求职择业的过程中，面临着种种激烈的心理冲突，因而产生种种矛盾的心态：希望自主择业，但又不愿承担风险；渴望竞争，又缺乏竞争的勇气；胸怀远大理想，却不愿正视眼前现实；注重专业能力的发展，但又互相攀比、爱慕虚荣；重事业、重才智的发挥，但在实际价值取向上却又重物质、重眼前利益；对自我抱有充足的信心，但在遇到挫折之后，又容易自卑；既崇尚个人奋斗、自我实现，又有较强的依赖感。职业目标上理想和现实的反差，自我认知上自傲与自卑并存，职业选择上独立性和依赖感错位，使得部分大学生在就业中感到十分迷惘和困惑。

2. 焦虑

焦虑是心理活动或由挫折引起的一种复杂的情绪反应。主要表现为不安、烦躁、忧虑及某些生理反应。一般轻度的焦虑人人都有，是正常现象。适度的焦虑使人产生一定的压力，促使人积极努力，奋发向上，处理得好会成为前进的动力；过度的焦虑，则会影响人的正常活动，易导致较严重的心理障碍或疾病。

大学生择业、就业是其走出校门走向社会的第一步，是他们人生中的一次重大转折。面对纷繁复杂的社会，面对日趋严峻的就业形势，面对日益激烈的就业竞争，面对国家需要、个人意向、有限的供职岗位、多样的工作环境等多元因素组合的职业选择，如何作出正确的抉择，是让每一个涉世不深、社会经验缺乏的大学生们最为困惑的难题。为数不少的大学生在各种选择和诱惑面前无所适从，或职业期望过高，不切合实际；或希望尽快落实就业单位，急于求成；或幻想无须付出多大的努力就能得到称心如意的工作，而实际生活中往往事与愿违。因此，大学生在求职择业过程中普遍出现焦虑和烦躁不安甚至恐惧的心理。

3. 自负

自负心理在毕业生身上反映较为突出。一些毕业生受传统观念的影响，认为考上大学，有了资本，身价倍增，就应该得到优厚待遇。在这种心理支配下，他们在择业过程中，总显示出洋洋自得、自负自傲、自命不凡的神情，自以为什么都懂，什么都会，面试时海阔天空，夸夸其谈，给人一种浮躁、不踏实的印象，往往被用人单位拒之门外。由于自负心理的影响，许多毕业生择业愿望不切实际，结果择业时四处碰壁。

4. 自卑

自卑心理也是大学生就业过程中对自己评价过低的一种心理现象。一些大学生过低地估计自己的知识和能力水平。表现在择业过程中，有的大学生对自己缺乏自信，谨小慎微，缩手缩脚，优柔寡断，不能向用人单位充分展示自己，从而坐失良机；有的大学生因为学历、成绩、能力、性格方面的某些缺陷而丧失了勇气，悲观失望、抑郁孤僻、不思进取，总觉得自己不如别人，总是怀疑自己的价值和能力，不敢参与竞争。

5. 受挫

生活中有成功就会有失败。而当代大学生由于一直生活于校园，生活经历比较简单，未曾经历过波折，没有经受过挫折的考验，所以心理承受能力和自我调节能力较差，情绪波动性大，情感较为脆弱，缺乏对待挫折的准备。择业过程中，往往希望一蹴而就，能够顺利就业，害怕失败。一旦受到挫折，往往产生挫折心理，心灰意冷，悲观失望，自惭形秽，对自己、对未来失去信心，或不思进取、消极等待；或怨天尤人、顾影自怜。

（三）毕业生择业心理调适

毕业生在择业时，不可避免地会遇到很多困难、挫折，并引起许多心理矛盾和心理障碍，既不利于择业，也不利于身心健康。心理调适可以帮助毕业生客观了解和分析各种心理问题所产生的原因，从而采取相应的对策，帮助毕业生保持稳定、积极、健康的心态。调整心理障碍的方法主要有以下几种：

1. 认识自我，扬长避短

认识自我是毕业生成才的重要心理品质，也是毕业生个性发展和心理成熟程度的集中体现。毕业生择业心理调适的第一步，是要重新全面客观地认识自我，扬长避短，确立正确的择业目标。

（1）分析学校、专业、特长、能力，合理为自己定位。一方面要综合评估自己的专业特点。评估专业主要从专业的性质和社会需求两方面来进行。另一方面要全面评估自己的能力特点。能力评估有两种方法：一种是借助心理学的能力测试问卷；一种是进行客观的自我评价。

（2）根据个性特点，扬长避短，选择合适的职业。

2. 择业心理的自我调适

（1）理智思考。一个人要在遇到困难和挫折时保持健康的心理，很重要的一点是能够理智思考，能正确面对和接受现实，并能保持灵活变通的思维方式随时修正自己不合理的想法，而不固守原有的僵化观念。前国家足球队教练米卢曾对他的队员讲过“态度决定一切”，中国足球队终于第一次冲进了世界杯决赛。所以说，要怀有一份平和的心态对待就业。大学生在择业时首先要理智地分析自己，明确自己的长处和不足，增强信心，相信凭真才实学一定能找到合适的单位。其次，遇到困难和挫折时，要冷静分析原因，首先从自身寻找原因，分析是自己的专业、能力、个性特点不适合这项工作呢，还是自己的择业技巧不妥，或是期望值太高？若是自己不适合这项工作，则应放弃，寻找新的目标；若是择业技巧缺乏，则应好好总结，加以改进；若是期望值太高，则应放下架子，认识自我，接受现实，及时调整，合理定位。

（2）自我激励。大学生求职面试时信心不足，出现紧张、胆怯，可以通过自我激励进行调节。具体的做法有两种：一是进行积极的自我心理暗示，自己给自己“打气”壮胆。比如面试前，暗示自己“不要紧张”“放松”“我一定会成功”“紧张什么，最多就是不要我了，天又塌不下来”等。它能缓解过分紧张的情绪，增强自信心。二是大胆实践。择业时主动出击，用每一次小的成功来激励自己。如要求自己主动与用人单位的代表打招呼，握手问好，把心里的想法坦率地说出来。

（3）学会放松。应聘时如果心情紧张，也可通过自我放松练习进行缓解。常见的放松方法有两种：第一种是肌肉松弛训练。其方法是，先紧张某些肌肉群，然后放松。如用力握紧拳头，坚持10秒钟左右，然后彻底放松双手，体验放松的感觉；将脚尖使劲向上翘，脚跟向下紧压地面，绷紧小腿肌肉，坚持10秒钟，然后彻底放松，体会小腿放松的感觉。第二种是意念放松训练。其方法是，先稳定情绪，静下心来，闭上眼睛，排除杂念，把注意力集中到下丹田，用腹式呼吸法慢慢呼吸。

（4）自我安慰。择业时，遇到挫折可以进行适当的自我安慰，以缓解心里的矛盾冲突，消除焦虑、抑郁、烦恼和失望情绪。如面试后落选了，可以安慰自己："失败乃成功之母""跟有的人比，我还算好的了""车到山前必有路"等。

（5）适当宣泄。宣泄是心理调适常见的一种方法，是指通过一种渠道把人内心深处的冲突和被压抑的情绪发泄出来，以求内心的平衡。常见方法有：①倾诉，如向朋友、家长、同学、老师倾诉自己的烦恼和苦闷；②哭泣，找个地方大哭一场，可使情绪舒缓；③剧烈运动，如打球、爬山、长跑等。当然，宣泄情绪一定要注意场合、身份、气氛，要适度、无破坏性。

3. 寻求心理咨询

为了消除焦虑、烦恼、抑郁等心理障碍，毕业生可以找专门的心理咨询机构寻求帮助。目前不少高校都建立了心理咨询机构，近年来社会上的心理辅导服务也纷纷兴起。心理辅导老师或心理医生都能帮助毕业生迅速有效地消除各种不良情绪，帮助毕业生更加客观正确地认识自我，进行心理训练，提高择业技能技巧。

第二节　求职信的撰写技巧

一、求职信的作用

求职信是自我推销的广告，是一幅自我描述的"彩照"，是寻找工作的敲门砖。求职信会给用人单位留下或好或坏的第一印象，它是用人单位面对求职者决定取舍的首要依据，也是对求职者的一次非正式考核。通过求职信，用人单位可以了解求职者的思想修养、知识水平、工作能力、文字表达能力以及求职的诚意等，凭这些来进行初步筛选。求职信的一个最大好处是它可以直接到达决策者的手中。写求职信的目的在于让对方对自己感兴趣。这里有两个关键因素：一是对方感兴趣的是什么？二是自己能让对方感兴趣的是什么？为此，求职信要紧扣用人单位的录用标准，表述自己的求职动机和优势，争取在众多求职者中领先一步。

二、求职信的种类

求职信可以从不同的角度进行分类。不同类别的求职信，其内容侧重点和行文语气各有不同。

（1）从求职者有无工作经验的角度可分为：毕业求职（初次就业）和重新求职（跳槽或再就业）两种情况。

（2）从求职者是否获得招聘信息的角度，求职可分为自荐求职和应聘求职两种情况。与此相应的求职信也可分为自荐求职信和应聘求职信两种。前者是指求职者在并未获得准确用人信息的情况下，主动给用人单位写的带有自我推荐性质的求职信；后者则是有针对性地写给某单位以谋求某一特定职位及反映自身条件的求职信。

（3）从有无明确的求职目标的角度，求职信可分为三类：

第一类有明确的针对性，是针对某单位的某个人或某一具体职位写的，主要表述求职者的主观愿望和特长，以求引起招聘者的注意，取得面试机会。寄一封具有很强感染力和说服力、图文并茂的求职信，表示希望面谈的要求，这是一种有效的求职方式。这种类型的求职信，主要适用于求职者已经了解用人单位的各种情况，包括：单位性质和名称、主要经营项目、人员需求概况、主管人姓名等。由于这样的求职信具有很强的针对性，所以写的时候需花费一定的工夫，不过，有的放矢，命中率自然就比较高。

第二类是具有普遍性的信，无具体的求职目标，不分职业、单位和对象，适用于不同的单位，可大量复制，到处“撒网”。在大学生人才市场招聘会上，毕业生普遍使用的是这一种求职信。这种类型的求职信主题在于向用人单位介绍自己的概况，让对方对自己感兴趣。这种求职信由于缺乏针对性，效果不佳，但也不排除选中的可能。

第三类是以上两种形式的综合，信的主体部分固定不变，只是开头和结尾针对不同的单位而采用不同的内容和措辞。这种求职信比较适用，既可节省时间，又可以增加求职的成功率。

此外，根据求职方式的不同，有托人求职与求职推荐两种。与此相应的求职信也有托人求职信和求职推荐信两种。

三、求职信的结构

求职信作为一种信函，基本格式与一般信件的书写格式大致相同。它主要由开头、正文、结尾三部分组成。求职信以 600 字左右为宜，如果太长，对方没有时间看，则成为废纸；求职信也不能太短，只言片语，说不清问题，显得没有诚意，自然也就缺乏吸引力、影响力。

1. 开头部分

开头部分包括称呼与引言。求职信的称呼与一般书信不同，书写时须正规些，一般是姓加职称或职务。例如：写给院校人事处负责人或校长的求职信，可称“尊敬的××教授（校长、老师）”；写给企业厂长经理，则可称之为“尊敬的××厂长（经理）”，也可以称××先生或××女士或××经理等。

引言的作用：一是吸引招聘人看完你的材料；二是引导对方自然而然地进入你所突出的正题而不感到突然。因此应下工夫把开头写好。开头的形式多种多样，下面列举几种以供参考。

（1）志愿性开头。表明你的理想和抱负，把目标单位称作你的用武之地，决心为之奋斗，为之奉献。

（2）个性化开头。从你与求职目标有关的兴趣、看法与体会或从你目前的状况说起，谈自己为什么想到该用人单位工作。

（3）概述性开头。用一两句话概括自己具备的最重要的求职资格和工作能力，并简要说明这些资格和能力如何能最好地满足目标单位工作的需要。

（4）赞扬式开头。赞扬目标单位近期取得的显著成就或发生的重要变化，然后表明自己渴望为其效力。

（5）提问式开头。针对目标单位的困难、需要和发展目标先设问，再阐述自己的认识和建议，然后表明自己真诚地希望能帮助他们克服困难，满足需要，实现目标，表明自己对目标单位的关注和愿意同舟共济的决心。

2. 正文部分

正文部分是求职信的重点，要简洁而有针对性。一般写法是先谈自己求职的理由、目标，说明希望来所选单位的理由。理由要充分、合乎情理、可信；目标要具体明确。接着要重点介绍自己应聘的条件，这是求职信的核心部分。要参考用人单位的条件，突出自己的主要成绩、特长、优势，强调自己会为该单位做什么，自己对该单位有何特殊价值。若了解用人单位情况，还可以简单地谈谈如被该单位录用后如何开展工作，借以表明自己的工作态度和工作设想。总之，根据求职目标，正文部分要做到告知情况，重点突出、理由充分，言简意赅，语气自然。

3. 结尾部分

结尾部分包括结束语、署名、日期。结束语要能够令人回味并给人留下深刻的印象。要把你想得到工作的迫切心情表达出来，请用人单位能尽快答复你，以恰当恳切的方式请求安排面谈。最后别忘祝颂语。如“顺祝愉快安康”“深表谢意”“祝贵公司财源广进”等，也可以用“此致”之类的通用词。

署名：按照中国人的习惯，直接签上自己的名字即可。

日期：写在署名右下方，年、月、日全都写上。

四、求职信的内容

求职信一定要让对方阅读后留下深刻的印象，这是用人单位决定是否录用你的重要依据。一般来讲，求职信包括下面几项主要内容：

1. 求职目标

所谓求职目标，就是求职者要到什么单位任职，任什么职。这里应说明你应聘的专业与岗位，但无须过于具体，太具体了容易缩小求职范围或与用人单位对不上口径。行文中要有一定的回旋余地，以便使相类似的工作也有中选的可能。这就要求求职者在确定目标之前，对用人单位、想干的工作、想任的职务有比较深入的了解。只有这样，才能有的放矢，提高成功率。如果是初次求职，也应预定出自己的理想目标和满意目标，乃至最低目标，并在求职过程中根据具体情况，对目标作灵活调整。这样，就可以找到比较适合的工作或职位。

2. 求职理由

求职目标确定后，求职信中必须充分阐明自己谋求这一目标的理由。对此，要列举用人单位的优点及吸引人之处，要表达自己对加盟到该单位的渴望和对该单位真诚的关心。你对单位历史、现状、未来的认识或对领导的关心将赢得单位对你的好感。但用语要得体、中肯，不可用过分吹捧和有意讨好的言词，以免对方讨厌，反而不利于求职。求职理由既要实事求是，又要机智灵活。实事求是，就是要从符合自己的专业、特长、未来发展出发，同时也从满足用人单位需求上说明理由；所谓机智灵活，就是避免讲一些可能引起对方反感的话，要适当迎合对方的优越、自豪、自尊的情绪，把话说到对方心里，争取收到“正效应”。例如你到颇有名气的公司求职，求职信中则应对该公司“任人唯贤”“知人善任”“人尽其才”的管理作风表示钦佩，绝不能谈什么薪水、福利之类的“理由”；假如你到一个比较困难的公司求职，则应表示对该公司的关切，有一试身手改变公司面貌的决心和方略。

3. 求职条件

求职条件主要是表述你具备的受教育资历、工作经验和个人素质。其次要表达自己胜任工作的信心，可以列举自己的专长和曾经获得过的成绩、荣誉等，表明自己具备应聘的条件，增强对方的信任感。其他内容还包括：①谈谈你为承担这项目标工作做了哪些准备，即你所受的哪些教育与目标工作的任职资格有关；②谈谈你过去所受的专业训练和现有的工作经验与目标工作的相关性；③以事实证明你具有目标工作要求的个人素质；④举例说明你具有做好目标工作的其他有利条件。

4. 辅助材料

由于受篇幅限制，求职信不可能把所有材料都写进去，但为了证明自己的实力，还需要准备一些辅助材料，随求职信一起呈递给用人单位。辅助材料主要包括：毕业证书、学位证书、外语等级证书、计算机等级证书、驾驶证、职称证书、技能鉴定证书、发表文章剪辑、参加社会实践的证明、科研成果等。这些辅助材料可以使你的简历立体化，使用人单位可以从多方面了解你，对你争取面试机会是非常重要的。但是要根据具体情况，有选择地使用，选择最有代表性的、最能说明问题的材料。比如你曾经有一个获“时事政治知识竞赛二等奖”的证书，对于向党政机关求职就很有用，而向科研部门求职就不一定有用。因此，不一定每封信都必须附上全部材料，要根据对方的情况而定。

五、求职信的礼仪

1．称呼要准确、礼貌

一般来说，收信人应该是单位里有实权录用你的人。要特别注意此人的姓名和职务，书写要准确，万万马虎不得。因为他们从信中第一眼接触到的就是称呼。最初的印象如何，对于这份求职信的最终效果有着直接影响，因而要慎重为之。因为求职信往往是用于首次交往，写信人未必熟悉用人单位有关人员的姓名，所以在求职信中可以直接称职务头衔等，如“××公司人事部××处长”“××科长”。求职信的目的在于求职，因而称呼要求严肃谨慎，不可过分亲密，以免给人以“套近乎”或者阿谀、唐突之感。当然正当的礼仪致辞还是可以使用的。

2．问候要自然、真诚

称呼之后向对方问候一声，这是必不可少的礼仪。问候要切合双方关系，重在体现出你的诚意。用词以简捷、自然为宜。

3．内容要清楚、准确

正文是书信的主体，即写信人要说的事。正文从信笺的第二行开始写，前面空两格。书信的内容尽管各不相同，写法也多种多样，但都要以内容清楚、叙事准确、文辞通畅、字迹工整为原则；此外还要谦恭有礼，即根据收信人的特点及写信人与收信人的特定关系进行措词（包括敬语谦词的选择，分寸的掌握等）。

4．祝颂要热情、诚挚

正文后的问候祝颂语虽然只几个字，但表示写信人对收信人的祝愿、钦敬，也有不可忽视的礼仪作用。祝颂语有格式上的规范要求，一般分两行书写，上一行前空两格，下一行顶格。祝颂语可以套用约定俗成的句式，如“此致”“敬礼”“祝您健康”之类；也可以另辟蹊径，根据收信人的情况选用不同的祝颂语，则更能表示出对收信人的良好祝愿。如对年长者，可写“敬请福安”“敬请金安”“敬请大安”“恭请平安”。如对方比较年轻，则用“顺颂时祺”。此外，春天可写“敬颂春安”，逢年可写“即请年安”“此请岁安”，平时用“敬颂时绥”之类。按对方职业可选用不同的祝颂语，对学界可选用“敬请学安”“撰安”“编安”“文祺”“教安”“诲安”。对政界可选用“恭请钧安”“勋安”。对商界可选用“敬请筹安”“筹绥”“商安”“财祺”等。

信的最后，要署上写信人的名字和写信日期。给用人单位领导写信，为表示礼貌，在署名之前可写“求职者”或“您未来的部下”。

5. 封文要尊称、文雅

封文（信皮）除要清楚、准确地写明收信人的地址及邮政编码、收信人姓名、发信人地址、邮政编码及姓名外，还要恰当地选用封文中的礼貌语词。首先要注意收信人的称呼。应根据收信人的职衔、年龄，写上“经理（总经理）”“厂长”“人力资源部长”“人事经理”或“先生”“同志”“女士”等。其次，要讲究“启封辞”“缄封辞”的选择。“启封辞”是请收信人拆封的礼貌语词，它表示发信人对收信人的感情和态度。一般对年长者用“安启”“福启”，对中年人用“钧启”“赐启”；对一般人，可依照收信人的身份、性别分别用“勋启”（对军人）、“芳启”（对女士）。“缄”字的用法也有讲究，给年长者宜用“谨缄”，对一般人用“缄”。

6. “包装”要整洁、规范

求职信的包装主要是指：

（1）信笺的选用。最好选用尺寸标准（A4）、质地优良、普通白色和无格的信笺。切忌将皱巴巴、脏兮兮、随便找来的书写纸当信笺使用，也不宜使用色彩鲜艳或带有香味的信笺。

（2）书写。最好使用打字机或电脑将信的内容打印出来，亲笔书写也可，但要清晰、工整、美观，切忌笔走龙蛇，满纸都有涂抹之痕。墨水颜色以蓝黑为佳，忌用铅笔和红色墨水书写。还有一点要注意的是，求职信应使用正本，不能用复印件。

（3）格式。信文要安排在信笺的中间位置，书写格式要统一。

（4）语法、标点。正确无误的语法、规范的标点，会使人赏心悦目，而错别字、病句连篇会使人不堪卒读。特别不能把收信人单位和收信人的姓名写错。

（5）信封。信封应该与履历表、辅助材料的纸质、格式相配合。最好用白颜色的和没有花草图案装饰的信封，收信单位的地址和名称要用毛笔或钢笔及其他墨水笔书写，墨水的颜色以蓝黑为宜，信封文字要用正楷。

六、求职信的撰写技巧

求职信可以展现出求职者的长处，能增加获得面试的机会。只有能体现个人聪明才智的求职信，才能帮助求职者顺利地谋求到一份理想的工作。怎样写求职信和其所要表达的内容是一样重要的，一份求职信体现了求职者与别人交往的能力，没有哪个用人单位会愿意聘用一个不善于交流的人。所以下面列出了一些建议，使求职信看上去或读起来都比较专业化。

1. 字迹整洁，文字通顺

古人云：“字如其人，文如其人。”如果你的文章流利，字又写得漂亮，仅这一点从门面上就可以压倒其他竞争对手，并且还能反映你的工作态度、精神状况、性格特征等，加上你的求职条件，就会使你在众多求职者中取胜。事实证明，工整的字体使人心情舒畅，潦草的字迹令人生厌，这也是我们每个人都体验过的感觉。所以为了达到目的，就应该将你的求职信书写工整，让人一目了然，赏心悦目。可以说，好的文笔加上一手好字，将是你求职的敲门砖。

2. 立足对方，明确态度

在求职应聘中，求职者要揣摩用人单位的具体要求及招聘员工时的心态。他们需要什么样的人？他们需要这些人具备怎样的素质？他们看了这封信会有什么样的感觉？这封信是否充分展示了自己的能力？自己能在哪些方面让招聘者受益？只有想到对方，站在对方的角度上考虑问题，才能牢牢吸引对方，并为日后的面试创造条件。在信中要尽可能表现出自己对该部门或单位是熟悉的，给用人单位一个良好的印象。

3. 立意新颖，风格独特

撰写一封求职信，正如精心策划一则广告，不必拘泥于通俗写法，应立意新颖，以独特的语言及多元化的思维方式，给对方造成强烈的印象，引人注意，并挑起兴趣。一封求职信，无论内容多么完备，如果吸引不了对方的注意，则一切枉然。

4. 内容简洁，清楚明了

求职信既要行文如行云流水，酣畅淋漓，又要言简意明，言辞贴切。在动笔之前，要弄清楚你想说些什么，如何表达才富有个性和新意，表现出良好的修养和较高的文化素质。其次，就是要使你所写的内容能让对方完全了解。为此，文字必须力求简练，摒弃冗词和陈词滥调。

5. 以情动人，以诚感人

语言有情，会更有助于交流思想，传递信息，感动对方，写求职信更要注意这一点。那么怎样做到以“情”动人呢？关键在于摸透对方的心理，然后根据你与对方的关系采取相应的对策。如果求职单位在你的家乡，你可以充分表达为建设家乡而贡献自己聪明才智的志向；如果求职单位在贫困地区，你就要充分表达为改变贫困地区面貌而奋斗的决心；如果是教学单位，你就要充分表达献身教育事业的理想……总之，你要设法引起对方的共鸣，或者得到对方的赞许。这样，你就有可能收到意想不到的效果。

在注重以情动人的同时，还要以诚感人，以诚取信。诚是指“诚实”“诚恳”“诚意”“诚信”，就是要态度诚恳、诚实，言出肺腑；内容实事求是，言而可信；优点要突出，缺点不隐瞒；恭敬而不拍马，自信而不自大。只有“诚”

才能取信于人，令人喜欢。人们常说的“真诚能感动上帝”，就是这个道理。

6. 重点突出，个性鲜明

求职信要突出那些能引起对方兴趣，有助于被录用的内容，主要包括专业知识、工作经验、自身特长和个性特点。

有一点须特别注意，求职信在介绍自己的专业知识和学历时，切忌过分强调学习成绩。尤其是刚出校园的大学生容易产生一种错觉，以为社会上也和学校一样，重视学习成绩，认为成绩优秀就会谋到一份好职业，甚至为自己的全优成绩而沾沾自喜，这是不成熟的表现，只能给人以幼稚和书生气十足的感觉，很容易导致求职失败。用人单位重视的是经验和实际能力，所以除了说明专业知识和学历，要重点突出工作经验和实践技能。

7. 不断修正，以求完善

写求职信首先要打一个草稿，将自己所有要写的材料列出先后次序，并巧妙地将它们串联起来。切忌把第一份草稿寄出去。求职信写成后，要仔细推敲，反复修改，并根据不同用人单位的不同要求增减内容，有的甚至要重写，以求更加完美。

七、求职信禁忌

1. 逻辑混乱，条理不清

有的人写求职信就像记流水账或写随感录，想到哪，写到哪，没有提纲，没有计划，没有主题，逻辑性和层次感都很差。这就降低了阅读者对求职者写作能力、逻辑思维能力的认同，让人觉得起码他做文字工作不行。缺乏条理的文字还容易让人产生厌倦感、疲劳感，从而忽略信中的一些重要信息。这是求职者的一大失误。另外，语无伦次的表白会让人对求职者的能力产生怀疑。

2. 东拉西扯，长篇大论

国内一些专家认为，求职信以两页为好。但根据港台地区的情况，很多求职信只写一页。其实求职信以不超过两页为宜。如果确实有内容的话，可以作为附件或面谈时再说。求职信当然不能太短，否则说不清问题，没有特色，显得没有诚意，自然也就难以引起注意。同时因为受求职信篇幅的限制，不可能把所有材料都写进去，如果是为了说明求职者的能力，须另外准备好简历和一些附加材料的复印件，随求职信一起寄给对方。

3. 自吹自擂，言过其实

求职是一个自我推销的过程。有人觉得搞“推销”，就要有包装，包装得华丽甚至奢侈，总比寒酸要好。殊不知，大多数的人特别是主管人事的人，都有鉴别虚实的经验，吹没吹，一看便知。有的学生在求职信中这样写道：“我能够适应各种工作”“我听说贵公司近期效益不好，我相信我有能力改变这种状况”

“在校四年中，我向各地电台、报纸、杂志投了上百篇稿件”“我是学艺术专业的，到贵系之后，我一定能够使贵系的学生文艺节目在各类比赛中夺魁”。以上这些不实之词，一眼就能辨认出来。这种过分吹嘘反而让人觉得求职者华而不实，对求职者的真实能力产生怀疑。刚出校门的大学生，虽有一定的理论基础，但缺乏实践经验，切不可用肯定的口气把自己说成是万事通。因此，在求职信中尽量避免使用“一定”“第一”“绝对”“肯定”“完全可以”“保证”等这一类词。在推荐自己的过程中，有些人唯恐对方不录用自己，而一味地吹嘘、炫耀自己博学多才，甚至贬低别人，抬高自己，似乎对方不录用他，就会造成不可弥补的损失。这种人或使人感到锋芒毕露，令人生畏，使人敬而远之；或给人以夸夸其谈、华而不实的感觉，都不会给人留下好印象。写求职信时，绝不可夸大其词，只能搞“适度推销”。当然“适度推销”也要根据具体情况而定。由于文化上的差异，一般对外资企业可以较充分地表现自己的能力，强调自己的特长；对国内企业，可如实介绍自己的专业、特长和爱好。

4. 自卑怯懦，不够自信

适度的谦虚是一种美德，也会使对方产生好感；但是过分谦虚也是不行的。过分谦虚是自己故意贬低自己，会让人觉得你这个人什么都不行，这样就白白断送了录用机会。过分谦虚和虚假是推荐自我的大敌。有的人错误地理解谦虚的含义，认为一番自我贬低式的介绍，对自己的优点轻描淡写甚至干脆不提，或者强调自己的缺点等，这样做就是谦虚。谦虚不是自我否定，而是实事求是、恰如其分地表现自己。有的人所表现出来的过分谦虚，并不是因为他想谦虚，而是由于缺乏自信造成的。缺乏自信如同过分谦虚一样，是推销自己的一大心理障碍。一般说，缺乏自信的人，多是性格内向、过多反思而又敏感多疑的人。这类人自尊心很强，但不懂得如何积极地获取自尊而是消极退避以保护自尊，正是为了追求一种不使自尊心受到伤害的安全感。他们为了不在别人面前暴露自己的全部，而不敢坦率地介绍自己，不敢大胆地推荐自己，唯恐自己的优点讲出来后，别人笑话自己自高自大，唯恐掩盖自己的一部分缺点会招致他人说自己虚伪，实际上是低估了自己。而别人对他的轻视态度，常常是由于他自己的自卑和退避所造成的。要获得别人的认同和赞同，首先必须要获得自己的承认。

5. 滥用辞藻，哗众取宠

有些大学生有这样一种心理，既然是大学生，就是文人，应该给别人的感觉不一样，要显示出一点才气。于是乎，想尽办法堆砌甚至滥用各种华丽时髦的辞藻，似乎只有这样才能使文章动人，充分显示出自己的才华出众或聪明过人。殊不知多用滥用辞藻，会使人产生反感，让人对其品格产生怀疑。为什么过多的辞藻不好呢？其一，你可能只顾使用华丽、奇特的辞藻，而很难顾及逻辑通顺，使人感到你用词不当，或逻辑思维能力较差。其二，急于显示自己妙语惊人，往往不顾及自己的语言过于锋利，显得锋芒毕露。过多的堆砌辞藻的最大危害就是给人以故弄玄虚、咬文嚼字的感觉，会拉大与对方的心理距离。

6. 语言粗鲁，欠缺礼仪

写信不能用粗俗语言。常言道：凉茶冷饭犹可咽，粗言俗语难入耳。“听李老头说，您单位需要聘一个翻译”、“大胡子处长介绍我到你们单位来”就很难听。另外，称呼也要恰当，如不恰当会显得俗气。如有一位中专毕业生写给某职业介绍中心的工作人员的信称呼是“叔叔、阿姨”，又有一位大学毕业的女生写给某单位办事处工作人员的求职信的称呼是“大哥”、“大姐”，其实这些工作人员除了两个是刚参加工作不久的大学生外，其余几位都是五六十岁的老同志了。这样显得很不礼貌，甚至让人哭笑不得。写信要讲究礼貌，有专门用语，平时要注意积累，看到用得好的词句要记下来；自己写信时根据情况选用，这能使表达恰当，而又显得生动活泼。

7. 平庸乏味，缺乏新意

同样的内容，采用不同的构思、不同的笔调写出不同的文章，会产生不同的效果。现在写信求职的人很多，如果没有一点特色，平平庸庸，毫无新意，就难以引起人家的特别注意，往往会失掉很多机会。如果求职者的求职信能够引人注意，能够得到赏识，尽管这个单位并不急于要人，或者暂时已经满员了，但会觉得求职者是一个有吸引力的人才，也会爱不释手，尽量想办法接收。求职信的新意可以从下面这些方面考虑：强调能力，突出特长，展示文采，表现书法等。但是这并不是要大吹大擂，而是要用事实说话。如从求职信本身就可以看到求职者的文学水平、文化修养、书法艺术，从求职信的附件中已发表的论文复印件、科研成果证明、发明专利证书、各种竞赛奖励证书就可以看出求职者的能力。还要注意通过别人的手或口表达出来，如果在求职信中同时寄去社会名流、专家的推荐信，这些都可能增加可信度和说服力。

8. 过于简单，表达不清

很多学生可能在与朋友交谈时习惯简称自己的学校或所修的学科，但在求职信中是绝不应该这样写的，如简称“××大”“××工”“商院”等，这样只会使人觉得你做事还有学生气，给人以不良印象。

八、求职信范例

1. 大学生求职信范例 1

尊敬的××部长：

您好！

我是一名即将于××××年毕业的××大学信息学院的学生，所学专业是计算机科学技术。

大学四年来，我学习刻苦，成绩优异，曾多次获得奖学金。在老师的严格教导和个人积极努力下，我具备了扎实的基础知识，在软件方面，系统掌握了C 语言、数据结构、Power Builder、数据库原理、汇编语言、软件工程等。课外我还自学了 Visual Basic、Visual Foxpro 及网页制作，现已能独立编写专业的数据库管理系统。在硬件方面，通过参与单片机设计，组装收音机，网络工程的规划与管理及组建等实践活动，我掌握了计算机的工作原理及计算机网络原理技术。

自入校以来，我充分利用业余时间广泛地参加社会实践活动。在我校信息学院计算机实验室工作的两年里，不但使我的专业技能得到了升华，也使我的管理和组织才能得以发挥和进一步的锻炼，得到了领导和老师的肯定和表扬。此外我还曾参加社会调查等社会实践活动，积累了丰富的实践经验。

若有幸加盟，我可以致力于贵公司的软件开发或根据公司的需要随时致力于某方面的工作。

“顺兮，逆兮，无阻我飞扬”是我的座右铭；“如临深渊，如履薄冰”是我的工作态度；“真诚，守信”是我的最大特点；开阔的胸襟使我获得许多朋友。聪明的头脑，创造的思维，开拓进取的坚韧，加上纯熟的专业技能，相信我是您的最佳选择。

请您给我一次机会，我必将还您以夺目的光彩。

感谢您耐心地阅读了我的求职信，如需要详细资料，请与我联系。

敬候佳音！

自荐人：×××

××××年××月××日

2. 大学生求职信范例 2

厦华电子集团公司经理先生：

您好！

我叫×××，现就读于××大学计算机信息工程学院自动控制专业，即将于××××年 7 月毕业，获学士学位。感谢您在百忙之中抽空阅读我的自荐材料。我希望在贵公司找一份工作。

贵公司实行“人才+信誉”的经营方针，管理有方，选贤任能，办事效率高，工作氛围和谐，无论科研，还是生产，都搞得生气蓬勃，有声有色。今年上半年我在贵公司实习期间，对此深有感受。我想，在如此和谐、高效的环境里工作，不仅心情愉快，而且会早出成果。

我所修的专业是自动控制，目前，全部学业已出色完成，成绩优秀。附上一份本人简历和大学期间各科成绩一览表，供您参考。

在刻苦钻研专业知识的同时，我还加强了英语学习，已具有较强的口头表达与文字翻译能力。此外，我利用课余时间在几家公司兼职，从事电脑方面的管理与维护，使我有了更多的实践经验。

我相信，凭着自己的实际工作能力和务实进取的精神，一定会为贵公司的发展作出贡献。我坚信，您的知遇，定会鞭策着我为贵单位的繁荣发展、也为实现个人价值而奉献我的青春！

静候您百忙之中的回音！

此致

敬礼！

求职人：×××

××××年××月××日

3. 大学生求职信范例3

尊敬的领导：

我叫×××，男，现年23岁，籍贯山西省沁县，身体健康。现为××大学能源化工系环境工程××级本科生，于××××年7月毕业。届时将获得工学学士学位。

四年的大学生活，使我在各个方面获益匪浅，逐渐成熟起来。几年来，我在政治上严格要求自己，坚持四项基本原则，积极追求进步，现被党组织确定为发展对象。

在学习上，我勤奋刻苦，成绩优良。英语通过国家四级水平考试，能够熟练地进行英语会话和写作，总评成绩为90分。专业主干课程有环境管理学、环境影响评价、环境系统分析、大气污染控制工程、环境检测等，能够从事环境管理、环境评价和环境分析等工作。在学好专业课同时，我还利用课余时间辅修了计算机专业，可以进行一般性计算机编程工作。此外，我还广泛获取了经济管理、企业管理方面的知识，形成了较广泛的知识面和较为合理的知识结构，我想，这为我胜任贵单位的工作奠定了较坚实的业务基础。

在搞好专业学习的同时，我非常重视各方面能力的培养和综合素质的提高。在校期间，我先后三次参加全校性社会实践活动和勤工助学工作，增长了知识，提高了能力，开阔了视野。为此，我先后多次被学校和系里评为社会实践先进个人。我爱好广泛，喜欢写作，作为学校大学生通讯社的记者，在校报和学生自办刊物上共发表有关新闻作品30多篇。

我的生活准则是：认认真真做人，踏踏实实工作。我的最大特点是吃苦耐劳，不怕困难，勇于争先。我选择了环境专业，我愿为自己的选择贡献青春，愿为祖国的环境事业奉献一切。贵单位在国内外环境工程领域中享有卓著的声誉，如果能够到贵单位从事环境工程专业工作，我将深感荣幸。我相信，在贵单位的培养和我个人的努力下，我一定会胜任本职工作，不辜负贵单位的期望。我愿接受贵单位的考察！

此致

敬礼！

学生：×××

××××年×月×日

联系地址：××省××市××大学能源化工系环境工程××级

邮政编码：××××××

4. 大学生求职信范例 4

尊敬的××先生：

您好！

我是××商业会计职业技术学院的应届毕业生。在这个非常注重学历文凭的社会大环境中，我自知没有本科生的知识渊博，但我勤奋好学，积极上进，经过三年的学习，已经比较系统地掌握了从事商业会计的知识和技能，各门功课均取得了好成绩。而且我和其他许多优秀高职生一样，也具有很多优秀的素质，如有自知之明，对自己能够正确地评价和定位，热爱会计工作，做事认真细致，务实肯干，有敬业精神，动手能力比较强，能胜任财务会计、出纳、收银、电脑操作、公关接待等工作。请给我一个施展才能的天地，我将爱岗敬业，不负雅望。

诚恳地希望给我一次面试的机会，不胜感激！

通信地址：（略）

邮编：（略）

电话：×××××××××

5. 大学生求职信范例 5（英文求职信）

April ××，××

P.O. Box 36

×× University

Beijing, China 1 000××

Dear Sir/Madam：

Your advertisement for a Network Maintenance Engineer in the April 10 Student Daily interested me, Because the position that you described sounds exactly like the kind of job I am seeking.

According to the advertisement, your position requires top university, Bachelor or above in Computer Science or equivalent field and proficient in Windows and LINUX

System. I feel that I am competent to meet the requirements. I will be graduating from Graduate School of ×× University this year with a M.S. degree. My studies have included courses in computer control and management, and I designed a control simulation system developed with Microsoft Visual InterDev and SQL Server.

During my education, I have grasped the principals of my major and skills of practice. Not only have I passed CET-6, but more important I can communicate with others freely in English. My ability to write and speak English is out of question.

I would appreciate your time in reviewing my enclosed resume and if there is any additional information you require, please contact me. I would welcome an opportunity to meet with you for a personal interview.

With many thanks.

Yours

Wang Lin

第三节 履历表的编写方法

一、履历表的种类

履历表也叫个人简历（履历，在旧时指一个人的资格职位的经历，一般用于政府部门的人事交往中。现在除了行政干部需要用履历之外，各行各业都广泛使用履历表），它是求职的重要材料之一，主要用来反映求职者个人的身份、学业资历、工作经验等，一般附在求职信的后面，目的是让对方具体地了解自己，获得面谈的机会。

履历表一般可以分为以下三种：

1. 按年代排列式履历表

按年代排列式履历表是较为传统、常见的履历表形式，由于重点是放在整个工作的经历上，因此最适合一直持续在同样的工作领域中发展的求职者。如果你目前所要应聘的工作是相似工作的延伸时，用人主管很容易由你的履历表中判断出你的专业知识、经验及技能是否与他们的需求相符。

由于是依工作时间的先后按部就班地排列（仍然要掌握最靠近目前的经历放在最前面，而且着墨较多的原则），因此所服务的公司名称、你的职称、职务都会一目了然地呈现，对于一直都在知名企业服务的求职者，或是工作态度积极、表现优异、晋升速度较一般人来得快的求职者最为有利，在履历表被阅读者快速扫读的那数十秒内，很容易就能脱颖而出。

2．按职务、业绩编排式履历表

按职务、业绩编排式履历表所强调的是求职者的专业技能及工作成就，整个工作经历仅作摘要性地叙述。求职者必须花较多的时间构思如何来归纳呈现工作业绩，使得潜在雇主能深深被这些傲人的工作成果吸引得目不转睛，进而心中大喜：这正是我要找的人才！如果求职者的工作成果丰硕，觉得使用按年代编排的方式不足以凸显求职者的能力及成就，那么用这样的形式，可以发挥创意，将较多的个人特色灌注于履历表内。对于一个善于包装自己的求职者，如果在文字表现上也一样运用自如，这种形式的履历表自然提供了较宽广的发挥空间。如果求职者认为有一些先天的条件可能降低自己的竞争力，比如刚走出校门的大学生、重返职场的求职者、认清自己的职业生涯目标打算另起炉灶的转业者，或者是曾有丰富的工作经验，好像每项工作都足以胜任，自认为是可塑性很大的应征者，都不妨选择这种以职务和工作成绩来编排的履历表格式。

由于每一段工作经历都不是强调的重点，因此之前所服务过的机构就变成陪衬的角色，如果你曾服务过的公司包括有“金字招牌”的企业，完全遮盖其光芒会不会可惜？对于一些较保守，或习惯看依年代编排的履历表的人事部门主管而言，他很难看出来应征者“在什么时候、于哪家公司、担任什么职务？”

3．综合型履历表

综合型履历表结合了前两者的优点，呈现的方式可能有以下几种：

（1）工作经历依然按时间先后排列，简要叙述工作职责后，紧接着叙述工作经历中的特殊成果与技能。

（2）先摘要性地列出所有的工作成就及知识技能，再依时间先后列出工作经历。

（3）以呈现工作成果为主，逐条列出该工作时段所服务的公司名称及职务。

综合型履历表当然是最理想的，除了详尽之外，也免除人事主管可能产生的疑虑。但其所占的篇幅势必较长，同时在叙述工作成果时，类似的内容会重复地出现，显得烦琐。

二、履历表的格式

1．完全表格式履历

完全表格式履历综合了多种资料，易于阅读。这一格式通常适用于年轻、缺乏工作经验，但是在诸如所学课程、所参加过的课外活动、业余爱好和所做过的临时工作等方面具备资格的求职者（表 5-1）。

表 5-1 完全表格式履历

1. 姓名	
2. 地址	3. 联系方式
4. 小传	
5. 主要技能/成就/经验	
6. 经历	7. 日期
8. 受教育程度	
9. 个人资料	
10. 兴趣、爱好、特长	

2. 半文章式履历

半文章式履历表格设计较少，而使用几项较长的文字记载，表格的数量和文字记载的长短可随自己的主攻目标和具体条件而变化。经历丰富的应征者也许会发现半文章式履历更有利。

3. 小册子式履历

小册子式履历是一种多页的、半文章式的活页式履历。其主要优点是：提供了一种可表述两页或更多资料的便利工具。它的缺点是：要有专门的技能去撰写、设计。

4. 时序式履历

时序式履历是按时间先后顺序编写的学历和工作经历。通常按中国式的习惯由远及近、由过去到现在顺着写。而在国外和呈给外资企业的履历则是由近及远、由现在到过去分阶段倒着介绍。这种方法的缺点是，有时不免令人觉得累赘。尤其是有些不太重要的内容如果不列出，则在时间上出现了断裂；如果全部列出，则可能使人看不出重点。

5. 职务式履历

职务式履历即按个人的职务，包括专业、成就或职业性质等编写。按这一方式编写履历，由于突出介绍了自己曾经担任过的与现在应聘的职务相同或相似的职务，因而具有较强的针对性和候选性。

三、履历表的内容

一份完整的履历表，一般包括如下几项内容：个人资料、求职目标、任职资格、学历、工作经历、专长与成就、学术论著、实践活动、专业技能、外语程度、计算机水平、社团职务等。就特定的个人履历而言，到底应列举那些项目，应视求职者个人的实际情况及履历表用途而定。

1. 个人资料

履历表的第一部分是个人资料。一般应列出自己的姓名、性别、年龄、政治面貌、籍贯、学校、院（系）级别及专业，获得何种学位及概括自己的求职愿望等。

2. 学校及专业情况

履历表的第二部分可对学校和专业作简单的介绍。由于现在的教育体制改革，学校及学科名称变化很大，适当地介绍学校和专业便于用人单位能够尽快地了解你的学历背景。介绍应着重突出学校的办学特色和专业特点。

3. 学习和工作经历

履历表的第三部分可简述自己的学习、工作经历，包括所学主要知识体系（主要突出专业和专业基础课，至少在 20 门以上）及学习成绩；在学校和班级所担任的职务，在校期间所获得的各种奖励和荣誉；计算机、外语水平及其他能力证明；业余爱好和特长等。

4. 语言能力

语言能力在求职过程中至少表现在三个环节上：一是履历表填写；二是对自己外语水平的准确评价；三是面试过程中语言表达的能力。

5. 其他情况

履历表的第四部分可以简述自己上学期间勤工俭学、社会实践、专业实习、其他经历和适宜从事的工作等。尤其要注意介绍自己的社会实践能力和动手能力，这是目前用人单位注重的一个方面。

6. 证明、推荐材料、联系方式

履历表的第五部分是推荐人姓名、通信地址、联系方式和邮政编码等。为了证明你简历的真实性，也可以加进院校推荐意见。

四、履历表的编写技巧

在人才洽谈会上，招聘人员将会收到数百份履历表。求职者的履历必须在短短的时间里，给招聘人员留下一个初步的、良好的印象。招聘人员基本没有时间去揣摸求职者的意图，也没有兴趣透过表面文字，去考究有没有明确说明某项数值。因此，就要求求职者讲究技巧，认真策划，以求在众多求职者中脱颖而出。编写履历，没有什么规律，求职者可根据自己的求职目标、招聘单位的条件和要求以及自己的强项和弱点等不同情况，有的放矢，展现优势，同时注意简明扼要、客观真实等。在编写时，要把握以下技巧：

1. 瞄准目标，有的放矢

撰写履历的目的，就是让雇主或招聘单位了解求职者，进而聘用求职者。因此，作为一名求职者，应从自己的兴趣、志向转到你未来雇主或招聘单位的立场和需求上，以自己的长处来迎合、满足未来雇主或招聘单位的需要，使招聘者看到求职者对他们的价值。这就要求在编写履历时，应针对对方的要求，以简洁、明确的文字表述出对方希望了解的内容。值得大学生注意的是，千万不要向招聘者传递与用人单位需求相距甚远的兴趣和志向。

2. 精心策划、重点突出

在撰写成绩清单时，人们往往是按时间顺序罗列。但这样做显得太程式化。如果换一种方法，可能会给人以更深的印象，收到意想不到的效果。比如你曾经在报刊上发表过许多论文，可以按报刊的级别高低，排列你的文章次序；你有多篇论文获奖，就应先写所获奖项最高的一份，在这种情况下，发表的时间并不显得重要；你曾进修过多种学历，不妨将最高的学历放在最前面，以此来吸引对方的注意力。

3. 主题鲜明，文字简洁

在撰写履历时，必须注意要突出与所应聘职位相关的经验与技能。应届大学毕业生，由于没有工作经验，重点应放在学业成绩，以及参与过的课外活动、实践与实习经历和能说明自己能力和知识水平的各种资格证书上。为了使文字简洁，主题突出，凡与主题无直接关系且对方不需要了解的内容，应尽量删除。

4. 措词得体，适度表意

撰写履历表用词应尽可能精练，最好使用短语表意，以使履历短小精悍，通俗易懂。要让事实说话，避免使用抽象、空洞的措辞，以客观的态度、具体的事例以及准确的数据来说明问题，使阅读者不仅了解每句话的字面含义，而且能悟出言外之意，进而了解求职者所取得的成就及获得这些成就所表现出的能力与专长。行文时应避免那些带有强烈色彩的修饰语以及带有个人理念的字眼及强调语，而选用具体、明确的动词性短语、名词性短语和形容词短语，用具体、明确的细节表述实情，使阅读者感觉到求职者的朴实、真诚和自信。

5. 格式恰当，篇幅适宜

求职者在选择履历格式时，应根据自身情况，从中选择能体现自身优势、最适合自己的格式。应届大学毕业生一般选用表格式履历比较适宜，履历篇幅以一页到两页 A4 纸为宜。编写时，要根据寄送履历的目的，结合对方的要求，精心筛选，适当增减内容来编排有关素材。行文时要字斟句酌，惜墨如金，使整个履历的篇幅精简、浓缩，达到适宜的程度。

6. 展示特长，显示潜力

对写特长有些人很犯愁，认为自己没有什么特长可写。其实没有必要把特长看得那么神秘、高不可攀。一般先填写专业方面的特长，外语、计算机水平达到几级；再写一般特长，如善于组织活动、搞宣传，曾任过什么学生干部，是否发表过文章、长于书法和绘画，对某一体育运动项目是否擅长；甚至会唱歌、会跳舞、会乐器，善于人际交往等，都可以说是自己的特长。对于特长较多的人，在填写时，要根据用人单位的需要有选择地填写，切不可让人感觉到你不务正业。

7．精心编排，激光打印

履历的表面好坏，直接关系着给他人的第一印象，因此，必须对写好的履历进行必要的加工，对它进行编排打印。

履历的排版打印要精心设计，四周必须留出足够的空白，显得空间美。每行之间要有一定的空间便于人们阅读。各项的名称应使用较粗、较大一些的字体与字号，以便同正文有所区别。切忌在履历中出现错字、掉字、别字、文字排列高低不平的情况，也不能有用改正液涂改的痕迹等。千万不要把多次复印模糊不清的求职信和履历表四处散发，给人留下不好的印象，更不能散发手写的大学生毕业推荐表。履历表初稿完成以后，可请人提出改进意见和建议，然后修改定稿，校对无误后复印一二十份以供使用。

8．根据情况，张贴照片

履历表上是否贴照片应以应聘的工作和自身条件来定。有的工作，如公关、秘书、外贸、导游等，比较重视相貌，一般来说应当贴照片。有的工作，如科研等技术工作，不太注重相貌，也可以不贴照片。但是，英俊、美丽的外表也是人的资本和财富，如果你确实有漂亮的五官、潇洒的风度，最好不要埋没，还是选一张可人的照片贴上。如果其貌不扬，最好不要暴露在履历表上，这也是扬长避短。

照片应贴免冠半身正面照片，要精心拍照，以彩照为佳。在发式、穿着、打扮上要视工作性质而定。如谋求的职业是艺术、公关、外贸等工作，在这方面就要讲究一些，以博取对方的好印象；如果是向学校、科研院所、政府机关、企事业单位求职，照片就要显得庄重、典雅、朴实一些，否则会给人华而不实的感觉。尤其要注意的是照片不可复印，否则会使你的相貌大打折扣。

五、履历表范例

1．表格式履历表

中国农业大学××××年毕业生简历

<table>
<tr><td>姓名</td><td>×××</td><td>性别</td><td>男</td><td>民族</td><td>汉</td><td>政治面貌</td><td>党员</td></tr>
<tr><td>籍贯</td><td>天津</td><td>出生年月</td><td>1982年2月</td><td>生源性质</td><td>国家统招</td><td></td><td rowspan="4"></td></tr>
<tr><td>毕业学校</td><td colspan="2">中国农业大学</td><td>所属院系</td><td colspan="3">机械工程学院</td></tr>
<tr><td>主修专业</td><td colspan="2">设备工程与管理</td><td>辅修专业</td><td colspan="3">贸易经济与市场营销</td></tr>
<tr><td>学历</td><td>大学本科</td><td>学位</td><td>工学学士</td><td>英语水平</td><td colspan="2">国家四级</td></tr>
<tr><td>毕业时间</td><td>××××年×月</td><td>身体状况</td><td>健康</td><td>身高</td><td>172cm</td><td>体重</td><td>65kg</td></tr>
<tr><td>社会职务</td><td colspan="7">中国农大机械工程学院团支部书记、校健康教育协会会长</td></tr>
<tr><td>学校简介</td><td colspan="7">中国农业大学（东校区）原名北京农业工程大学，创立于 1959 年，是“京城八大学院”之一，隶属农业部，是一所以工科为主，设有工、理、文、经、管等多种学科的综合大学，是国务院批准的首批可授予博士、硕士学位的高校之一；是“211 工程”重点建设的高校之一</td></tr>
</table>

（续）

专业简介	主修	本专业培养从事设备造型、运行监控、使用维修、技术改造及报废更新等全过程和技术管理的高级技术人才
	辅修	本专业为企事业单位培养从事各种商业实际业务工作和经营管理、经济分析等工作的高级专门人才
课程设置	基础学科	高等数学　大学英语　计算机应用基础　逻辑学　画法几何与机械制图　人生哲理　健康教育　社会主义建设　中国革命史　法律　政治经济学　大学物理　线性代数　计算机算法语言　大学体育　概率论与数理统计
	专业基础	理论力学　材料力学　机械工程材料　电工技术　互换性与技术测量　机械原理　机械设计　机械制造基础　电子技术　摩擦磨损与润滑　系统工程　液压技术　汽车拖拉机学　文献检索　计算机辅助设计
	专业课程	机电设备进出口实务　资产评估　金属切削机床　技术经济管理会计　数据库管理系统可编控制器　零件失效分析质量管理　专业英语　微机原理与应用　电气控制技术　设备维修技术　安全工程　经济法　设备综合管理学　设备故障诊断　工业企业管理　可靠性工程　市场学
	辅修	公共关系学　西方经济学　国际贸易　经济法　现代企业管理 会计学　贸易经济学　市场营销学　国际金融
	自修	WINDOWS　C 语言　软件工程　单片机原理　网络与多媒体技术
个人简介		大学期间，勤奋学习，成绩优异，除学好本专业和辅修专业外，还自学了大量计算机、英语方面的知识。××××年××月通过了北京市计算机水平考试。能熟练操作多种应用软件，具有一定软件编程和微机及常见的外设故障排除能力，能用微机进行办公管理工作。英语基础较好，××××年××月通过国家四级，具有一定听、说、读、写及技术资料翻译能力 自入学以来一直任学生干部；××××年××月曾参加北京市团干部培训。工作中吃苦耐劳，认真负责，有较强的组织能力，文字、语言表达能力较强。曾任团支部书记、团总支宣传委员等职，现任团支部书记，共青团刊物《校园采风》主编，中国农业大学健康教育协会会长兼《生活报》编辑。策划组织过大型活动，具有丰富的工作经验。还积极参加社会实践活动，具有多种兼职经验 本人兴趣广泛，知识面广，适应能力强，愿接受一切工作考验
实习设计		校工厂金属工艺实习 5 周，机械设计 4 周，在北京第一机床厂、北京天纬油泵油嘴股份有限公司、北京机械施工公司、北京内燃机集团、华北精密仪器厂实习 1 个月，汽车驾驶实习三个月，获大货车驾驶证。电子焊接工艺实习 1 周，南京汽车厂毕业实习 5 周（计划），毕业设计
获奖情况		××××年××月获院优秀团员称号 ××××年××月获院社会实践优秀论文一等奖，并获社会实践先进个人称号 ××××年××月获院三好学生、优秀学生干部奖 ××××年××月获校优秀团员称号 ××××年××月获校优秀学生干部称号，获校二等奖学金 （均有资料和证书）
联系方式		通信地址：（略） 邮政编码：（略） 本人电话：（略） 相关联系人与电话：（略）

2. 半文章式履历表

自　传

×××　《闽江晚报》副刊部记者　大学文化　中共党员　汉族　34 岁

本人于 2004 年参加工作，先后供职于黄安区宏大纸制品厂、三利信息咨询公司、《江南信息报》，2013 年 2 月调入《闽江晚报》。

在《闽江晚报》工作两年多的时间里，我参与了国家星火计划宣传月、省政协三届二次会议、三江市城市运动会、市招聘局级干部等大型活动的新闻报道工作，先后任报道组记者、副组长、组长；共采编新闻稿件 120 篇，其中 27 篇被全国性报刊采用，34 篇被省级报刊采用，有 4 篇特写被收入书中公开出版，××文章获得国家新闻奖，同时，在省以上报刊发表专业论文 4 篇，3 篇获奖，其中××获得国家记协的金杯奖。

除了新闻写作以外，本人还爱好摄影、绘画，与他人合作出版的《小青蛙漫画集》，被闽江市广播电台评为 2013 年度畅销书。

在工作中，本人能较好地与他人合作，被同事们称为“快乐的朋友”

本人联系地址：黄安区三利大街 33 号　　　家庭电话：×××××××

工作和学习经历

2000～2004 年　　闽江市师范学院新闻系学习

2004 年 8 月 18 日　　大学本科毕业并获得学士学位

2004～2007 年　　黄安区宏大纸制品厂任厂部秘书

2007～2010 年　　三利信息咨询公司信息部业务主管

2010～2013 年　　《江南信息报》任记者、信息部副主任

2012 年 5 月　　被本报提前授予记者职称

2013～现在　　《闽江晚报》任社会部、副刊部记者

成绩清单（论文部分）

所获奖项	刊载报刊	论文名称	发表时间
国家记协金杯奖 省记协创新奖 省记协征文奖	人民日报 闽江日报 新闻研究 闽江晚报	政治环境与国民的新闻知识 短消息的逻辑学分析 谈人物特写的背景渲染 如何给老题材赋予新意	1995.7 1993.3 1995.4 1994.2

3．外企求职履历

姓名：××　　性别：男　　出生年月：1978 年 1 月 17 日

地址：天津市××路××#　　邮政编码：300113

电话：（×××）-×××××××××

求职目标：销售经理

学历情况：

1/2000～12/2002　　天津××大学经济管理学院工商管理硕士

3/1996～1/2000　　天津××大学市场营销学士学位

工作经历：

8/2007～今　　英国利思特公司家电产品部　　天津地区销售经理

负责天津办事处日常管理，同本公司在中国各地的工厂联络，负责中国北方市场销售直接向香港汇报。领导 6 位业务代表，销售额每年约 1 000 万元。

8/2002～8/2007　　天津贸易总公司经理助理，负责进出口和市场营销及合资合作项目。

1/2001～7/2001　　美国爱科公司工业部实习经理，负责项目投标、采购、计划和预算。

计算机使用：Microsoft、Office、（Excel，Powerpoint，Word）。

爱好：音乐、游泳、旅游

RESUME

Name: ××

Gender: male

Date of birth: Jan17, 1978

Address: Hongqi Rd ××× #, Nankai District, Tianjin, 300113

Tel.:（×××）×××××××××

EDUCATION

2000.1——2002.12　　Economic management college, Nankai University, M.B.A

1996.3——2000.1　　Tianjin ×× University, B.S in marketing

EXPERIENCE

2007.8——present　　UK Lister Co., Ltd, control products division sales manager location in Tianjin take the duty of general management, mainly involved in marketing and sales in north of China, Project management and daily office administration, directly report to the manager in H.K

2002.8——2007.8　　Tianjin Trade Corporation Assistants General Manager

Import & except, marketing project management, Establishment of J.V projects.

2001.1——2001.7　　E.C U.S.A Industrial Division Trainee Manager

Proposal management and procurement planning and budgeting

Computer Skill: Microsoft office (Excel, PowerPoint, Word)

HOBBIES: Music, Swimming, Traveling

4. 高职高专生的求职履历

姓 名：田××

地 址：广州市东风路×××号××栋 302 室（510000）

电 话：（略）

求职意向：一线生产人员，机电一体化维修技术人员，电气设备检验等

任职情况：中学时任××第一中学学生会主席，大学期间先后担任过班长、系电器维修协会部长，专业知识扎实。

职业证书：电工中级证、车工中级证、汽车驾驶证、数控工艺员证书

动手能力：参加学院电子制作大赛获得二等奖，熟悉普通车床、数控车床的操作及其电气维修。

爱好与特长：电器维修及电子制作。

毕业学校：××职业学院电气系。

专业课程：电子工程制图、机械工程基础、电工技术、电子技术基础、电力电子变流技术、建筑电气、自动检测与转换技术、单片机与接口技术、电气控制与PLC应用、自动控制、实用电梯技术、综合布线系统、电气CAD、计算机网络技术、MATLAB仿真技术。

联系地址：××××××××

联系电话：（略）

第四节　网上求职技巧

随着网络信息时代的到来，通过网络求职是近年来在大学毕业生中比较流行的求职方式。用人单位和毕业生将招聘信息与求职信息上网公开，也可以通过网络互相选择、直接交流。网上求职，最大的优势在于即使毕业生身在异地也能获得大量招聘信息及就业机会，它跨越时空界限，突破了人才信息与招聘信息难以沟通的种种限制，打破了单向选择的人才交流传统格局。随着我国就业工作信息化进程的加快，网上搜寻就业信息已成为如今大学毕业生最常用的求职手段之一。毕业生不仅可以自由地从互联网上取得各种就业信息，而且还能利用互联网介绍自己的情况。网络传递信息所具有的“多、快、好、省”的特点是其他求职方式所不能比拟的。

一、求职网站的种类

1. 专业求职网站

专业求职网站的招聘信息量大，可以根据求职者对地域、岗位、工资、培训等的要求进行搜索和查询。求职者可以将自己的简历存入网站的数据库，招聘的公司可以从网站调出求职者的资料。

2. 公司主页

现在的公司大都有自己的网站，除了介绍本公司的产品和业务外，还随时提供招聘信息。如果求职者对某个企业情有独钟，不妨到主页上去看看，会有所发现的。

3. 门户网站的求职频道

对就业信息非常敏感的今天，大多数门户网站都开设了自己的求职频道。如搜狐的求职频道就容纳了好几家一流的招聘网站的信息，比如招聘网、中华英才网、无忧工作网等。

二、网上求职前的准备工作

1. 具备一定的网络知识

网上求职，需要搜索信息、下载信息、发送和接收邮件等，网络知识是必不可少的。比如：知道某个单位的名称，可以通过中文关键字查询到该公司的网址，从而了解到公司的情况。在实际的求职过程中要学会运用不同的搜索引擎，获得更多的求职信息。

2. 明确目标，有的放矢

网上求职不必划定唯一的岗位目标，但一定要有一个方向。求职者不妨将其写在纸上，比如：市场营销类，可以包括营销员、销售代理、客户服务、营销策划等岗位，求职者应当根据自己的专业特点、工作经验、个人兴趣专长等情况确定自己的求职方向，同时还要明确求职区域。

3. 准备好适应网上求职的个人资料

网上求职的一大优点就是求职者可以随时调整自己的求职资料，如可以根据应聘职位的特点调整自己的简历，也可以将自己的照片、学历、证书、获奖证明等资料扫描存入电脑。虽然不是每一个用人单位都需要这些资料，但是资料准备详细一些，总是比需要时再去仓促准备要好。注意，求职资料一定要保持真实性，不要提供虚假的资料。由于求职简历在网上求职中起着至关重要的作用，它是用人单位了解应聘者的主要手段之一，那么，如何设计自己的网上电子求职简历呢？以下一些技巧可提供参考：

（1）注意设定主页边距，使文章的宽度在 16 厘米左右，这样的简历在多数情况下看起来不会错误换行。

（2）尽量用较大的字体。

（3）如果在简历中加上一些星号（*）、特殊字符（如◇）、加号（+）等分隔简历内容，这些符号在粘贴时不会像版式符号被转换成不可识别的记号。

简历模板（供应届毕业生参考）

个人简历：

个人概况：

求职意向：

姓名：　　　　　　　　性别：

出生年月：　年 月 日　　健康状况：

毕业院校：　　　　　　　　　专业：
电子邮件：　　　　　　　　　手机：
通信地址：　　　　　　　　　邮编：
教育背景：
　　年—　年　　　　　　　　大学　　　　　专业（依个人情况酌情增减）
主修课程：

论文情况：
　　　　　　　　　　　　　　　　　　　　　　　　（请注明是否发表）
英语水平：
*基本技能：听、说、读、写能力
*标准测试：国家四、六级分数；TOEFL；GRE
计算机水平：

编程、操作应用系统、网络、数据库……（依个人情况酌情增减）
获奖情况：
实践与实习：
　　年 月—　年 月　　　　　　　公司　　　　　工作
工作经历：
　　年 月—　年 月　　　　　　　公司　　　　　工作
个性特点：
　　　　　　　　　　　　（请描述自己的个性、工作态度、自我评价等）
另：
（如果你还有什么要写上去的，请填写在这里！）
*附言（请写出你的希望或总结此简历的一句精练的话！）
例如：相信你的信任与我的实力将为我们带来共同的成功！或希望我能为贵公司贡献自己的力量！

除做好以上两项准备外，还应做到：①准备好纸笔，用来记下来你登录的站点名，及该站点的用户名和密码。②必须要有一个电子邮箱，因为招聘信息一般都是用电子邮件通知的。

4. 要有一个稳定的邮箱和便于联系的通信方式

网上求职主要是通过电子邮箱进行联系的，求职者一定要选择一个性能稳定的邮箱，性能不稳定的邮箱可能会影响你的求职。比如，发出的求职信无法到达用人单位邮箱，或者被用人单位邮箱认定是垃圾邮件，求职者无法按时收到用人单位回复的邮件，从而错过机会。还要注意的是，多数用人单位在看到求职的电子邮件后，会通过电话与求职者联系，因此求职者一定要有一个可以随时联系到自己的电话号码。

三、网上求职技巧

1. 明确目标

网上求职最忌盲目，首先要明确自己的求职目标（最好写在纸上，如营业员、业务员等）。同时还要求明确求职领域。

2. 积累网站

现在政府人事部门所属的人才机构基本都建设了自己的网站，为求职者提供了相当多的应聘机会。因此，必须要及时搜寻资料，积累网站。

3. 多开窗口

在搜索求职信息时，要同时多打开几个浏览器窗口，有助于节省传输时间，也可以在一个窗口输入个人信息，在另一个窗口查看就业信息。

4. 学会选择时间

要避开上网的高峰期，这时上网传输速度慢，填写有关求职表格时可能会出现错误信息。

5. 留意首页

网站一般都会在首页放上“最新消息”或“NEW”，很多求职者都忽略了，其实这里往往包含了最新的招聘信息和政策信息。

6. 关心时事政策

不同地区的劳动、人事政策是不同的，一些政府部门办的网站都有“政策、法规”栏。求职者在初步确定求职地域后，应关心一下当地的劳动、人事政策，对当地的户口迁移、养老保险、应届大中专生就业政策等都应该大致了解。

7. 随时下载

有些招聘页面内容较多，岗位、条件罗列一大堆，有的来不及看，又怕遗漏，最好的办法就是下载网页。

8. 订阅邮件

部分网站还提供信息邮件，求职者只要在家里打开电子邮件信箱就能得到最新信息。在这里要选择专业、可靠的求职网站，并要对信息进行筛选。

9. 保持联络

求职不能一蹴而就，持之以恒是十分有效的方法，在接到不录用的通知后也要写信或 E-mail 表示感谢，以便下次联络。

10. 整理信息

从网上下载来的信息，应及时整理、归纳。

11. 建立个人主页、博客

为了让有关单位全面了解你的情况，最好的办法是建立个人主页或博客，把自己的详细情况（如特长、学历等）都罗列出来，让人一目了然。

12. 注意保密

即使是在网上求职，也要注意保密，建议在登记时使用英文名字，但学历、工作经验等必须真实，不然你会有被网站内部“封杀”的可能。同时注意：接到面试通知时，要告诉招聘单位你的真实姓名。

四、网上求职误区

1. 漫无边际地四处收集

许多毕业生事先不知道哪些求职网站比较权威，也不清楚自己到底要找什么样的职位，便漫无边际地在网上乱逛，四处收集就业信息，只要见是与自己专业有点关系的或自己感兴趣的信息就下载，不管信息渠道是否可靠，是否真实有效，结果把自己搞得毫无头绪，摸不着方向，浪费了时间和精力不说，最令人担忧的是被一些颇具诱惑力的虚假信息所蒙骗。近年来，毕业生由于轻信网上信息，导致钱财被骗、求职落空的事例不少。

2. 漫不经心地到处张贴

一些毕业生喜欢尽可能多地在网上张贴自己的简历，以为这样可以最大限度地“引”来雇主。这一看似“聪明”的举动，实际上并无益处。因为在某些网上求职服务站，任何人都可以随意浏览简历库的，向这样一个所谓的“开放”站点发送简历很不安全。当你四下布网时，一些企图利用网络骗钱的不法分子，正在收集你的求职信息，伺机下“钩”呢。

3. 把所有的希望都寄托在网络求职上

网络能为毕业生提供大量的求职信息，其“无所不包，无所不有”的内容令广大毕业生着迷，导致了部分毕业生对网络的过分崇拜和依赖，把所有的希望都寄托在这里，而忽视了其他更权威、更有效的信息渠道。利用网络求职，本是为了提高获取信息的效率，但一头扎进网上信息的“汪洋大海”出不来，实际上恰恰降低了自己的求职效率。

4. 同时在一家公司应聘数个职位

用人单位往往会在一个站点同时“贴”出数个职位的招聘广告，一些毕业生也往往会同时在这家用人单位应聘数个职位，颇有点像填高考志愿时的“服从专业调剂”，以为这样可以让用人单位有更多的挑选余地，“好歹有我一个职位吧”。然而，用人单位却不是这样的思维方式，他们说“应聘者同时应聘数个职位，让我们重复阅读相同的简历不仅浪费时间，而且让我们觉得应聘者其实根本不知道自己到底想做什么”。

5．在网上迷路

网上的信息量很大，站点很多，在搜索网站时注意力容易分散，往往打开了许多窗口，但是与本意相去甚远，最后不能找到有效的信息。

五、网上求职注意事项

1．选择合适网站

各级政府人事、劳动和社会保障、教育部门主办的人才网站是首选。另外，影响大、口碑好、信息新、功能全的大型招聘网站也是上选。

2．避免走入误区

网上求职必须明确自己的求职意向和目标；尤其要注意的是，不要在同一单位应聘多个岗位，或者是向一家招聘单位多次发送求职简历。此外，在投送简历时尽量不要以附件形式发出。可以把简历直接贴到信的正文或是申请表的后面。

3．仔细分辨，谨防受骗

参加网上招聘活动，一定要提高警惕，认真辨析。有的网站被不良之徒利用，有的网站本身别有所图，故意制造信息“陷阱”，骗人骗财。而这类信息往往又在单位类型、名称、用人条件、待遇等方面特别具有诱惑力。求职者一定要认识到网络虚拟世界与现实世界的差异，首先要把握就业信息的特征，学会分析辨别信息的可信度和有效度；其次，要对网上信息进行网下求证。有些信息实际上是为提高单位知名度，甚至是招聘网站有意杜撰出来的。另外，不要向招聘单位邮寄证书、钱物。如有的单位以考核应聘者的能力为名，要求完成诸如资料翻译、程序编写、网页制作等工作，则需慎重，一次考核可以理解，如多次考核，则要警惕对方是在赚取求职者的无偿劳动。

4．保持良好心态

求职都需要一个过程，要学会接受现实，遇到挫折时要积极调整策略，认真总结，争取下一次成功。

六、国内部分求职网站

南方人才网 http://www.southjob.cn

上海市人才网 http://www.001hr.net/

深圳招聘热线 http://www.sz.rc35.com/

无忧工作网 http://www.51job.com

中华英才网 http://www.chinahr.com

智联招聘网 http://www.zhaopin.com
中国上海人才市场 http://www.hr.net.cn
西安人才网 http://www.xajob.com
深圳人才市场 http://www.szhr.com.cn
珠海人才市场 http://www.zh-hr.com
北京人才市场 http://www.bjrc.com
苏州人才市场 http://www.szrc.cn
上海求职网 http://www.shanghaijob.com
浙江人才招聘网 http://www.zdrc.cn
杭州人才网 http://www.hzrc.com
宁波网上人才市场 http://www.nbrcw.com
辽宁省高校毕业生就业信息网 http://www.lnjy.com.cn
陕西高校毕业生就业网 http://www.sxgxjy.com
上海高校毕业生就业信息网 http://www.firstjob.com.cn/

第六章 应聘面试、笔试及其技巧

应聘时，如何顺利地通过面试，是大学生非常关心的问题，也是能否成功就业的重要环节。大学生参加面试不仅能表现自己的专业水平，更能向用人单位充分展示自己的仪表气质、口才和应变能力，从而给面试的主持人留下深刻的印象。面试已经成为用人单位常用的一种招聘方法。本章就大学生普遍关心的、面试前的准备、面试的内容、面试的技巧、面试的策略、面试礼仪和笔试技巧等方面的知识进行较为详细的介绍。

第一节 面试的种类和面试前的准备

一、面试的种类

1. 面试的含义

面试就是通过面对面的交谈，对应试者进行考核、测评的一种考试形式。面试的目的是为了使用人单位能找到最合适的人选，为了使求职者能找到理想的职位，这对于双方来说都是很重要的。

2. 面试的种类

（1）根据提问方式可分为：

1）程式化面试。即由主试人根据预先准备好的询问项目和有关细节逐一发问，其目的是为了获得有关应试者全面、真实的材料，观察求职者的仪表、谈吐和行为以及沟通能力等。

2）问题式面试。即由主试人对求职者提出一个问题或一项计划，请求职者予以完成或完成相关的要求，其目的是为了观察和了解求职者在特殊情况下的表现，以判断其解决实际问题的能力。

3）非引导式面试。由主试人海阔天空地与求职者交谈，尽量活跃谈话气氛，让求职者自由地发表议论，在闲聊中观察求职者的能力、知识、谈吐和风度。

4）压力式面试。由主试人有意识地对求职者施加压力，针对某一问题做一连串的发问，不仅详细，而且追根究底，直到无法回答，甚至有意刺激求职者，看其在突如其来的压力下能否作出恰当的反应，以观察求职者的机敏程度和应变能力。

5）综合式面试。由主试人通过多种方式综合考察求职者多方面的才能。如用外语同求职者会话以考察其外语水平，让求职者写段文章考察其写作和书法水平，让求职者讲一段短文以考察其演讲能力，也许还会要求求职者现场操作计算机以考察其运用能力等。

（2）根据现场形式的不同分为：

1）集体式。面试的一方由多个主试人组成，另一方是更多求职者，由主试人现场提问，然后由求职者依次作答。主试人根据求职者对问题的回答情况，当场比较优劣，每个求职者也很容易根据场上的情况、自己的表现估计面试的结果。这种方法是众多的求职者轮流回答同一个问题，由于题目一定，对求职者的评判清晰，结果显而易见。

2）讨论式。由主试人对多个求职者进行面试，主试人把事先拟好的题目交给求职者集中讨论，共同寻找答案；有的由主试人主持，也可能由求职者轮流主持。这种方式留给求职者思考的空间广、发挥的余地大，可以充分显示求职者的理解力、分析力、判断力、适应环境能力、开展工作能力和解决问题能力。

3）围攻式。由多位主试人共同出面，分别从不同角度、不同方面，对求职者提问。由于主试人多是本行业、本部门的专家，所以提问也很专业，有一定难度，对求职者的知识面、专业知识深度、思维能力和社会实践能力要求很高，同时也需要有较好的心理素质，才能应对自如、顺利通过。

（3）根据阶段不同可分为：

1）初试。这是对所有求职人员进行的初步筛选，筛去那些明显不具备基本应聘条件的求职者，只有小部分被认为有进一步考虑价值的人，才能参加下一轮面试。

2）复试。对于顺利通过初试的求职者来说，复试是初试与录用面试之间的阶梯。复试是为了对初试通过者的常识、能力、责任感、事业心等作一番深入的了解，以确定其是否是最合适的录用对象。一般在复试阶段，主试人与求职者之间的关系不像初试那样疏远和严肃。复试时，问题的覆盖面很广，气氛比较自然和活跃。主试人常提出一些开放性问题。

3）录用面试。录用面试是对经过复试筛选淘汰剩下的求职者进行的面试，也是决定是否录用的最后一关。通过录用面试，无论用人单位，还是求职者，都要针对一些实质性具体问题，如专业工作部门、工资、奖金、福利、试用期、培训等条件，摆到桌面上进行协商并写进协议书，作出一个使双方都满意的录用方案。

以上三类面试，越来越多地在国内三资企业及涉外单位的招聘中采用。据不完全统计，初试淘汰率为 50%以上；复试的情况因人才市场及职位要求而异，有的一次完成选拔，也有的会三番五次在业务主管、部门主管甚至高级官员主持下进行。

既然不同种类的面试有不同的要求，求职者就应特别注意不要在初试期间因不当的回答而被淘汰，或者在复试时不能深入地阐述应回答的相关问题而被除名。

二、面试前的准备

“机遇只垂青有准备的人。”作为一名大学毕业生，求职面试时究竟该准备些什么呢？

（一）资料准备

毕业生在面试时大多与用人单位是初次接触，彼此了解甚少，况且在求职时尚未拿到毕业证书，这就需要毕业生通过具体的材料推荐自己，并向用人单位介绍自己在校学习阶段的基本情况及其他情况。因此，在面试前要做好自荐材料的准备工作。自荐材料一般包括以下几个方面的内容：

（1）学习成绩材料。包括学习成绩单、英语和计算机等级证书等。

（2）荣誉证书。如三好学生、优秀学生干部、优秀团员、优秀团干部、优秀毕业生等证书，以及参加各种社会实践活动、各种竞赛活动的证书等。

（3）成果证明材料。如获得的发明专利证书和正在申请的专利材料，在报刊、杂志上发表的文章、论文，出版的专著或读物，有一定价值的科研成果报告等。

（4）能证明自己具备某方面素质或能力的其他材料。如汽车驾照，技能鉴定证书，歌曲、舞蹈大赛获奖证书等。

（5）个人简历、求职信、推荐书等。求职信是最重要的自荐材料，因为它概括了求职者的全面情况，而且又在一定程度上直接表现了求职者个人素质，如文字表达能力、书写水平等。

在做好自荐材料之后，还必须将材料中个人的有关情况，如个人简历、性格、能力、爱好、特长等，反复阅读，使之烂熟于心，以使自己在面对主试人时胸有成竹，信心十足。

在准备好个人资料的同时，还应掌握用人单位的有关资料。如单位性质、主要职能、人员结构、知识层次、规模和效益，用人单位对求职者的专业、能力、个性等的专门要求。如能了解到主试人的姓名、身份，以及他的性格、特长、爱好，面试时间和地点就更好。根据掌握的这些资料，结合自身的条件，有的放矢地制定策略，做好准备，面试的成功率就会很高。

（二）对可能谈论到的问题的准备

面试问题的准备，主要是对面试中可能提出的问题如何回答进行准备。不少大学生在面试前怯场、紧张，主要原因就是不知道面试中会提什么问题，对怎样回答心中无数，难免恐惧。因此，要能在面试中轻松回答，就必须在面试前做适当的准备。

尽管不同的用人单位和主试人，所提的问题不同，但是大体提出什么问题仍是有一定规律可循的。这些问题通常有：

1. 教育培训类的问题

你从哪所学校毕业？什么系科？你在学校里学了那些课程？这些课程对你应聘的工作有哪些帮助？简单介绍一下你的专业，你最喜欢的功课是什么？为什么？简要谈一下你的毕业论文或毕业设计，你的学习成绩怎样？在班上排第几名？等等。

2. 求职动机类问题

你为什么来本单位应聘？你对应聘职位有哪些期望？你在工作中追求什么？等等。

3. 相关经历类问题

你参加过哪些社会活动？你在哪个单位实习？时间多长？承担什么工作？谈谈你的做事特点？你有什么特长和爱好？你在工作中曾经遇到过什么困难？等等。

4. 未来计划和目标类问题

假如你被录用，你准备怎样开展工作？有什么设想？如有其他的工作机会，你怎样看待？你打算沿着这条职业道路走下去吗？进入我们单位你准备干几年？你是否已确定在我们单位的奋斗目标？等等。

面试时求职者也可向用人单位提出一些问题。在准备时一定要注意：第一，把问题限制在询问应聘单位职位的范围内。在招聘告示、单位介绍中已有的内容，主试人已经介绍过的内容不要提问。第二，回避敏感性的问题。如工资、福利等个人要求。第三，不要问特别简单或复杂的问题。因为简单的问题会显得你无知，复杂的提问又有故弄玄虚为难主试者之嫌。

对上述可能提及的问题先进行认真思考，考虑怎样回答或什么时机提出，然后将其要点写下来，反复说几遍，并模拟正式面试的情景，自问自答地进行演练。为了了解回答的效果，纠正失误，可以与同学、朋友、家庭成员试谈一下。经过如此认真的准备之后，就能胸有成竹地去参加面试，而且一定会取得好的效果。

（三）形象准备

第一印象的好坏，往往会影响你面试的效果，甚至会使你失去一次理想的就业机会。因此，在准备面谈时，你必须事先多花一些时间去思考如何包装自己，努力在穿着打扮和精神面貌两方面给对方留下良好的第一印象。

穿着打扮、外表仪态会直接影响求职的成败。因为你的形象将不仅代表你自己，更重要的是还将代表用人单位。为此，多数单位都力求找到能够提升组织形象的候选人，这些候选人不仅能胜任工作，而且还要有良好的外表仪态。作为大学毕业生千万不可在面试时大大咧咧、疏于准备、自以为是、不修边幅。殊不知这些做法正是失去机遇的原因。

文雅、得体的行为举止和谈吐，同样会给人们留下良好的第一印象。它是表露人内心世界的语言，人的一举一动无不显露出他的知识修养、个性特点等。面试中个人的举手投足、一颦一笑，都传递着特定的含义，直接影响着面试的结果。因此，求职者须重视自己的行为举止。不仅要做到“坐如钟、站如松、行如风”的一般要求，而且要视具体环境、双方身份、目的任务等因素，表现出文雅、得体的行为和谈吐。

“言于心声而形于外”，美好的语言能唤起人们对你良好的第一印象。大学毕业生在面试前一定要注意自己的语言训练，努力做到：称呼得体、符合礼节、表达准确、简洁、流畅、条理清楚、声音适中。

（四）注意事项

1. 提前到达，不谈无关话题

迟到乃面试大忌之一，主试人不会喜欢没有时间观念的人。你最好提前十分钟到达现场。若未去过面试地点，应事先将交通路线中可能出现的如堵车等问题考虑在内，早点出发，以保证万无一失。提前到达，你除了有充裕的时间填写表格及申请之外，还能放松自己，以良好的状态接受面试。

面试时要注意回答主试人提问，切不可言语离题，让主试者听得莫名其妙。尤其不可对毕业的学校或以前工作过的单位和领导评头论足，持过多否定意见。因为主试人会认为，你对自己曾学习、工作过的学校和单位毫无一点留恋之意，反而有许多怨言，一旦进入单位又怎么能处理好人际关系！这对你应聘非常不利。

2. 不攀高枝，靠个人能力参加面试

面试时不可以为自己家中有人与用人单位的负责人有某些特殊关系而有恃无恐，更不能拉关系、托人情，这样易引起其他人的反感。即使你通过这种关系进入了用人单位，以后也难以与同事友好相处，难以打开工作局面，会使自己陷于处处被动的境地。

求职面试最好不与亲友、父母前往。如果有人陪你一起去，也只能让他们在外面等，否则用人单位会认为你没有能力，缺乏独立性和自信心。用人单位录用的是能很快胜任工作、独当一面的人才，这样缺乏自信心的毕业生，他们不会录用。另外，与同窗相约去某一单位参加面试，会产生“自相残杀”的副作用，最好不要这样做。

3. 注意小节，举止文雅

面试时你的一举一动都会引起主试人的关注，稍微不留意，就会影响面试效果。第一，面试时不要抽烟、喝酒、嚼口香糖。否则，会给人一种漫不经心，不负责的印象，是对待面试不严肃、不认真的态度。第二，别开玩笑，别讲脏话，别说面试人难懂的方言、行话。面试时能恰当地表现幽默感当然很好，如果不善于运用或控制幽默，最好别去用它，因为面试地点不是开玩笑的场所，这样做会给人留下一个轻浮的印象。在与主试人交谈时，尽可能不用对方难以听懂的语言

或专业术语，否则易给人有意嘲笑或故弄玄虚之感。第三，面试时绝对不能做小动作，如挠脑袋、啃手指、挖耳朵、频频改变坐姿等。在整个面试过程中，都须注意不要让自己的小毛病浮出水面。

4．慎谈待遇，避免不良印象

有关工资待遇、职工福利等问题，不宜多提。一般情况下，用人单位是会向求职者介绍的。即便要问也要寻找时机，婉转提问，不要直截了当，理直气壮，避免给用人单位造成不良印象。

第二节　面试的内容和面试技巧

一、面试的内容

面试中，主试人通过观察、提问、交谈、测试来了解、判断求职者的文明修养、形象气质、知识水平、表达能力、应变能力、心理素质、敬业精神等等。其目的是加深对求职者的考察，看是否适合他们的需要。常见的面试内容包括以下几个方面。

1．背景

主要考察求职者的个人情况。如年龄、籍贯、民族、性别、身高、视力、健康状况；家庭主要成员及社会关系；文化程度、毕业学校、所学专业、接受过哪些培训、从事过哪些工作、参加过哪些社会活动，等等。

2．智商

（1）主要考察求职者的知识层次、所学专业的特点、课程设置、学习成绩、外语和计算机水平等。

（2）考察学生的业务能力：毕业论文、毕业设计、科研成果、专著以及实践能力、操作能力、组织领导能力、口才、文笔等。

3．情商

主要考察求职者的人生观、价值观、敬业精神、人际关系、适应能力、处理压力的能力和自我激励能力等。

4．形象

主要考察求职者的相貌、言谈、举止和仪表等。

二、面试的技巧

（一）倾听的技巧

倾听是一种重要的交流信息的技巧。面试的实质就是主试人与求职者进行信息交流从而获得全面评价的过程，形式上充分体现在“说”和“听”上。求职者注意倾听，不仅显示对主试人的尊重，而且要回答主试人的问题就必须注意倾听，只有专心致志地倾听，才能抓住问题的实质，否则，就可能不得要领，答非所问。

因此，在面试中应注意以下几点：一是注意坐姿。坐下后上身要稍向前倾，手脚不要有太多的动作。二是目光要专注。要有礼貌地注视主试人，并且要不时地与主试人进行眼神交流，视线范围大致在对方的鼻以下胸口以上，千万不要东张西望。三是尽量微笑。适时爽朗的笑声可令气氛活跃，如果表情木然，漫不经心，则会伤害主试人的自尊心，但切不可开怀大笑。四是用点头来对主试人的谈话作出反应，并适时说些简短而肯定对方的话语。如：对、可以、是的、不错等。

在面试中，求职者除了注意倾听主试人的提问，同时还要注意察言观色。根据主试人的体态变化，了解主试人的内心活动以及对自己的认识和态度，从而做到知己知彼，有针对性地应对，变被动为主动。

察言观色首先要求细心、敏锐，能捕捉到有价值的信息；其次，能解读和“破译”这些体态语的真实含义。

其一，应密切注意主试人的面部表情。如对方听了你的介绍，双眉上扬，双目上张，则是惊奇、惊讶的表现。可能表明，你就是他们理想的人选，有相见恨晚的感觉。这时你可能成功了一半，一定要锲而不舍。

如果对方听了你的介绍后，皱眉，则表示不高兴或遇到麻烦无能为力等；也可能表明你不是他们的意中人，你则可以采取其他途径进一步努力。

其二，要密切注意观察主试人的目光。对方听你自我介绍时，双目直视前方，旁若无人，则他的眼睛无声地告诉你：他是一个高傲的人，“了不起”的人，那么你讲话时就要力争满足他的自尊心理。

如果对方眼睛眨个不停，则他的眼睛告诉你：他在表示怀疑、疑问，那么你就力争把问题解释清楚。

如果对方眯着眼看你，则表示他比较高兴，你的介绍可能打动对方，再继续下去，就可能成功。

如果对方白了你一眼，则表示他对你或你的某句话反感，这时你就要特别注意。总之，只要你认真观察，就会透过心灵的窗户——眼睛，把握对方的内心世界，力争主动权。

（二）语言表达技巧

准确、灵活、恰当的口语表达，是面试的关键环节。如果你的各方面条件都不错，但由于表达能力差，不能将所要表达的内容充分表达出来，主试人会因难以了解而不录用你。在同等条件下，谁的表达能力强，善于宣传推销自己，谁就能在竞争中获胜。

语言表达技巧有两个方面的要求，一是要做到表达清楚准确，通俗易懂；二是要做到动听，富有美感和吸引力。

求职者在谈话中应着重掌握以下几种语言表达技巧。

1. 简明扼要

面试中的交谈，受时间和内容的限制，不同于平时闲聊，决不可漫无边际地“侃”。说话简明扼要，不完全是一个话语量多少的问题，它包含了数量和质量的关系，要求用最少量的话语传递尽可能多的信息。通常要注意三个问题：一要紧扣提问回答；二要克服啰嗦重复的语病；三要戒掉口头禅。

2. 通俗朴实

通俗朴实是对求职者语言风格的要求，即指求职者的语言要通俗易懂，朴实无华。如果求职者的语言不通俗朴实，主试人就可能听不懂，就无法理解谈话的内容，进而影响对你的了解和评价。因此，求职者说话一定要注意突出口语的特点，努力做到上口入耳。首先要通俗化、口语化，多用通俗词语，避免使用那些文绉绉、酸溜溜或过于书面化的语言。其次要质朴无华。如果片面追求语言的新奇华丽、过分雕琢，就会给人以炫耀之嫌，甚至会令主试人产生反感。

3. 生动形象、幽默风趣

生动形象、幽默风趣的语言有助于增强语言的吸引力，融洽和活跃谈话气氛。在面试交谈中，求职者要注意避免使用枯燥乏味、干瘪呆板的语言，尽量使自己的语言生动、形象、富有情趣，给主试人以感染力，增强对你的好感和信任。

4. 不紧不慢、语速适中

面试时谈话的节奏快慢，会影响语言表达的质量和效果，这就是求职者不可忽视的语速问题。在现实生活中，你可能是个快言快语的人，也可能是说话慢条斯理的人。但在面试时，语速最好是不快不慢。一般来说，面试中问答主试人的问话，语言应是平铺直叙的，如介绍自己的一些基本情况，谈谈对公司前景的看法等。所以，没必要慷慨激昂、振臂挥舞。在语速上也不必像朗诵诗歌般抑扬顿挫。按照你平时回答老师提问时的语速说话即可。口齿清楚，说话时注意句与句之间的间隔，使人感到你思路清晰、沉着冷静。

另外在面谈时还应注意语气要平和，语调要恰当，音量要适中。语气是指说话的口气；语调则是指一句话的腔调，也就是语音的高低轻重配合。打招呼、问候时宜用上升语调，加重语气并带拖音，以引起对方注意。自我介绍时，最好用平缓的陈述语气，不宜使用感叹语气。声音过大令人厌烦，声音过小难以听清。音量的大小要根据面试现场情况而定。两人面谈且距离较近时声音不宜过大，集体面试而且场地开阔时声音不宜过小，以每个主试人都能听清你的讲话为原则。

（三）问答技巧

问答技巧包括应答技巧和提问技巧两个方面。面试中求职者主要是以回答主试人的提问来接受测评的，同时也应主动提出一些问题，来显示求职者的整体素质。

1．应答的技巧

（1）先说论点后说论据。求职者在回答问题时，要考虑自己所说内容的结构，用尽可能短的时间组织好说话的顺序。一般来说，回答一个问题，首先应提出你对问题的基本观点，然后再逐一用资料等论证、解释。这样做，既有利于求职者自己组织材料，又可以给主试人一个思路清晰的好印象。采用这种方法，可以使听者先知道问题的结论，然后再听理由。否则，你滔滔不绝地讲了半天，对方还没有明白你的论点，就会认为你思路不清，这样你很可能会失去一次机遇。

（2）扬长避短、显示潜力。常言道：寸有所长，尺有所短。每个人都有自己的优势与不足，如何在有限的时间内使你的优势充分体现，扬长避短，显示潜力，是一种艺术。扬长避短，既不是瞒天过海，更不是弄虚作假，而是一种灵活性与掩饰性技巧的体现。如性格内向的人就容易给人留下深沉有余、积极开放不足的印象。因而，性格内向的人在面试时衣着宜穿得明快些，发言时主动、大胆、热情，以弥补自己性格的不足。

对于大学毕业生来讲，学习成绩是主试人非常重视的一个因素。在一般情况下，学习成绩不好，会影响你的面试结果。但是，如果你换一个角度来谈这个问题，很可能使主试人认为你很有个性。例如，如果主试人问你："你在学校是怎么学习的，为什么学习成绩这么差？"你不妨这样回答："我对目前照本宣科的教学方法实在不能接受，没有办法专心学习，我喜欢计算机，目前已经拿到了四级证书，因此在这方面下得工夫较大，影响了学习成绩，实在不好意思。"或者说："我在学校时，是学生会干部，社会工作很多，我又非常热心于这些工作，所以学业被耽误了。"如此回答，不仅有可能博得主试人的同情，甚至有可能使主试人认为，你有特长，有较强的组织能力和一定的工作经验，又热心社会工作，反而增加了你被录取的可能性。由此可见，在面谈时要充分发挥自己的长处，掩饰自己的短处。

（3）遇到不便回答的问题可以拒绝回答。一般情况下，主试人在面试时不应提出有关求职者隐私或其他不便回答的问题。但是，有的主试人出于某些特殊工作的要求，或是出于其他原因，可能会对求职者提出一些不便回答的问题。对于这样的问题，求职者都不愿回答。即使回答，往往也是支支吾吾，含糊其辞，给主试人留下不良印象。与其这样，求职者不如直截了当地说："对不起，我不愿回答这个问题。"

如果已经使用犹豫不决的态度说话，把自己弄得很尴尬了，就要及时警觉起来。此时你没有必要特别用心来缓和谈话的气氛，只要你对以后的问题，用明朗的态度表明就行了。主试人知道你能坚持自己的意见，一般就不会再问了，坦然处之，会给他留下良好的印象。

2．提问技巧

（1）提出的问题要视主试人的身份而定。面试前你最好弄清主试人的职务，要知道主试人是一般工作人员，还是负责人，是哪一级的负责人。要视主试人的职务来提问题，不要不管主试人是什么人，什么问题都问，搞得主试人无法回答，引起主试人对你反感。如果你想了解用人单位共有多少人、职称结构、主要业务方面的问题，就不要向一般工作人员提问，而要向单位负责人提问。

（2）求职者通常可提的问题。一般情况下，求职者可向主试人提出以下几个方面的问题：一是单位性质、上级部门、组织机构、人员结构、成立时间、产品和经营状况等；二是单位在同行业中的地位、发展前景、所需人员的专业及文化层次和素质要求；三是单位的用工方式、内部分配制度、管理状况、经济效益和社会效益等。

（3）要注意提问的时间。要把不同的问题安排在谈话进程的不同阶段提出。有的问题可在谈话一开始提出，有的可以在谈话进行中提出，有的则要放在快结束时再提。不要毫无目的地乱提，更不可颠三倒四、反反复复提那么几个问题。因此在谈话之前，要将所要提的问题一一列出，按照谈话进程编出序号，反复看几遍，以便在谈话时头脑清醒，知道提问的顺序。

（4）要注意提问的方式、语气。有些问题，可以直截了当地提出来，如贵单位人员结构、贵单位岗位设置等。有些问题，则不可直截了当地提出，而要婉转、含蓄一点。如了解用人单位职工收入情况和自己去了以后每月有多少收入等问题，不可直接问，而应该婉转地问："贵单位有什么奖惩条例、规定？"，"贵单位实行什么样的分配制度？"等。因为这些问题清楚了，自己对照一下可能就会知道有多少收入。另外在询问时，一定要注意语气，要给人一种诚挚、谦逊的感觉。千万不可用质问的语气向对方提问，否则，会引起反感。

（5）不提模棱两可、似是而非的问题。特别是提与职业、专业有关的问题，一定要确切，不要不懂装懂，提出幼稚可笑的问题。因为从提问中可以看出提问者的知识水平、思维方式、个人价值观等。

由于谈话的对象、时间、地点、目的不同，提问题应注意的事项不可能一一列举。总之，求职者要重视提问技巧的学习和运用，这对求职的成功与否影响极大，不可马虎。

（四）摆脱困境的技巧

求职者在面试时，往往由于过度的紧张、长时间的沉默或一时讲错话使自己陷入困境。遇到这种情况，若不能镇静应付，会影响自己整个面试的表现，因此，面试时应掌握如下几方面技巧：

1. 克服紧张的技巧

紧张是面试中最常见的情况，由于面试对求职者非常关键，同时面试往往又是在陌生的地方，与陌生人对话，因此，求职者产生紧张情绪是很正常的。适度紧张可以帮助求职者集中注意力；但若过分紧张，不仅会给主试人留下不良印象，还会使你无法正常地回答问题，使面试陷入困境。面试时克服紧张情绪，应遵循如下原则：第一，以平静的心态参加面试，否则压力越大越紧张；第二，面试前进行充分准备，不把一次面试的得失看得过重；第三，深呼吸是缓减紧张的有效办法；第四，不要急于回答提问者的问题，且回答问题时注意讲话的速度；第五，如果的确非常紧张，最好的办法是坦白告诉主试人，“对不起，刚才有点紧张，让我冷静一下，再回答您的问题。”通常主试人会同情你，而你也因为讲了出来，觉得舒服多了，紧张程度也大为减轻。

2．打破沉默的技巧

有时主试人长时间保持沉默，故意来考验求职者的反应。遇到这种情况，许多求职者因没有思想准备，会不知所措，陷入困境。应付这种局面最好的办法，是预先准备一些合适的话题或问题，乘机提出来；或是顺着先前谈话的内容，继续谈下去，来打破僵局，走出困境。

3．讲错话的应对技巧

人在紧张的场合最容易说错话。比如在称呼对方时，往往把别人的职务甚至姓名张冠李戴。经验不足的求职者碰到这种情形，往往会懊悔万分，心慌意乱，越发紧张，最好的应付办法是保持冷静。若说错的话无关紧要，也没有得罪人，可以若无其事，专心继续面试交谈，切勿懊悔不已。通常主试人不会因求职者一次小的失误，而放过合适的人才。若说错的话比较严重，为防止误会，应该在合适的时间更正道歉。例如：“对不起，刚才我紧张了点，好像讲错了，我的意思是……请原谅。”出错之后，坦诚地纠正自己的错误说不定会因此博得主试人的好感。

三、应试策略

（一）面对主试人的策略

面试是一项专业性很强的工作，主试人同样受这种职业的限制，他必须评价求职者且含而不露。主试人在面试内容上大同小异，目的性也十分明确，但由于每个主试人的性格各异，兴趣不同，处世方式大相径庭，对问题的看法也不尽一致，就会使我们面对的问题格外复杂。因此，在面试时要根据不同类型的主试人采用相应的策略参加面试。

1．文明礼貌，不卑不亢

大学毕业生在参加面试时，应懂得起码的社交礼仪，无论面对何种类型的主试人，都应注意礼貌，但也不能过分殷勤。有些求职者为了达到被录取的目的，对主试人大献殷勤，对招聘单位极尽吹捧之能事，个别人甚至丧失人格达到令人作呕的地步。这样的求职者，成功的机会很少。任何单位都是希望挑选一些有作为、能为单位发展作出贡献的人，谁也不愿接收溜须拍马、卑躬屈膝、阿谀奉承的人。也有一些求职者应聘时本身并不想表现出谄媚的态度，但在言谈举止上却流露出不正常的行为。例如，一进考场，先向每一个主试人员九十度大鞠躬，在面试过程中，过于夸大用人单位长处，面试结束已走出房门，又突然返回，再向主试人员九十度大鞠躬，口中还不停地念叨着“谢谢！谢谢！”，搞得主试人员啼笑皆非，十分反感。

有些毕业生尽管毕业于名牌大学，成绩优秀，自身条件优越，笔试成绩良好，但在面试中却屡遭失败。究其主要原因是自恃条件优越，趾高气扬，盛气凌人；或者是自命清高，表情冷漠，缺乏热情。这一切都会引起主试人的反感。虚荣心太强，也会导致你的面试失败。当自己被主试人发现了短处，自知找不到理由来解释，却强词夺理，牵强附会，拼命狡辩，这样会给人一种不虚心、不诚实之感。

2. 因人而异，区别对待

主试人的身份不同，他的用人观念和价值标准也不同，因此面对不同的主试人，要采用不同方法。如果主试人是技术干部，他就可能注重专业知识和技能；如果主试人是人事干部，他就会注重求职者的社会意识和处世能力；如果主试者是领导干部，则注重求职者的合作精神、办事能力和应变能力。为取得面试成功，求职者可事先了解主试人的身份，再采取相应措施。若在面试前未能了解到主试人的情况，可向面试完的同学咨询。

求职者尤其要注意主试人的性格差异。一个“谦虚”的主试人，一见面就会与你握手，请你入座。这类主试人，表面看来谦虚可亲，容易交往，但他们一般思维严谨，洞察力敏锐，即使你想掩盖内心的不安，伪装平静地谈话，也会被他们识破。面对这种类型的主试人，求职者必须保持警觉，诚心诚意地谈出自己的想法，决不要一味地去迎合主试人，更不要妄自尊大。妄自尊大最令谦虚的主试人反感。所以面对这样的主试人，求职者采取的策略是，他谦虚，你比他更谦虚。

面对一个冷冰冰的主试人，再高明的社交能手都会感到难以接近，一般的新手就更不知如何是好。这类主试人一般性格内向，比较固执，但他们坚持原则，对人的考察方式一板一眼，对人的评判以书本中的条条框框为准。面对这样的主试人，你只需按部就班地发挥，便可取胜。

面对一个慢吞吞的主试人，求职者最需要的是耐心和韧劲。慢吞吞的人一般做事迟缓，工作效率较低，为人不够爽快，对他人总是不放心。但慢吞吞的主试人通常都是很有耐心的人，他们总喜欢把一切弄得仔仔细细、明明白白。求职者对这种主试人一定要耐住性子，说话保持温和谦虚的口气，耐心、仔细、周全地回答问题，最好不要发问，少些辩驳；在语气上、表达方式上尽量配合，千万不要走神或面露倦意。只要这样，求职者就能打动这类主试人的心。

如果求职者在面试时遇到一位喋喋不休、说个没完的主试人，算是幸运的。

因为说话多的人会放松对他人的观察与把握，不会过于苛刻。但是求职者一定不能懈怠，或流露出不耐烦的神情。此时，你需要聆听，不插话，除非他向你提问，自己不要另起话头。让主试人充分说话，尽情表达，兴趣盎然。这样对你比较有利。所以，此时此刻求职者最重要的是要对他所讲内容表示有浓厚兴趣，并不断利用表情，促使他把话讲下去。不要担心拉长时间，或表现出焦虑不安的神态，这样会使他扫兴，当然结果自然不会美妙。

（二）走出面试困境的策略

1．做好碰壁的心理准备

古人云："胜败乃兵家常事"，择业面试也同样如此。当你面试失败，没被用人单位录用时，绝不能气馁，更不能灰心丧气。因为做任何事不可能次次成功，事事如愿。一定要调整好心态，振作精神，认真地总结，冷静地分析失误的原因，为下一次应聘成功做好准备。

对于涉世不深的大学毕业生，在面试时出现这样那样的失误是不足为奇的。关键是在你处于尴尬境地时，如何摆脱。其实，对于自己在面试中出现的小过失，不必太在意，结果不一定会那么糟。主试人不会因为一些小过失而不录用你。特别是女孩子，绝不能因自己说错话，就伸伸舌头，低头不语。最好的办法是不要把它放在心上，集中精力回答好后面的问题。假如为一开始出现的一点错误患得患失，把整个思路打乱，面试就很难成功。尤其是当主试人提问触及你的弱点时，不要因此影响应试情绪，更不要愤怒和气馁。只要你保持良好心态，树立坚定的信心，就能顺利通过面试。

2．诚实坦率，不必掩盖

在面试中，往往会出现紧张或是预料不到的情况，如有些问题不会回答等。这时请不要掩盖，应当坦诚说："这个问题我不会回答。"千万不要支支吾吾，不懂装懂。不会就是不会，只要坦然地作个回答，反能给人留下诚实、坦率的好印象，进而反败为胜。

当遇到一时不易回答的问题，可设法延缓时间，边想边回答；或者直截了当地提出："我想想，再回答您。"然后，在几分钟内，很快地考虑怎么说，说什么。说不定还会获得构思敏捷，思路清晰，能抓住要害的好评。

当因你求职心切，说了过头的话时，千万不要掩饰，更不能狡辩。为避免这一错误的出现，最好的办法是老实承认自己不懂，或说："我刚才说错了，其实我只了解一点皮毛，对不起。"承认错误后，再努力在其他问题上补救，也许能取得主试人的谅解，还有希望被录取。面试时，大家都渴望成功，害怕失败，往往因过于在意小节，或过分紧张，而不能发挥正常水平。所以，最好的办法是抱着锻炼自己的心态，去参加面试。即使错了，也不必掩盖，坦然承认，相信你最终会成功的。

第三节 面试礼仪

一、初次见面时的礼仪

（一）准时赴约

准时赶到面试地点参加面试，这是最基本的礼节。因其关系到用人单位对你的第一印象。对于这一点，求职者切不可掉以轻心。一定要重承诺，守信誉，不能违约，即使临时发生了不可抗拒的意外情况不能按时赴约或不能参加，也应及时告诉用人单位并表示歉意。这样可以得到用人单位的谅解，一般还能得到补试的机会。

（二）礼貌通报

到达面试地点后，不可慌慌张张贸然进入，应先在门外冷静一会儿，松弛一下紧张的情绪。进门前，一定要有礼貌地通报负责面试的人员。如果门关着，有门铃按一下短声，无门铃则轻叩门两三下。如果求职者久按门铃不放或使劲地敲门，会在初次见面时给对方留下缺乏修养的印象。当听到允许进入的回应后，再轻轻地推门进入，进门后不要紧张，先将门轻轻关闭，动作要得体，表现要自然。

（三）正确称呼

进入面试室后，首先面临的是如何与面试人员打招呼的问题，也可以说真正的面试就从这时开始了，从现在起你应当立即进入角色。

打招呼离不开对对方的称呼，有时招呼本身就是以称呼的形式出现的，而且在面试过程中及结束告别时都会多次涉及。在面试这种庄重的场合，称呼必须正确而得体。

如果主试人员有职务，一般采用姓加职务称呼的形式，如“刘经理”“李处长”等；如果职务较低，可不采用职务称呼，以“老师”相称为好；如果对方职务是副职，从目前社会上流行的称呼习惯和社交心理来看，一般最好略去“副”字，就高不就低以正职相称。

（四）热情握手

握手是一种礼貌，同时也是一种常见的社交礼仪，求职面试必然少不了握手。握手看似简单，却颇有讲究：

第一，要注意握手的姿态。握手要伸右手，伸出的手要使掌心向着一侧。平等而自然的握手姿势是两人的手掌都处于垂直状态，轻握对方的手指，两足立正，距离受礼者约一步，身体略微前倾，面带笑容，目光正视对方，显得亲切、热情大方。

第二，要注意伸手的顺序。社交场合的一般规则是，应由主人、年长者、职务高者、女性先伸手，客人、年轻者、职务低者、男性要待对方伸出手后再握，切不可先伸手去求握。求职面试时，不论主试人身份、年龄、性别如何，求职者属于客方，不宜先伸手求握；若对方先有握手的表示再伸手相握。在众多人相互握手时，应按顺序进行，不要抢先交叉握手。

第三，握手力度要适当。以紧而不捏痛为宜。握得太紧，或握不住对方的手，只是几个手指头和对方的手指头接触一下，都是失礼行为。

（五）谈吐文明

面试过程中要注意自身的谈吐形象。说话要和蔼可亲，不要随便打断对方的话，必要时，先说声“对不起”再插话。语言要彬彬有礼，不要轻易反驳，要不时地点头表示赞同。

（六）礼貌告辞

当主试人表示面试结束时，求职者应立即站起身来，露出微笑，亲切握手，然后离开，给对方留下好印象。

二、服饰礼仪

（一）服饰的总要求

常言道：“人是衣裳，马是鞍”“三分容貌，七分打扮”。在求职面试活动中恰当的服饰会给人留下良好的第一印象。

一个人无论以什么身份在社会上活动，在服饰方面都要有起码的要求，即得体、整洁。所谓得体，是指每个人都应当根据自己的身材条件，去选择最合适的服装。服饰选择要与场合、环境、季节以及自己充当的角色相统一，否则会产生不协调的感觉。着装服饰要有个性、有新意，一身新颖、别致的服装，会增加洒脱、高雅的气质。整洁就是要整洁卫生。穿衣整洁卫生、干净利索，能给人以精干、文明的印象。大学生求职面试，是一个非常严肃、庄重的场合，在服饰方面要注意朴素大方、庄重整洁，着重突出职业特点。同时要符合社会大众的审美观，不要穿奇装异服。

（二）服饰的具体礼仪

懂得了服饰的总要求，求职者就要根据自己的具体情况考虑如何着装打扮。着装还涉及一些基本的常识和礼仪问题。由于男女服饰差异较大，下面分别介绍。

1. 男士服饰礼仪

大学生求职面试是一个比较正规的社交场合，最适合于“西装革履”。男士着装不像女士着装那样讲究，应以深色西装为宜，配白色衬衣，穿黑色皮鞋，再配与西装和与皮鞋颜色相近的袜子。这样，服饰就显得素雅、庄重、大方、协调。

穿西装有许多讲究。给人印象最为深刻的是领部、手部和脚部。一般衬衫领要露出西装领 1～1.5cm，手腕部衬衫袖口也要露出 1～1.5cm，裤子的长度要以刚刚盖住鞋面正中为宜。上衣不能皱皱巴巴，长裤需要熨烫，因为穿着没有裤线的裤子，会给人随便、懒散的印象。西装的口袋不要塞满物品，否则会破坏西装的整体美。选用的领带颜色应与所穿西装相配，避免用太华丽的领带。衬衣一定要选较新的，领袖口一定要洗干净。皮鞋要擦干净。还要根据用人单位的职业来选择合适的西装款型与色彩，以便更好地表现自己适合此种职业。穿西装纽扣系法十分重要，穿双排扣的西装，要把全部纽扣系好，不可把纽扣都打开。穿单排扣的西装，若有三粒扣子的只系中间一粒，若有两粒扣子的只系上面的一粒。在西方人眼中，穿单排扣西装只系上面扣子的人正统，只系下面扣子的流气，两粒扣子都系的土气，全部不系的潇洒。在较正式的场合，要把上面的扣子系上，坐下的时候再解开。

2. 女士服饰礼仪

女大学生的面试着装以整洁美观、稳重大方、协调高雅为总原则。服饰色彩、款式、大小应与自身的年龄、气质、肤色、体态、发型和拟应聘的职业相协调一致。

女士求职着装一般以西装套裙为宜，这是最通用、最稳妥的着装。不论年龄，一套剪裁合体的西装套裙和一件配色的衬衣或罩衫，外加相配的小饰物，会使你看起来显得优雅而自信，会给对方留下良好的印象。

女士着装切忌穿太紧、太透和太露的衣服。不要穿超短裙，不要穿领口过低的衣服。夏天内衣（裤）颜色应与外套协调一致，避免透出颜色和轮廓，否则，会给人以不庄重、轻佻之感。

女士穿鞋也有讲究，总的原则是应和整体相协调，在颜色和款式上与服装相配。面试时，不要穿长而尖的高跟鞋。中跟鞋是最佳选择，既结实又能体现职业女性的尊严。

在面试时，女士要特别注意，无论你的腿有多么漂亮，都应穿长筒袜，不能露着光腿。袜子不能脱丝，要注意合适的颜色，如肉色等。为了保险起见，你应在包里放一双备用袜子，以便脱丝时能及时更换。

三、姿态的礼仪

姿态的礼仪是通过体态语来表现的。所谓体态语，是一种用表情、动作或体态等来传情达意、传递信息的交际工具。体态语包括表情语、手势语和体姿语。

体态语在求职面试中非常重要。一方面，主试人可以从求职者的体态语中了解其性格、气质、心情和礼仪修养等；另一方面，在面试中求职者如果懂得体态语的含义，也能通过“察言观色”，了解主试人的内心活动、所思所想，从而积极地采取对策，争取主动。

(一) 表情的运用

表情是通过面部器官来表现的。在面试中，最常用最富有表现力的表情是目光和微笑。

1. 目光的运用

“眼睛是心灵的窗户”。求职面试时，求职者与主试人的关系往往有两种情况。一是“一对一”的关系，即面对一个主试人；二是“一对多”的关系，即面对多位主试人。这两种情况，求职者的目光语运用是不一样的。

在“一对一”的情况下，求职者的目光要注意的是：

第一，注视对方，目光要自然、柔和、亲切、真诚，不要死盯着对方的眼睛，搞得对方极不自在；也不要在某一局部区域内上下翻飞，使得对方感到莫名其妙。不要东张西望、左顾右盼，显得心不在焉；不要高高昂起头、两眼望天，显得傲慢。

第二，注视对方时要注意眨眼的时间和次数，不宜过长也不宜过多。眨眼时间超过一秒钟就变成闭眼，给对方感觉你厌恶他，对他不感兴趣；眨眼次数过多，会让对方感到你在怀疑他讲话的真实性。

第三，在交谈过程中双方目光难免会相遇，这时你不要慌忙移开，应顺其自然地对视几秒钟，再缓缓移开，这样显得心地坦荡，容易取得对方的信任。否则，一遇到对方目光就慌忙躲开的人，会引起对方的猜疑。

在“一对多”的情况下，求职者的目光不能只注视其中某一位主试人，而要兼顾到在座的所有主试人，让每个人都感到你在注视他。具体方法是，以正视主试人为主，并适时地把视线从左至右，又从右至左地移动，达到与所有主试人同时交流的效果，避免冷落某一位主试人，但应注意环视的次数不宜过多，这样就能获得他们的一致好评。

2. 微笑的运用

面试时要善于微笑。首先微笑必须真诚、自然。只有真诚、自然的微笑，才能使对方感到友善、亲切和融洽。其次，微笑要适度、得体。适度就是要笑得有分寸、不出声，含而不露，笑而不狂。得体就是要恰到好处，当笑则笑，不当笑则不笑。否则，会给对方留下不好的印象。

(二) 手势的运用

1. 手势的含义

在揭示人的内心活动方面，手势语极富表现力。如紧张时，双手相绞；悲痛时捶打胸脯；愤怒时紧握拳头；尴尬时手摸后脑勺；真诚时摊开双手；十指交叉、叠放在一起，常给人一种漫不经心的感觉；摇手表示反对；拍手表示赞成和喜悦；挥手表示告别；竖起大拇指表示赞同；用食指指着别人表示质问等。

2. 手势运用时应注意的问题

求职者在面试时运用手势一定要注意以下几点：一要适合。所谓适合，一方面指说的意思要与手势所表示的意义符合；另一方面是指手势的多少要适合。二要简练。每做一个手势，都力求简单、精练、清楚、明了。三要自然。手势贵在自然，动作必须舒展、大方，令人赏心悦目，切忌呆板、僵硬、做作。四要协调。手势要和声音、姿态、表情等密切配合进行。只有协调的手势才是优美和谐的。

（三）体姿的运用

体姿是指通过身体的姿势、动作来表达情感、传递信息的体态语，主要包括坐姿、站姿和行姿三种。

1. 坐姿语的特定含义

在面试中，坐姿很重要。因为面试大都在房间里进行，有不少时间是坐着的。一个人的坐姿，不仅表现着他体态美的程度，也体现了他的行为美。

不同的坐姿表达不同的含义。如身体靠在沙发背上，两手置于沙发扶手上，两腿自然落地、叉开，表示谈话轻松、自如、自信。身子稍向前倾，两腿并拢，两手放于膝上，侧身倾听，说明很尊重对方。身坐椅子前沿，身子向前，倚靠于桌上，头微微倾斜，表示对交谈内容非常感兴趣和重视。坐在椅子上交谈，微微欠身，表示谦恭有礼。身体后仰，甚至转来转去，则是一种轻慢、失礼行为。整个身子侧转一方，表示嫌弃与轻蔑。背对谈话者，是不予理睬的表现。

2. 坐有坐相

坐相要给对方一个讲文明、有教养、有风度的感觉。坐时要轻而缓，人要坐端正，起坐时也要轻而缓。具体坐法是：走到座位前，背向椅子，使腿靠近椅子，上体正直，轻缓落座。女性求职者若着裙装，落座时应用手理一下裙边，把裙子后片向前拢一下。坐下后，应双脚并齐，挺胸立腰略收腹，手放在膝上或椅子扶手上，掌心向下，双膝并拢略侧向一方。

3. 克服不良坐姿

为了保证坐姿的正确和优美，应注意以下禁忌：一是落座后，两腿不要分得太开，若女性坐时两腿分得太开尤为不雅。二是当两腿交叠而坐时，悬空的脚尖要向下，切忌脚尖向上，并上下抖动。三是交谈时勿将上身向前倾，并以手撑着下巴。四是落座后不要左右晃动，扭来扭去，给人一种不安分的感觉。五是入座要轻柔和缓，端正稳重，不可猛起猛坐，弄得座椅乱响。六是背部要挺直，不要像驼背一样，弯胸曲背。

4. 站姿和行姿

站姿和行姿是体姿语的有机组成部分，在求职面试中同样能反映求职者的外在形象和礼貌修养。

站姿的要求是正直。方法是挺胸、收腹、略微收臀、平肩、直颈、两眼平视、精神饱满、面带微笑，这样给人一种自信的感觉。站立时，两手自然地垂于身体两侧，不要两手叉腰，也不能双手插入口袋或把双手交握在背后，否则会给对方一种轻佻之感。还要注意站向，交谈时站立的方向应该是正面对着对方，以表示尊重。

行姿的要求是，轻而稳，胸要挺，头抬起，两眼平视，步频和步幅要适度，符合标准。如果是与主试人或工作人员同行时，要注意速度，不能超前，只能平行或略为靠后，否则是失礼行为。

四、面试后的追踪

（一）总结经验，以利“再战”

面试结束，求职者不能认为万事大吉，要积极采取善后行动，设法让用人单位记住你，抓住时机，趁热打铁，真正把握成功的机会。

面试结束后，应及时总结面试表现，或向同去的同学询问，或向有经验的师长求教，你在面试中给对方留下的印象如何？回答提问时还存在什么问题？有哪些重要的情况遗漏了或没说清楚。回忆一下还有哪些失误，拿出对策，找出弥补的办法，尽快行动，争取主动。

（二）保持联系，建立交情

面试结束后，求职者不能守株待兔，静候佳音，一定要积极主动地与用人单位及时保持联系，建立交情，即使这次不被录取，下次还可以给你机会。

联系的方法很多，可通过写信、打电话或登门拜访，表示感谢，询问情况，加深印象。礼多人不怪，在用人单位难以取舍之际，这些努力是很有效的。要想办法同主试人员、人事部主管等关键人物建立个人交情，询问、请教、闲谈，表明自己对用人单位所具有的价值和对工作的企盼以及敬业精神。用开朗、热情、执著来打动主试人员，不管对方态度是积极还是冷淡，不到最后决不放弃。对于远道而来的招聘单位，你一定要记住单位的详细地址、电话号码、招聘部门以及主试人的姓名，采用写感谢信或打电话的方式进行联系，把你在面试时遗漏的问题和对单位的企盼态度，很婉转地加以表明。也可以委托或辗转委托对该单位有影响的人帮助询问、联系，强调对你有利的信息。

（三）加深印象，强化优势

应设法让自己“引人注目”，让对方在难以取舍时能关注你、重视你、记住你。你也可以利用这种机会把面试时没有准备到的信息、资料、个人情况加以补充说明；还可向对方反复强调对你有利的信息，消除用人单位对你可能有的疑虑，挽回面试时的失误。要诚恳表达你的敬业精神，你对单位所具有价值的认识，要明确向对方表示，若你得到这份工作，会怎样加倍珍惜，努力干好工作。

（四）实地考察，争取试用

要利用多种渠道，想办法参观现场，参加岗位实习。在实习中展示自我。这样做不仅得到了了解用人单位、熟悉工作岗位的有利机会，且还有利于用人单位进一步了解你。因此，你要尽力表现好，要尊重领导、师傅、同事，为人真诚、待人礼貌、虚心请教；要遵守单位的各项规章制度，工作上要踏踏实实、任劳任怨、联系实际、学以致用，充分显示自己的专业能力，或表现出自己在工作中适应快、提高快的特点。以此获得对方的信任，争取试用以至录用。

总之，在你参加完第一次面试后，不管成败，都还可能有第二次面试的机会。一试定乾坤的用人单位甚少。请记住：你还得求职，下次还有面试在等着你。经过自我评估并不断改进，下次面试你一定会胸有成竹，令人刮目相看。

第四节　笔试

一、笔试的作用和种类

（一）笔试的作用

（1）笔试是用人单位对求职者的专业知识以及文字表达能力和书写、态度等综合能力的一次有据可查的测试。

（2）笔试的结果往往是根据标准答案评出来的，它利于克服面试时根据个人爱好、感情用事的评分缺陷。笔试得出的分数往往可靠、真实且排名简易。笔试对求职者来说是一次公平的竞争，对用人单位来说是检查和核实求职者真才实学的手段。

（3）笔试可以防止任人唯亲的不正之风，也可以作为求职者能力的留档记录。因此，求职者不可轻视笔试，必须认真对待。有些单位往往首先通过笔试来确定进一步面试人员的名单。因此，笔试成绩是用人单位测试求职者能力水平的重要砝码。

（二）笔试的种类

1. 心理测试

心理测试的方法很简单，主要是一些特殊的用人单位通过测试，了解和判定求职者的心理素质或个性差异，以及每个人的智力、动机、兴趣等心理素质。一般的测试题题型有填空、是非判断和选择等。

2. 专业测试

专业测试是用人单位为了了解求职者的专业知识水平而设置的。但由于大学毕业生都经过了深造，所以用人单位一般通过看大学成绩单就能了解。只有一些专业性要求比较高的单位才会通过笔试的方式来考核求职者。值得关注的是，现在越来越多的企事业单位开始使用这种考核形式，比如很多外资企业在招聘员工时要考外语、计算机和专业知识等。

3. 论文写作

用人单位通过论文的形式来检验求职者的文字表达能力，分析、归纳问题和思维能力等。这是对求职者思考的缜密性和深刻性程度的考查。求职者对作文题目要正确理解，扣住作文题目的关键词，确定写作的中心内容，写作提纲要简略，要反映出文章基本思路、段落层次等。另外，写作时要注意理顺句式，正确使用标点符号，不能有错别字等。

4. 综合知识测试

目前很多用人单位为了了解大学毕业生的综合素质，往往用出题考试的形式，对大学生进行综合知识测试。测试题范围很广，包括数、理、化、政治、历史、地理等。

二、笔试的方法和技巧

（一）笔试的方法。

笔试的方法很多，常见的有以下几种：

1. 测试法

测试法是一些具体方法的总称，比起作文法和论文法，它运用得最多，在一些国家，甚至是唯一的考试方法，如美国的托福考试、GRE 考试等。常见的测试方法如下。

（1）填充法。也称填空法，主要是往缺少词语的句子里填充词语。做法有简有繁。

（2）判断法。也称订正或正误判断法，是要求判断内容正误的方法。

（3）选择法。即对某一词句或问题提出若干容易混淆的结果，要求肯定其中一种正确的结果作为答案。

（4）问答法。要求求职者对提出的问题做出回答。大都是要求用简单的词语回答简单的问题。

2. 论文法

这种方法在我国已有较长的历史，在招聘选拔人才的笔试中曾被普遍采用过。这种方法与测试法的明显不同是，它可以使求职者充分发挥自己的才能来论证所给的题目。如果说测试法是封闭性考试或识别性考试方法的话，那么论文法则是开放性考试或表达性考试方法。论文测试的内容，主要是求职者对职业选择的具体问题作出回答，对某种现象作出分析或写出感想。

3．作文法

作文笔试法是我国的传统考试方法，目前它演变为以下两种。

（1）供给条件，实行限制性作文。供给条件的作文，就是让求职者根据考试者提供的一定条件，在一定的范围内作文。

（2）分项给分，综合评定。就是按作文的构成因素，区分项目，分别给分，然后进行综合的评定。所以求职者在参加作文考试的时候，一定要在主题表达清楚的同时，认真对待字、词、句及标点符号，以取得用人单位好印象，并取得高分。

（二）笔试的技巧

笔试成绩的高低，不仅与自己的实际水平和考前复习有关，还与自己的答题技巧有关。要提高答题技巧，就要有良好的考试心理状态，要了解考试的特点，了解各类考试题目的特点和解答各类题目的方法，以充分反映自己已掌握的知识，充分发挥自己的真实水平。

考试时要做到适度紧张和适度放松相结合。只有适度紧张，情绪稳定，认真审题，努力回忆学过的知识，先易后难，迅速答题，才能考出最佳成绩。

有了良好的考试心理状态，还要掌握下列方法和技巧：

1．先易后难，先简后繁

笔试题目多，内容多，又要限时答好，必须合理安排答题时间。拿到考卷，先要看清注意事项，答题要求，然后从头到尾略看一下试题，了解题目类型，分量轻重，难易程度，根据先易后难，先简后繁的原则确定答题顺序。

2．精心审题，字迹清楚

在具体答题时，必须认真审题，切实弄清题目要求，逐字逐句分析题意，按要求回答。书写时，做到字迹清楚，卷面整洁，格式、标点正确，不写错别字。

3．积极思考，答题精细

有些试题的设计，从理论和实践两方面检查考生的基础知识和技能，并以综合运用为主，检查考生的综合水平和应用的灵活性。因此，这类试题是具有一定难度的。考试时要积极思考，将已学过的内容相互联系起来比较分析，找出正确答案。对每道题都要细心，努力争取最佳成绩。

4．认真检查，审后交卷

题答完后，不要急于交卷，要认真从头到尾逐题审查，发现问题及时修改，待确认无误时再交卷。

三、笔试的注意事项

1．知识准备

从考试的准备角度讲，知识可分为主要靠记忆掌握的知识和必须通过不断的运用来掌握的知识。从用人单位的角度看，主要目的是为考核求职者对所学知识的运用能力。因此，在复习过程中一定要善于将知识运用到实际问题的解决中去，学以致用，要合理地分配和运筹时间，讲究效率。

2. 心理准备

对大学生来说虽然经过若干次的大小考试，但由于求职中的笔试往往是用人单位来决定用人的一个重要参数，因此，有些学生难免对笔试产生一定的顾虑和担心。答好试卷，要有良好的心理素质，这里主要有两个问题应该引起重视。一是树立自信心；二是克服怯场心理，正确评价自己，为考试做好充分的心理准备。

3. 保持良好的竞技状态

考试前要有足够的睡眠，使考试时有充足的精力和良好的竞技状态，决不能临时抱佛脚，通宵达旦地复习影响考前正常休息。否则，已经做好的知识准备和心理准备将有可能由于缺乏睡眠、状态不佳而大打折扣。

第七章 就业协议及其法律问题

毕业生在自主择业的过程中怎样与用人单位签订协议，在签订协议的过程中如何按照法律程序进行，合理有效地保护自己，是毕业生在择业中必须掌握的知识。本章从签订就业协议书入手，介绍就业协议与就业推荐表的作用、内容及就业协议与劳动合同的关系；在签订就业协议书时应注意的问题。其目的就是从法律的角度为毕业生提供帮助，使毕业生正确地行使权利，避免发生争议。

第一节 就业协议与就业推荐表

一、就业协议书

（一）就业协议书的作用

毕业生通过双向选择落实了用人单位，就必须签订就业协议，并由毕业生、用人单位和学校分别在就业协议书上签字、盖章。毕业生就业协议书主要作用有两点，一是作为毕业生落实用人单位、用人单位同意接收毕业生的主要依据，也是毕业生就业主管部门编制毕业生就业计划、学校制订毕业生就业方案的重要依据之一。二是毕业生落实用人单位后，与用人单位订立就业协议，可以杜绝用人单位和毕业生在双向选择过程中的随意性，以保护双方的权益，避免给制订毕业生就业计划带来混乱。

（二）就业协议书的内容

目前，毕业生与用人单位签订的就业协议书是由国家教育部提供的统一样本，目的在于统一和规范毕业生与用人单位签订协议书的行为。现在使用的《全国普通高等学校本专科毕业生就业协议书》由三部分内容组成，即规定条款、签署意见与签字盖章、备注。

1．规定条款

“按《普通高等学校毕业生就业工作暂行规定》的要求，为维护国家就业方案的严肃性，明确毕业生、用人单位、学校三方在毕业生就业工作中的权利和义务，经协商，毕业生、用人单位、学校三方签订如下协议。”这段文字说明了协议书的来源是根据教育部颁布的《普通高等学校毕业生就业工作暂行规定》而制定的，主要依据其第二十四条规定："经供需见面和双向选择后，毕业生、用人单位和高等学校应当签订毕业生就业协议书，作为制订就业计划和派遣的依据。"这充分地说明了毕业生就业必须通过和用人单位签订就业协议来实现。

规定条款共有七项内容，具体如下：

（1）"毕业生应按国家规定就业，向用人单位如实介绍自己的情况，了解单位的使用意图，表明自己的就业意见，在规定的时间内到用人单位报到，若遇到特殊情况不能按时报到，需征得用人单位同意。"这一条款告诉毕业生在签订就业协议之前，首先要了解国家对毕业生就业的方针、政策，弄清楚自己的就业去向是否符合国家有关的政策及就业程序。同时，毕业生在参加供需见面、双向选择活动的过程中，要实事求是地向用人单位介绍自己在大学里的实际表现和学习情况。在签订协议书之前，毕业生还要了解用人单位对应聘者的要求，以及对将来如何使用人才的设想。了解了这些，就可以结合自己的性格特点、所学专业等情况综合考虑用人单位是否适合自己的发展。一旦和用人单位签订了就业协议书，就务必要按照报到证上所规定的时间准时去用人单位报到；若遇到特殊情况不能按时报到，需请求用人单位同意，否则会引起就业协议争议。

（2）"用人单位要如实介绍本单位的情况，明确对毕业生的要求及使用意图，做好各项接收工作。凡取得毕业资格的毕业生，用人单位不得以学习成绩为由提出解约；未取得毕业资格的结业生，本协议无效。"这一条款主要是针对用人单位提出的。要求用人单位与毕业生洽谈时，应将单位的地理位置、交通状况、经营项目、生产规模、内部结构、用人特点、拟用岗位、工资待遇及生活条件等以及对毕业生的专业要求如实向毕业生讲清楚，不能弄虚作假。毕业生在学校派遣后，持报到证到用人单位报到时，用人单位务必做好各项接收工作。这包括接收毕业生人事档案关系、协助办理户口迁移手续、具体岗位的安排、住宿饮食的安排及入职教育等。同时，对于取得毕业资格且领取毕业证的毕业生，用人单位不能以学习成绩有补考等情况为由提出违约或拒绝接收。另外，对于未取得毕业资格的结业生，协议书不适用。

（3）"学校要如实向用人单位介绍毕业生的情况，做好推荐工作，用人单位同意录用后，经学校审核列入建议就业方案，报国家教育部或主管部门审批，学校负责办理就业有关手续。"这一条款主要是要求协议的第三方学校，要实事求是地向用人单位介绍毕业生情况，做好推荐工作，同时，也要对毕业生与用人单位签订的就业协议书进行审核。审核所签协议是否符合国家的就业政策及学校的规定，如果符合规定，学校要将其列入建议就业计划，并报国家教育部或主管部门审批。经审批，实施就业计划下达学校后，学校就应正式办理毕业生派遣手续，并发放"报到证"。

（4）“学校应在学生毕业前安排体检，不合格者不办理就业有关手续，本协议自行取消，由学校通知用人单位，如用人单位对毕业生身体条件有特殊要求，原则上应在签订协议前进行单独体检，否则，以学校体检为准。”这一条款主要是对毕业生身体情况的要求。毕业生在离校前，学校必须对毕业生进行一次全面的体格检查，并作出结论。体检合格者，学校应正常派遣；体检不合格者，学校应通知用人单位并终止所签协议，不予正常派遣，可以根据情况劝其回家治病，身体恢复健康后，可来年派遣。学校不能把不能正常工作的毕业生派往用人单位。

（5）“毕业生、用人单位、学校三方如有其他约定，应在备注栏注明，并视为本协议书的一部分。”这一条款说明了备注是协议书中不可忽视的一个部分。如果毕业生、用人单位、学校三方在签订协议书时，有其他约定事项，应以书面形式在备注栏体现出来并签字、盖章，以避免引起争议。毕业生切忌与用人单位达成口头协议，这不起任何法律作用。

（6）“本协议经各方签字、盖章后生效。三方应严格履行本协议，若有一方提出变更协议，须征得另两方同意，由违约方承担违约责任，并在备注栏注明。”这一条款主要说明了就业协议书生效的原则。毕业生、用人单位、学校三方协商达成一致意见后，应分别在协议书上签字、盖章。但是，由于目前毕业生签订协议的情况较为复杂，往往出现只签字不能立即盖章的现象。对这种情况各校都有自己约定的附加条款，所以毕业生在签订协议书时一定要注意学校的附加条款。另外，如果签订协议的三方中有任何一方提出变更协议，那么须经另两方同意，并要向另两方承担相应的违约责任，如赔偿损失或交纳违约金等。这些都应在签订协议时在备注栏中注明。

（7）“本协议一式三份，毕业生、学校各执一份，用人单位一份。复印无效。”这一条款强调协议持有者分别为毕业生、用人单位和学校，共一式三份。对其数量和持有者作了明确规定，同时还强调就业协议书是不能复印的，复印件无效。

2. 签署意见与签字盖章

这部分包括三方面内容。

（1）毕业生情况及意见。这项内容由毕业生本人填写。毕业生情况包括姓名、性别、年龄、民族、政治面貌、培养方式、健康状况、专业、学制、学历和家庭地址。在毕业生的意见一栏中，由毕业生填写自己的应聘意见。

（2）用人单位情况及意见。这项内容由用人单位填写。用人单位的情况包括单位名称、单位隶属、联系人、联系电话、邮政编码、通信地址、所有制性质、单位性质（包括党政机关、科研设计单位、学校、商贸公司、厂矿企业、部队、其他）、档案转寄详细地址。在用人单位意见一栏中包括两方面内容：用人单位意见和用人单位上级主管部门的意见。也就是说，用人单位同意录用后，还需用人单位的上级主管部门同意录用的意见。这是因为有的用人单位没有人事权，需上级主管部门审批同意；还有的用人单位虽然可以自主录用毕业生，但毕业生户口关系的落实需经上级主管部门审核后，才可以办理有关手续。当然，对有用人自主权的单位就无需上级单位签字、盖章了。

（3）学校意见。学校意见分两方面内容：院（系）意见和学校毕业生就业部门意见。院（系）意见主要是基层意见，这是对毕业生就业去向的初审。学校毕业生就业部门意见是代表学校的最终审核。另外，学校应给用人单位留有联系办法，主要有学校联系人、联系电话、邮政编码、学校通信地址等。

3．备注

此栏是为毕业生、用人单位、学校三方共同约定其他合法条款而设计的，只要符合学校规定及国家就业政策都可以约定。

以上介绍了就业协议书的全部内容及结构组成，希望毕业生接到正式协议书后，仔细阅读就业协议书中的每项条款，并合理、准确地填写。

（三）协议书的填写方法

就业协议书是毕业生就业主管部门编制毕业生就业计划，学校制定毕业生就业方案及就业名单的一个重要依据，是明确毕业生、用人单位、学校三方在毕业生就业工作中的权利和义务的书面材料，也起到维护国家就业计划的严肃性的作用。因而，毕业生要认真对待，慎重填写。以下主要介绍就业协议书中毕业生情况及意见栏的填写方法。

毕业生情况除如实填写外，“姓名”栏以进校时录取通知书上的姓名为准，一般不能更改；“培养方式”栏中，对属于国家计划招收的毕业生要填写“统分生”；在毕业生应聘意见栏中，要对是否愿到用人单位就业表明自己的意见，同时也要把与用人单位在洽谈中达成的基本条件写明，防止将来因态度不明而发生争议。在就业协议书中，“应聘意见”对毕业生非常重要，这是毕业生行使自己权利的重要表现。因此，毕业生不能只填写“同意”，简单处之。实践中，有的甚至一字不写，这是不对的，是放弃了自己应该行使的权利，这样往往留下造成争议的隐患。

（四）填写协议书应注意的事项

毕业生接到学校发给的正式就业协议书后，需认真阅读协议书中的全部内容，然后再填写自己的有关情况。毕业生填写就业协议书应该注意以下几点：

（1）填写协议书，要用钢笔或毛笔书写，切忌用铅笔和圆珠笔。

（2）字迹书写要求工整，不得涂改，切忌字迹潦草，难以辨认。

（3）所有填写内容应准确无误，无错别字。

（4）填写内容要实事求是，正确反映毕业生自己的情况。

全国普通高等学校本专科毕业生就业协议书样表见附录 A。

二、就业推荐表

（一）就业推荐表的作用

毕业生就业推荐表是由学校毕业生主管部门出具的，具有代表校方向用人单位推荐毕业生的作用。它是用人单位在供需见面、双向选择过程中，了解毕业生在校期间德、智、体等方面的综合情况的唯一书面材料，其可信度大。另外，就业推荐表一人只有一份原件，具有唯一性。对毕业生来说，只能用原件和一个单位来洽谈并签协议。为避免重复签约，毕业生要注意用人单位一般坚持只有凭原件才能签约的原则，所以使用就业推荐表要慎重，考虑成熟后再用。

（二）就业推荐表的内容

目前，我国普通高等学校毕业生使用的推荐表是由各省（市、自治区）负责毕业生就业的部门统一印制的，也有高校自行印制的。其主要内容一般包括以下八项：

（1）基本情况。基本情况包括姓名、性别、民族、年龄、政治面貌、生源地区、所学专业、学制、健康状况、家庭成员等。这一项主要反映毕业生的基本情况，本人须如实填写。

（2）学业情况。学业情况包括各学年主要课程，含基础课、专业课、实习、设计、毕业论文等成绩；另外，还有外语程度、计算机程度、学习总评成绩等。这项内容一般由学校院系填写，并应由其负责人签字及加盖公章。

（3）本人简历。本人简历是简单反映毕业生自上学以来所经历的时间段和学习所在学校名称、证明人等，为用人单位提供简单的学习历程。

（4）本人特长、爱好、社会表现及社会活动能力、在校奖惩状况。这项内容主要为用人单位提供自己的喜好、能力及社会认可情况，以便用人单位选择考虑。

（5）本人就业意愿。这项内容由毕业生在符合国家就业政策及学校规定的就业范围内根据自己的特长、爱好、性格、专业等填写自己的意愿和就业去向。

（6）学校推荐意见。学校推荐意见一般分为院系推荐意见和学校意见，其中院系推荐意见要对毕业生在大学几年来的思想、学习、生活、工作能力等各方面作简短评价并表明是否同意推荐；学校意见由学校主管毕业生就业的部门代表学校进行审核，表明情况是否属实，是否同意推荐。两个意见均须签字、盖章。

（7）备注。这一栏是推荐表的一个补充内容。一般毕业生可以填上自己其他具有优势的条件及就业的其他要求、联系办法等。

（8）填表说明：

1）推荐表为学校推荐毕业生就业之用，个人填写部分必须由毕业生本人如实填写，否则后果自负。该项说明此表用途，并对毕业生提出填写要求。

2）院系要对毕业生所填写的内容进行审核，并填写学业情况和院系推荐意见。

3）培养方式指统分生、委培生、定向生、自费生四种，要求毕业生按实际情况填写。

4）生源地填入学前所在省、市、区、县。由于目前普通高校招生仍带有计划性，入学前从所在地考取，按照国家招生就业计划，一般仍要回生源地就业，因此毕业生填写此项时应具体到入学前的所在区或县。

以上介绍了就业推荐表的具体内容。毕业生领取就业推荐表后，应认真阅读表格有关内容及政策规定，慎重填写，以保证顺利就业。

（三）就业推荐表的填写方法

就业推荐表为用人单位了解毕业生提供了第一感性认识，毕业生填写好推荐表十分重要，填写的内容要实事求是。

（四）填写就业推荐表应注意的事项

填写就业推荐表注意事项除与填写就业协议书注意事项前三项相同外，还应注意以下几点：

（1）推荐表的内容应真实可靠。无论是奖惩情况、外语水平、各门课程成绩等，均应如实填写，切忌弄虚作假。

（2）充分发挥备注作用。备注栏可以补充推荐表栏目中不足的地方。如：有些毕业生在国外留学一年，也有毕业生修了第二外语且达到一定水平，辅修专业还达到专科水平或获得第二学位；毕业生想对就业单位提出自己的要求等，都可以写在备注栏中。

另外，在双向选择过程中，毕业生可以使用推荐表的复印件，进行“自我推销”。但是毕业生一旦与用人单位签订协议时，则必须向用人单位或其人事主管部门交出推荐表的原件，以维护推荐表的严肃性、唯一性，确保用人单位的用人计划得以落实。

就业推荐表样表见附录B。

第二节　有关就业协议的法律问题

一、签订就业协议书的重要意义

随着我国普通高等学校毕业生就业制度改革的不断深入，毕业生就业协议书随之产生，它是一件新生事物。它虽然还有许多不尽完善的地方，但是它在毕业生落实用人单位，用人单位接收毕业生，毕业生就业主管部门编制就业计划，学校制订就业方案等工作中，起着非常重要的作用。从当前普通高等学校的毕业生就业工作来看，毕业生、用人单位、学校三方能否签订就业协议，已成为毕业生毕业后是否能够就业的一个重要标志。

毕业生落实用人单位后与用人单位签订毕业生就业协议，并以书面的形式确立下来，经学校审查、盖章生效，这在法律上，实质已构成了一种协议。但它不是简单而平等的民事协议，因为在法律上，“协议”是双方当事人通过协商而达成的一致意见。双方当事人在协商和订立协议过程中，法律地位平等，意思表示真实，不得以欺诈、胁迫等手段或乘人之危而签订协议，同时，双方当事人在协商和订立协议时，不得违反法律，不得妨碍国家、社会公共利益，不允许第三人干涉。但是，毕业生就业协议书是一种学校、用人单位和毕业生三方之间的协议。因此，这种三方协议并不是简单平等的协议，而是一种特殊的签订劳动合同的要件。

二、就业协议与劳动合同的关系

所谓合同，是指平等主体的当事人之间设立、变更、终止民事权利、义务关系所达成的协议。合同要求订立者主体的法律地位平等，意思表示真实，不得以欺诈、胁迫手段或者乘人之危订立合同，合同的内容不得违反法律，不得妨碍国家、社会公共利益，不得损害第三者的利益。由此可以看出，就业协议符合合同的特征，就业协议从某种意义上讲可以说是一种合同。只是在现行的合同法或有关法律、法规中没有称之为就业合同罢了。目前我国的合同种类众多，就业协议应属何种合同呢？我们认为将就业协议归入劳动合同较为适当，可将就业协议看作劳动合同的一种特殊表现形式。

（一）就业协议与劳动合同的相同点

劳动合同是劳动者与用人单位确立劳动关系、明确双方权利和义务关系的协议。我国《劳动法》规定，建立劳动关系，应当订立劳动合同。就业协议适用于劳动合同，主要根据如下：

1. 签订合同的性质一致

毕业生与用人单位签订了就业协议，毕业生就要去签约单位工作，用人单位就要为其安排相应的岗位，从实质上说，这是确定了一种劳动人事关系，表明这种劳动关系确立的依据就是就业协议。用人单位对于大学毕业生这类劳动者，与面向社会公开招聘的劳动者，在培养、使用、生活待遇方面，可能有所不同，但从确立劳动关系这一点来说，就业协议与劳动合同是一致的。

2．主体的意思表达一致

任何合同，双方确定的权利、义务关系，都是在协商一致、充分表达主观愿望的情况下订立的，双方对设定的权利、义务，都予以完全地认可，并在实践中履行。劳动合同如此，就业协议也如此。

3．法律依据一致

由于就业协议是确立劳动关系的一种协议，用人单位对毕业生录用、接收之后，要有试用期、最低劳动年限的规定，与劳动合同的要求相一致，因此就业协议应当遵循《劳动法》中有关劳动合同的规定。

（二）就业协议和劳动合同的区别

（1）就业协议的签约主体复杂。劳动合同是劳动者和用人单位之间确立劳动关系的协议，只要双方签订的协议经协商一致，符合国家的法律、行政法规，无欺诈、威胁等手段，则双方签字、盖章后即发生法律效力。而普通高校毕业生就业协议的签订须三方在就业协议书上签字、盖章才能生效。“三方”即毕业生、用人单位、学校。缺少其中任何一方签字盖章，就业协议是不可能生效的。换句话说，就是签订就业协议的主体是毕业生、用人单位、学校。在签订就业协议过程中，毕业生与用人单位是平等的主体，双方不存在隶属关系，相互之间法律地位是完全平等的。双方是否在就业协议书上签字，完全出于各自意愿，不存在强迫对方的问题。但是，学校作为签订就业协议的一方主体，具有双重身份。一是以平等主体加入签订就业协议中来，并按照原国家教育委员会颁布的《普通高等学校毕业生就业工作暂行规定》的程序签字盖章。二是学校是以管理者的身份对就业协议书进行审查，符合政策规定的，予以签字盖章，就业协议生效；不符合政策规定的，不予盖章，就业协议不能生效，并分别告知毕业生和用人单位另作考虑。学校的这种作用，实质上是行政管理权力的体现。这主要是因为：①我们国家现行的普通高校毕业生就业制度正处于由计划经济向市场经济转轨的过程中，国家仍然要对毕业生的就业流向实行宏观控制，不同类别的毕业生流向是不同的，因此，国家利用行政管理手段，通过对毕业生就业计划的审批，从而控制毕业生的流向。②由教育部授权，普通高等学校对签订就业协议要进行监督和管理，并负责制订毕业生建议性就业计划。所以，学校尽管不是完全平等主体的一方，却是见证双方协议，保证、监督协议履行的重要的第三方。

（2）就业协议的内容单一。我国《劳动法》规定，劳动合同必须具备合同期限、工作内容、劳动保护和劳动条件、劳动报酬、劳动纪律、劳动合同终止的条件、违反劳动合同的责任等七项条款，此外当事人还可以约定其他条款。而就业协议主要明确的是毕业生同意去某用人单位就业和某用人单位同意接收该毕业生的意见，几乎没有其他条款。劳动合同规定的劳动者和用人单位之间的权利、义务细致、全面，就业协议却简单得多，甚至没有规定。

（3）就业协议对双方争议的解决方式，尚未提升到依法解决的程序。劳动合同对劳动者和用人单位之间争议的解决方式作出了明确的规定；而就业协议履行中发生的纠纷，一般是通过学校、就业主管部门进行调解。若调解不成，诉诸法律，但结果一般都以一方利益受损而告终。

（4）就业协议是制订就业计划的重要依据，它体现了国家的计划管理。劳动合同的成立不体现国家对人力资源的计划和宏观管理，只体现国家对各类社会人员的就业统计。而就业协议的签订必须体现毕业生的流向是否符合国家经济建设和发展的需要，合乎政策的予以批准，不合乎政策的予以取消。

（5）就业协议只适用于全国普通高等学校和中等专业学校的毕业生。劳动合同可以适用于各类人员。凡是中华人民共和国的公民只要有劳动能力并符合法律规定的条件，只要双方自愿，都可以协商达成一致意见后签订劳动合同。

懂得了签订就业协议的重要意义及就业协议与劳动合同的关系后，就会知道毕业生选择用人单位，用人单位选择毕业生，都是为了实现自己的正当权益。双方互相选择的标志之一，就是互签就业协议。签约之后，双方应互守信用，履行义务。为避免或减少违约现象的发生及造成不必要的浪费和损失，签约双方当事人首先应当在签约之前或签约时注意可能发生的问题，力求在此之前避免，从而有效地保护自己的权益。

第三节　毕业生的权利与义务

一、毕业生的权利

根据原国家教委颁布的《普通高等学校毕业生就业工作暂行规定》及有关就业的政策，毕业生在就业过程中享有一定的权利，并履行一定的义务。

毕业生享有的权利有：

（1）了解国家就业方针、政策和学校有关就业规定的权利。

毕业生只有在就业前充分了解国家有关的就业方针、政策和学校的就业规定，在择业、就业过程中才能规范好自己的行为，正确行使自己的权利。普通高等学校主管毕业生就业的部门有责任和义务把国家的就业政策及学校的就业规定告诉毕业生。每个从事就业工作的指导人员都应耐心细致地向毕业生解答有关就业方面的政策性问题。

（2）接受毕业教育和就业指导的权利。

毕业生在离校赴岗就业前应该接受毕业教育和就业指导。毕业教育和就业指导是普通高等学校的一项主要职责和义务，也是高校教学工作的重要组成部分。

学校一般通过授课、报告、讲座、咨询等方式，对毕业生进行毕业教育和就业指导，帮助毕业生了解国家就业方针、政策，树立正确的择业观念。这是学校保障毕业生顺利就业的有效手段，也是对毕业生进行人生观、价值观、择业观、职业道德和就业知识的宣传教育。学校通过这一教育和指导教育毕业生以国家利益为重，正确处理国家利益与个人发展的关系，自觉服从国家需要，到基层去，到艰苦的地方去，走与实践相结合的成长之路。

（3）参加各类毕业生就业供需见面和双向选择活动，自主选择用人单位的权利。

自主选择用人单位是毕业生的一项基本权利，这充分说明了毕业生的选择有完全的“自主性”，也就是毕业生在择业过程中选择哪个用人单位完全由毕业生本人决定，其他任何人都无权干涉或强迫毕业生选择非本人意愿的单位。在实践当中，大多数毕业生都能正确行使这项基本权利；但是，也有极少数毕业生，因家庭干涉或其他人的干扰而未能很好地行使自己的权利，对这种现象毕业生本人完全可以拒绝，以维护自己的权利。

这里强调一点，毕业生选择职业的“自主性”是有前提的，就是毕业生在供需见面、双向选择过程中，一定要注意就业单位的范围应是在国家就业政策规定的范围之内。超出范围时，须经批准后，毕业生才能正常行使自主选择的权利。

（4）了解用人单位情况的权利。

在供需见面、双向选择过程中，毕业生有权利了解自己所要选择的用人单位的基本情况，如单位所有制性质、隶属关系、地理位置及交通状况、经营项目和具体职位，以及生产规模和盈亏情况、工作配置情况等；了解用人单位的用人特点，以及对将来如何使用人才的设想等；了解用人单位的职位信息，如工资待遇、奖金额度、福利待遇、职位职责、权限、升迁与发展机会等；了解用人单位的内部结构，也就是了解用人单位的基本框架结构，单位内部有哪些主要的管理和业务部门，这些部门的基本职能是什么等。

（5）单方面提出变更或解除原协议的权利。

毕业生与用人单位签订就业协议后，由于特殊原因，毕业生已不能或不适合到已签约的用人单位工作。比如，考取研究生、出国深造、参军入伍、选拔干部、家庭发生意外等，毕业生本人可以提出变更或解除原协议，但这种权利的行使必须依照就业协议书中有关条款的规定。尽管变更或解除原协议是毕业生的一项权利，但这项权利的行使是有前提条件的。因为协议书是在三方达成协议的情况下商定的，具有约束力，所以毕业生变更或解除原协议必须按协议书中规定的有关条款执行。一般情况下，如果在就业计划还未上报上一级主管毕业生就业部门之前，毕业生行使违约权利只需经学校批准即可；如果学校就业计划已上报到上一级主管毕业生就业部门，原则上毕业生不得再行使违约权利。这是因为经学校的上级主管部门批准后，就业计划就具有强制性，并要求毕业生必须履行就业协议书中的有关条款，还必须承担相应的违约责任。

（6）用人单位违约，毕业生有要求用人单位承担违约责任和赔偿损失的权利。

毕业生与用人单位签订就业协议后，有的用人单位因本单位情况变化，不能正常履行就业协议而提出变更或解除原协议，这将给毕业生造成较大的损失。如果时间许可的话，毕业生还可再次择业；如果时间不许可的话，则可能造成毕业生长期不能就业。这样用人单位不仅要对毕业生承担违约责任，还要给毕业生一定的经济赔偿。这里需提醒一下，对于那些下定决心去协议单位而不准备变更或解除协议的毕业生，在签订就业协议书时，可以与用人单位对承担违约责任和赔偿的金额进行约定。约定赔偿金额一般以找工作的所有花费加半年左右的生活费为宜。用人单位违约后，要求赔偿的方法有三：一是毕业生本人依据约定条款直接找用人单位索取赔偿；二是请求学校出面解决；三是向人民法院起诉，诉诸法律解决。

（7）签订协议后，毕业生有拒绝其他两方向自己收取不合理费用的权利。

毕业生和用人单位签订就业协议后，有拒绝用人单位、学校向自己收取协议条款未商定的及国家就业政策不允许的任何不合理费用的权利。

二、毕业生的义务

（1）毕业生有执行国家就业方针、政策和根据需要为国家服务的义务。

在一定范围内毕业生有自主择业的权利，但也有服从国家需要的义务。毕业生应从大局出发，认真执行国家方针、政策和根据需要为国家服务，尤其是当国家重点建设项目或某些行业、地区急需人才，例如，中央提出西部大开发需要大量人才的时候，毕业生有义务服从国家的需要，为国家重点建设工程或项目作贡献。

（2）毕业生有实事求是地向用人单位介绍自己基本情况的义务。

毕业生在介绍自己基本情况的时候，应该实事求是，不许弄虚作假。因为用人单位在招聘毕业生时，要对毕业生的德、智、体、美、劳等各方面作全面、翔实的了解，以便毕业生到岗位后能人尽其才，充分发挥特长。但如果毕业生提供的情况有假，一则耽误用人单位录取人才，二则毕业生会失去用人单位的信任，甚至被退回或发生争议。所以，毕业生在正确行使自己权利的同时，也应严格履行此项义务。

（3）毕业生有自觉履行就业协议，按照规定期限及时到用人单位报到的义务。

就业协议经批准并报经毕业生就业主管部门审批后，就应列入就业计划。国家就业计划的下达，是一件十分严肃的事情，而且带有一定的强制性，所以毕业生应按协议书的有关条款切实履行赴岗就业前的各项准备工作。比如，做好毕业设计，顺利完成论文答辩；进行毕业前的身体检查；办理离校时的各项移交公物手续；接到报到证后，按时到用人单位报到等。

（4）毕业生有配合学校做好毕业总结及毕业鉴定工作的义务。

按照国家教育部的有关就业规定，高校毕业生在离校前，学校都要根据《普通高等学校学生管理规定》《高等学校行为准则（试行）》等规定的要求，结合毕业生在校期间德、智、体、美、劳等各方面的基本情况，实事求是地对毕业生作出组织鉴定。这一般是在个人总结、集体评议讨论通过的基础上进行的。针对目前毕业生离校前的实际情况，毕业生应该认真总结，积极配合学校作好此项工作，切实履行好此项义务。

另外，由于有部分毕业生在校学习期间，接触到学校许多科技成果，甚至还直接参与成果的研究与开发，因此，毕业生有保护学校知识产权的义务，不能以此作为与用人单位签约的筹码，更不能以此作为选择用人单位的前提条件，否则，将侵犯学校的知识产权，受到法律的惩罚。

三、签订就业协议书应注意的问题

（1）择业前要认真了解国家的就业方针、政策及学校的有关规定。方针、政策和规定是毕业生选择职业的方向，它告诉毕业生如何做和怎样做。了解和掌握国家就业方针、政策和学校的就业规定，是毕业生择业的前提条件。

（2）要了解清楚签订就业协议书的具体程序。签订就业协议书的程序一般有以下几步：

1）毕业生与用人单位通过双向沟通、双向选择，达成就业意向。

2）毕业生与用人单位双方协商，就就业协议书各项条款达成一致意见。

3）毕业生签字，表示愿意按协议要求，毕业后到用人单位工作。

4）用人单位盖章，表示在毕业生毕业后，按协议要求接收毕业生来单位工作。

5）将就业协议书送学校毕业生就业主管部门签署意见并盖章。

6）将就业协议书送用人单位主管部门审核并盖章。

（3）在与用人单位签订就业协议书前，毕业生要认真阅读就业协议书中的条款，理解全部条款的含义。另外要了解用人单位是否有人事权，弄清它的上级主管单位是谁。如果用人单位无人事权，就业协议只有用人单位盖章，而没有用人单位上级主管部门批准盖章，此协议无效。

（4）如果除协议书条款以外，毕业生与用人单位约定新的条款，一定要注意其合理性，并权衡利弊。如“必须取得学士学位”“必须体检合格”“服务期多少年”“违约金多少”等，对这些内容，毕业生应看仔细，并权衡利弊。尤其对服务期和违约金等，毕业生要针对自身的实际情况看是否合理，自己承受能力如何，利大于弊，还是弊大于利。另外，新约定条款一定要以文字形式写下来，切忌“口头协议”“君子协议”，因为这些都是空头支票，没有任何法律效力，一旦发生纠纷，毕业生的利益无法得到保障。因此毕业生签订就业协议时，必须慎重、仔细，要学会保护自己。

（5）毕业生签订协议，切忌脚踩两只船。有这样一个案例，某校法律系毕业生用学校发的就业协议书与上海某一单位 A 签了约，又用考取了研究生同学的空白就业协议书与广州某单位 B 签约。与 B 单位签订的就业协议书经学校盖章同意后，该生反悔又想去 A 单位。为达到目的，该生到 B 单位谎称学校要将协议书取回补办手续，并保证什么时间之前一定办好。B 单位相信他，将协议书全部退给了他。他拿到协议书后即回学校谎称 B 单位欺骗了他，解决不了他的户口问题，将协议书退回了，要求学校在 A 单位协议书上盖章。学校为慎重起见，出面与 B 单位联系，得知该生有不诚实的行为，遂对其作出严肃批评，责令他向 B 单位道歉，请求谅解。谁知该生自认为精通法律，声称 B 单位没有任何证据（协议书）在手，B 单位一气之下，向学校反映该生行为恶劣，欺骗单位，欺骗学校，道德品质败坏，希望学校给予严厉处分，否则将影响学校的声誉。最后，该生以“身败名裂”告终。签订协议书是一件非常严肃的事情，各方一经签字盖章即具有法律效力，任何一方都有履行协议的责任和义务，不得随意变更协议。案例中这个学生违背了诚信原则，知法违法，多头签约，逃脱责任，既损害自己的利益，又败坏了学校的声誉，这是一种极不道德的行为。

第四节　就业协议争议的解决办法

一、就业协议争议概述

就业协议争议在现行的毕业生就业政策中还没有具体的规定，就业协议书的条款也不够完善，就业协议又不完全等同于劳动合同，因此，就业协议争议也就不能完全适用《劳动法》的规定。但在毕业生就业过程中就业协议争议屡有发生。对于就业协议争议，一般是指毕业生、用人单位、学校三方当事人之间，按照就业协议书的规定条款在履行权利和义务过程中发生的纠纷。引起就业协议争议的往往是毕业生和用人单位两方，其中毕业生居多，尽管各学校均采取了一定的措施，严格就业纪律，但部分毕业生仍愿意承担违约责任，提出更改协议而导致就业协议争议。

二、毕业生引起就业协议争议的主要表现

（1）毕业生签订就业协议后，又联系好了自认为更理想的就业单位，这是毕业生引起就业协议争议的最主要表现。毕业生联系工作的时间一般是在每年的

1～6 月，时间跨度较大。有些毕业生虽然很早与某用人单位签订了就业协议，但在以后的日子里，仍然没有放弃联系新的用人单位。一旦联系的新单位明显比原来签约的单位条件好，毕业生就会提出与原签约单位终止协议，如果原单位又很想用他，此时就会引起就业协议争议。

（2）毕业生同时与多家用人单位签订就业协议书，这也是毕业生引起就业协议争议的一个主要表现。由于毕业生对用人单位不十分了解，或者多家用人单位同时与之见面，自己一时不知道选择哪一家，便与多家用人单位签订了就业协议。最后只能到一家用人单位上班，这样就引起了与其他用人单位的就业协议争议。

（3）毕业生受家庭影响，被迫放弃自己选定并已签约的就业单位。这也是造成毕业生就业协议争议的一个主要表现。大学毕业生尽管有了一定自主权，但是受我国传统思想的影响，在重大问题的决策上，毕业生仍然对父母存在一定的依赖性。尤其是独生子女家庭，父母一般不希望子女大学毕业后远离家乡就业。因此，一旦毕业生在缺乏与家庭充分商量的情况下与远离家乡的用人单位签约，往往会招致父母的强烈反对。这时，很多毕业生权衡再三，还是依从了父母的意愿，引起了与签约单位就业协议争议。

（4）毕业生向用人单位提供不真实情况，蒙骗用人单位与其签约。后被用人单位发现，将毕业生退回学校，这也是引起就业协议争议的一个主要表现。

（5）毕业生签约后由于出国留学、参军、选拔公务员、专升本、考取研究生等原因，不能履行协议，引起就业协议争议。这种情况直接损害了签约单位的利益，使之不能完成预定的进人计划，影响单位生产、科研和人才队伍的建设，同时也妨碍了其他学生选择就业的机会，是一种不守约的表现，给用人单位和学校都会带来麻烦。

三、用人单位引起就业协议争议的主要表现

（1）用人单位招聘工作人员时介绍企业情况片面、失实。由于毕业生对用人单位的实际情况了解甚少，许多信息主要通过用人单位从事招聘工作的同志介绍获得，个别用人单位为吸引毕业生，在介绍情况时夸大其词，掩盖事实真相，蒙蔽一些毕业生与其签约。过后，毕业生通过实地考察或多方了解，得知用人单位的真实情况，远不像招聘工作人员介绍的那么好，感到上当受骗，从而引起就业协议争议。

（2）用人单位在签订就业协议书后，又单方面提出附加条款，如毕业生到单位后不得考研、几年内不得调动工作或向毕业生收取高额费用等，因条件苛刻，毕业生不能接受而引起就业协议争议。

（3）用人单位拒绝接收毕业生。尽管用人单位已同毕业生签订了就业协议，主管部门也列入了就业计划，但在毕业生报到时，用人单位在毫无事实根据和法律依据的情况下，拒不接收毕业生，使毕业生错过了其他的就业机会，从而导致就业协议争议的发生。

（4）用人单位由于违反行政管理机关的有关法律、规章，不执行有关规定，侵害毕业生合法权益，导致就业协议争议。

四、就业协议争议的解决办法

从法律意义上讲，谁侵害了他人的合法权益，谁就要承担相应的法律责任。但目前关于如何解决就业协议争议还没有明确的法律规定。在实践中通常引起就业协议争议的是毕业生和用人单位。解决就业协议争议的主要办法有：

（1）毕业生与用人单位协商解决。这种办法大多适合因毕业生引起的就业协议争议，由毕业生出面向用人单位赔礼道歉，说明情况，得到用人单位的同情和谅解，经双方协商达成新的意向。

（2）由学校出面或由当地省级主管毕业生就业工作的部门进行调解。这种办法大多适合因用人单位引起的就业协议争议，由学校或行政部门介入，针对纠纷予以调解，取得双方的基本满意。

（3）对协商调解不成的，毕业生可直接向人民法院起诉，由法院依法裁决。

第八章 劳动合同及其法律问题

大学毕业生在择业过程中，如何与用人单位签订劳动合同，劳动合同中有哪些法律规定，怎样行使、保护自己的权利，在行使权利的同时应承担哪些义务，发生争议时应通过哪些途径去解决等，这些都是大学生普遍关心的问题。本章依据我国的《劳动法》和《劳动合同法》，从劳动合同的法律规定入手，着重阐述了劳动合同的订立原则、条款；劳动合同变更、解除、终止的法律规定；劳动者的权利和义务以及劳动争议处理的法律规定等内容。其目的就是从法律的角度为毕业生提供帮助，使毕业生正确地行使自己的权利、知法懂法，以法保护自己。

第一节 劳动合同概述及法律规定

一、劳动合同的概念

我国《劳动法》第十六条规定，劳动合同是劳动者与用人单位确立劳动关系，明确双方权利和义务的协议。根据这一规定，我国的劳动合同具有以下特征：

1. 主体的特定性

首先，劳动合同双方当事人是特定的，一方是劳动者本人，另一方是用人单位；其次，劳动合同双方当事人的目的是特定的，劳动者和用人单位订立劳动合同是为了确立劳动关系。而劳动关系是在拥有生产条件的用人单位与具有劳动权利能力、劳动行为能力的劳动者之间形成的。

2. 内容的法定性

我国《劳动法》《劳动合同法》对劳动合同内容有法律规定，一方面规定了劳动合同必须具备的条款，另一方面规定了这些法定必备条款的标准，不允许当事人（尤其是用人单位）擅自创设劳动合同的内容标准。从这一意义上讲，劳动合同就其内容而言，不是由当事人自由决定的，而是法律规定的。

劳动合同除了上述特征之外，还具有一般合同的特征：①当事人法律地位平等。在订立劳动合同、变更劳动合同以及执行劳动合同、解决劳动合同争议时，劳动者与用人单位的法律地位是平等的。②当事人受合同约束。我国《劳动法》第十七条规定，劳动合同依法订立后，就有法律约束力，当事人必须履行劳动合同规定的义务。劳动合同订立并生效后，对在劳动合同中以当事人名义签字（盖章）的劳动者和用人单位具有约束力，当事人违反合同约定的，应承担法律责任。

二、实行劳动合同制的重要意义

所谓劳动合同制就是以合同形式明确用人单位和劳动者个人的权利和义务，实现劳动者与生产资料结合的形式。这是确定社会主义劳动关系，适应社会主义市场经济发展需要的一种重要劳动法律制度。

1. 劳动合同制是规范劳动力市场的重要条件

培育和发展劳动力市场，可以建立劳动力的社会调节机制，调整企业、事业组织、国家机关、社会团体、个体经济组织等用人单位的劳动力供求关系，以满足社会主义生产和个人生活的需要。劳动合同制从法律上规范了用人单位和劳动者的行为。劳动合同当事人在规定的条件和范围内活动，任何一方都不能超越合同的约束。因此，推行劳动合同制，为培养和发展劳动力市场，建立统一、开放、公平和规范的劳动力市场运行机制创造了有利条件。从改革的实践看，劳动合同制已经初步显示出它在规范劳动力市场方面的重要作用。

2. 劳动合同制有利于保障用人单位和劳动者双方的合法权益

劳动合同制保障了用人单位和劳动者双方的合法权益，明确了双方责任。用人单位与劳动者在平等自愿的基础上，按照国家有关法律、法规，通过签订劳动合同，明确双方的权利和义务，使双方平等地置于法律的监督和保护之下。用人单位和劳动者按合同规定履行各自的义务，享受应有的权益。任何一方违约侵害另一方权益的，都要承担经济或法律责任。

3. 实行劳动合同制是加强劳动法制建设的需要

劳动合同制的基本内容就是规定用人单位和劳动者双方的劳动权利和义务。在不违背国家法律的前提下，劳动合同一经签订，即具有法律效力，成为双方必须遵守的行为准则，违者要承担法律责任。现代社会的重要特征之一，就是实行法制。用人单位与劳动者之间所存在的错综复杂的利益关系，只有用法制的手段才能有效地加以处理，劳动合同制是行之有效的法律手段。劳动合同制的立法及其实施，是我国劳动制度现代化和法制化的一大成果，这必将对我国的改革和建设事业产生积极的影响。

三、订立劳动合同的法律规定

（一）劳动合同订立的原则

劳动合同订立的原则是指在劳动合同订立过程中的双方当事人应当遵循的法

律准则。我国《劳动法》第十七条、《劳动合同法》第三条规定，劳动合同订立必须遵循以下原则：

1. 合法原则

这个原则也称守法原则，是指劳动合同当事人在协商订立劳动合同时，必须使所订劳动合同的条款符合法律、行政法规的规定。这条原则是劳动合同有效并受国家法律保护的前提条件。否则，所订劳动合同是无效的。

2. 公平、平等自愿、协商一致的原则

这个原则是劳动者择业自由和用人单位择人自由在劳动合同中的体现。

平等是指在订立劳动合同时，双方当事人的法律地位是平等的，不存在一方应该服从另一方的关系。

自愿是指劳动合同的订与不订、如何订，应该由当事人自己决定，任何一方不得将自己的意志强加给对方，任何第三者也不得对他人劳动合同的订立施加压力。

协商一致是指劳动合同应该是双方当事人真实意愿表示一致的结果。也就是说，劳动合同的内容必须由当事人双方在法律、法规允许的范围共同协商讨论，取得一致意见后确定。如果当事人就劳动合同的具体条款无法达成一致意见，劳动合同就无法订立，劳动关系也就无从建立。采用欺诈、威胁手段订立劳动合同，是违反协商一致原则的，因而也是无效的。

3. 诚实守信的原则

这个原则是劳动者和用人单位都应遵守的原则，一旦合同签订，双方都应严格遵守合同条款，不得随意违约。

（二）劳动合同的条款

劳动合同的条款也可以说是劳动合同的内容，是指双方当事人在劳动合同中必须明确各自的权利、义务及其他问题。

我国《劳动法》第十九条、《劳动合同法》第十七条规定了劳动合同应当具备的条款，称为劳动合同的法定条款，包括以下九项：

1. 用人单位的名称、住所和法定代表人或主要负责人

要说明用人单位的全称、单位的详细地址和能代表单位权利的法定责任人（一般指单位的行政一把手），这也是处理合同纠纷的法律依据。

2. 劳动者的姓名、住址和居民身份证或者其他有效身份证件号码

这一切是证明劳动者姓名、地址和身份是否真实的法律依据。

3. 劳动合同期限

劳动合同期限是指劳动合同约定的对双方当事人均形成约束的有效期限，是双方当事人所订立的劳动合同起始和终止的时间，也是劳动关系具有法律效力的时间。

4．工作内容和工作地点

工作内容和工作地点是指用人单位安排劳动者在什么地点从事什么工作，是在劳动合同中确定的劳动者应当履行的劳动义务的主要内容，包括劳动者从事劳动的岗位、工作性质、工作范围以及劳动生产任务所要达到的效果、质量指标等。

5．工作时间和休息休假

工作时间和休息休假是指用人单位所实行的日、周工作制度、加班时间规定及劳动者享受国家规定的节日假、公休假、年休假、探亲、婚丧等假期待遇。

6．劳动报酬

劳动报酬是指用人单位根据劳动者的劳动岗位、技能及工作数量、质量，以货币形式支付给劳动者的工作，包括工资的数额、支付日期、支付地点等。劳动报酬的内容和标准不得低于国家法律、行政法规的规定，也不得低于集体合同的规定。

7．社会保险

社会保险是指用人单位为劳动者办理的养老、失业、医疗、工伤、生育等保险。

8．劳动保护、劳动条件和职业危害防护

劳动保护、劳动条件和职业危害防护是指在劳动合同中约定的用人单位对劳动者所从事的劳动必须提供的生产条件、工作条件、劳动安全卫士保护措施和职业危害防护措施，即用人单位保证劳动者完成劳动任务和劳动过程中安全健康保护的基本要求，包括劳动场所和设备、劳动安全卫生设施、劳动防护用品等。用人单位不仅必须为劳动者提供必需的劳动条件和劳动保护，而且必须提供符合国家规定的劳动安全卫生条件和必要的劳动防护用品，对从事有职业危害作业的劳动者应当定期进行健康检查。

9．法律、法规规定应当纳入劳动合同的其他事项

劳动合同除以上规定的必备条款外，当事人可以协商约定其他内容。

（三）订立劳动合同的形式和劳动合同的期限

1．订立劳动合同的形式

订立劳动合同的形式是指劳动合同双方当事人明确劳动过程中权利、义务的方式。我国《劳动法》第十九条规定，劳动合同应当以书面形式订立。也就是说，劳动者和用人单位就其劳动过程中的权利、义务达成一致意见并形成书面协议，经双方当事人签字（盖章）后，才是劳动合同的订立。

已建立劳动关系，未同时订立书面劳动合同的，应当自用工之日起一个月内订立书面劳动合同。

用人单位自用工之日起超过一个月不满一年未与劳动者订立书面劳动合同的，应当向劳动者每月支付二倍的工资。

用人单位与劳动者在用工前订立劳动合同的，劳动关系自用工之日起建立。

2．劳动合同的期限及试用期

《劳动法》第二十条规定，劳动合同的期限分为固定期限、无固定期限和以完成一定工作为期限。根据这一规定，我国的劳动合同以期限不同分为以下三种：

（1）固定期限劳动合同。用人单位和劳动者明确约定劳动合同的起始与终止时间。用人单位与劳动者协商一致，可以订立固定期限劳动合同。

（2）无固定期限劳动合同。用人单位和劳动者只约定合同起始时间，无确定终止时间。

用人单位与劳动者协商一致，可以订立无固定期限劳动合同。有下列情形之一，劳动者提出或者同意续订、订立劳动合同的，除劳动者提出订立固定期限劳动合同外，应当订立无固定期限劳动合同：

1）劳动者在该用人单位连续工作满十年的；

2）用人单位初次实行劳动合同制度或者国有企业改制重新订立劳动合同时，劳动者在该用人单位连续工作满十年且距法定退休年龄不足十年的；

3）连续订立二次固定期限劳动合同，且劳动者没有下列情形续订劳动合同的：在试用期间被证明不符合录用条件的；严重违反用人单位规章制度的：劳动者患病或者非因工负伤，在规定的医疗期满后不能从事原工作，也不能从事由用人单位另行安排工作的；劳动者不能胜任工作，经过培训或调整工作岗位，仍不能胜任工作的。

用人单位自用工之日起满一年不与劳动者订立书面劳动合同的，视为用人单位与劳动者已订立无固定期限劳动合同。

（3）以完成一定工作任务为期限的劳动合同。用人单位与劳动者约定以某项工作的完成为合同期限。用人单位与劳动者协商一致，可以订立以完成一定工作任务为期限的劳动合同。

试用期是指用人单位对新招收的职工进行思想品德、劳动态度、实际工作能力、身体情况等进行进一步考察的时间期限。试用期是一个约定的条款，如果双方没有事先约定，用人单位就不能以试用期为由解除劳动合同。

我国《劳动法》第二十一条规定：劳动合同可以约定试用期，试用期最长不得超过六个月。《劳动合同法》规定：劳动合同期限三个月以上不满一年的，试用期不得超过一个月；劳动合同期限一年以上不满三年的，试用期不得超过两个月；三年以上固定期限和无固定期限的劳动合同，试用期不得超过六个月。

同一用人单位与同一劳动者只能约定一次试用期。

以完成一定工作任务为期限的劳动合同或者劳动合同期限不满三个月的，不得约定试用期。

试用期包含在劳动合同期限内。劳动合同仅约定试用期的，试用期不成立，该期限为劳动合同期限。

（四）劳动合同的订立程序

劳动合同的订立程序是指用人单位和劳动者在订立劳动合同时的法定步骤。根据我国劳动法的有关规定，劳动合同的订立程序是：

（1）被录用者向录用单位提交录用通知等文件。

（2）录用单位向被录用者介绍劳动合同（草案）的内容。

（3）录用单位和被录用者就录用单位拟定的劳动合同（草案）的内容进行协商。

（4）达成一致意见后，签字（盖章）并办理备案手续（根据劳动行政管理的要求，劳动合同应报当地劳动行政主管部门备案）。

用人单位提供的劳动合同文本未载明《劳动合同法》规定的劳动合同必备条款或者用人单位未将劳动合同文本交付劳动者的，由劳动行政部门责令改正；给劳动者造成伤害的，应当承担赔偿责任。

四、劳动合同履行、变更、解除、终止的法律规定

（一）劳动合同的履行

劳动合同的履行，是指劳动合同的双方当事人按照劳动合同的约定，履行各自义务的行为。依法订立的劳动合同具有法律约束力，当事人必须履行合同的义务，任何个人或第三方不得非法干涉劳动合同的履行。

（二）劳动合同的变更

劳动合同的变更，是指劳动合同依法订立后，在合同尚未履行或者尚未履行完毕之前，经用人单位和劳动者双方当事人协商同意，对劳动合同内容作部分修改、补充或者删减的法律行为。

1．劳动合同变更的原则

我国《劳动法》第十七条规定，劳动合同的变更同劳动合同的订立一样，必须遵循合法、公平、平等自愿、协商一致、诚实信用的原则，即双方当事人在平等自愿的基础上，经过充分协商，达成一致意见，依法对劳动合同的部分内容作修改、补充或调整，从而达成新的协议。

2．变更的条件

劳动合同的变更必须符合法定的条件，并经双方协商一致，否则，变更后的劳动合同为无效合同，不受法律保护，并视为违反劳动合同的行为而承担相应责任，根据现行的法律、法规的规定，劳动合同的变更应具备如下条件：

（1）订立劳动合同所依据的法律、法规已经修改或者废止。

（2）用人单位经上级主管部门批准或者根据市场变化决定转产、调整生产任务或者生产经营项目等。

（3）劳动者的身体健康状况发生变化、劳动能力部分丧失、所在岗位与其职业技能不相适应、职业技能提高了一个等级等，造成原劳动合同不能履行或者如果继续履行原合同规定的义务对劳动者明显不公平。

（4）由于自然灾害、意外事故、战争等不可抗力的发生，使得原来合同的履行成为不可能或者失去意义；由于物价大幅度上升等客观经济情况变化致使劳动合同的履行会花费太大代价而失去经济上的价值。

变更后的劳动合同生效之后，原劳动合同自行作废。

3．变更的程序及法律后果

劳动合同的变更要按程序进行，必须要经过提议、协商、签订三个阶段。首先由要求变更劳动合同的一方，向对方提出变更的建议，说明需要变更劳动合同的理由和变更的内容，然后双方进行协商。如果经过充分协商，双方就劳动合同的变更达成了一致意见，即可以签订新的协议。如果在协商过程中双方因意见不一致而发生争议，任何一方均可以向当地劳动争议仲裁机构申请仲裁，直至向人民法院起诉。

劳动合同在依法变更之后，对双方当事人均具有法律约束力。在这期间，如果由于变更行为给一方当事人造成经济损失，一般由要求变更劳动合同的一方承担经济赔偿责任，但不承担违反劳动合同的责任。因遇到不可抗力或国家政策的变化而引起的劳动合同的变更，可以部分或全部免于承担赔偿责任。如果是非法或单方擅自变更劳动合同造成对方经济损失的，就必须承担违反劳动合同的责任。

（三）劳动合同的解除

1．劳动合同解除的概念

劳动合同解除，是指劳动合同在订立之后，尚未履行完毕或者未全部履行以前，由于合同双方或者单方的法律行为导致双方当事人提前终止劳动关系的法律行为。其具体含义是：

（1）劳动合同解除是提前终止劳动合同的法律效力。劳动合同的解除发生在合同订立之后，履行完毕之前，也就是以存在具有法律效力的劳动合同为前提。劳动合同解除之后，当事人之间的劳动关系即告结束。

（2）劳动合同解除是依法进行的。依法订立的劳动合同具有法律效力，当事人不得任意解除。劳动合同的解除关系双方当事人，特别是劳动者的切身利益，只有在法律允许的情况下才能解除。

（3）劳动合同解除主要是单方法律行为。劳动合同是双方当事人在平等自愿、协商一致的原则下订立的，当然可以协商解除。但是，劳动合同解除的法律规定，主要是针对单方解除劳动合同的情况作出的。如果法律没有明确规定这一点，劳动合同解除的唯一依据是双方当事人协商一致，只要当事人有一方不同意，劳动合同就不能提前解除，这样对调整劳动关系是十分不利的。我国《劳动法》第二十五条至二十七条，对允许用人单位单方解除劳动合同，第三十一条和三十二条对允许劳动者单方解除劳动合同都作出了详细的规定。

2. 劳动合同解除的几种形式

（1）用人单位不必提前通知对方的单方解除劳动合同

我国《劳动合同法》第三十九条规定，劳动者有下列情形之一的，用人单位可以解除劳动合同，不必提前通知：

1）在使用期间被证明不符合录用条件的。在试用考察期内，用人单位只要能够证明劳动者不符合录用条件，就可以解除劳动合同，不需对其进行另外的培训或调整工作岗位。需要指出的是，这里强调的是劳动者“不符合录用条件”，而不是“不能胜任工作”。

2）严重违反用人单位的规章制度的。如果劳动者只是普通违纪、违规的，用人单位应对其批评，给予改正错误的机会。只有针对劳动者严重的违纪、违规行为（如达到开除、辞退程度），用人单位才有权单方解除劳动合同。

3）严重失职，营私舞弊，给用人单位造成重大损害的。

4）劳动者同时与其他用人单位建立劳动关系，对完成本单位的工作任务造成严重影响，或者经用人单位提出，拒不改正的。

5）以欺诈、胁迫的手段或者乘人之危，使对方在违背真实意思的情况下订立劳动合同，致使劳动合同无效的。

6）被依法追究刑事责任的。

（2）用人单位必须提前通知对方的单方解除劳动合同

我国《劳动合同法》第四十条规定，有下列情形之一的，用人单位提前30日以书面形式通知劳动者本人或者额外支付一个月工资后，可以解除劳动合同：

1）劳动者患病或者非因工负伤，在规定的医疗期满后不能从事原工作，也不能从事由用人单位另行安排的工作的。在动用这个法律条文时应注意：第一，必须在医疗期满之后，在医疗期内不得由用人单位单方解除；第二，必须是劳动者既不能从事原工作，也不能从事用人单位另行安排的新工作，否则用人单位也不能单方解除劳动合同。

2）劳动者不能胜任工作，经过培训或者调整工作岗位，仍不能胜任工作的。

3）劳动合同订立时所依据的客观情况发生重大变化，致使劳动合同无法履行，经用人单位与劳动者协商，未能就变更劳动合同内容达成协议的。运用这个法律条文必须注意几个方面：第一，必须是合同订立时依据的客观情况发生重大变化，致使合同无法履行，如用人单位根据政府的行政命令或经营情况变化需要变动生产（工作）经营场所；用人单位产品结构或业务范围调整不再需要某工种或工作岗位；用人单位与外商合资、合作需要重新安排中方员工等。第二，必须是当事人双方不能协商变更原订合同。只有上述两个条件同时具备时，用人单位才能单方解除劳动合同。

（3）用人单位经济性裁员时单方解除劳动合同

经济性裁员，是指企业由于经营不善等经济性原因，解雇多个劳动者的情形。

我国《劳动合同法》第四十一条规定，有下列情形之一，需要裁减人员 20 人以上或者裁减不足 20 人但占企业职工总数 10%以上的，用人单位提前 30 日向工会或者全体职工说明情况，听取工会或者职工的意见后，裁减人员方案经向劳动行政部门报告，可以裁减人员：

1）依照企业破产法规定进行重整的。

2）生产经营发生严重困难的。

3）企业转产、重大技术革新或者经营方式调整，经变更劳动合同后，仍需裁减人员的。

4）其他因劳动合同订立时所依据的客观经济情况发生重大变化，致使劳动合同无法履行的。

裁减人员时，应当优先留用下列人员：与本单位订立较长期限的固定期限劳动合同的；与本单位订立无固定期限劳动合同的；家庭无其他就业人员，有需要扶养的老人或者未成年人的。

用人单位依照本条规定裁减人员，在六个月内重新招用人员的，应当通知被裁减的人员，并在同等条件下优先招用被裁减的人员。

（4）劳动者提前通知解除劳动合同

我国《劳动合同法》第三十七条规定，劳动者提前 30 日以书面形式通知用人单位，可以解除劳动合同。劳动者在试用期内提前三日通知用人单位，可以解除劳动合同。

（5）劳动者解除劳动合同

我国《劳动合同法》第三十八条规定，用人单位有下列情形之一的，劳动者可以随时通知用人单位解除劳动合同：①未按照劳动合同约定提供劳动保护或者劳动条件的；②未及时足额支付劳动报酬的；③未依法为劳动者缴纳社会保险的；④用人单位的规章制度违反法律、法规的规定，损害劳动者利益的；⑤以欺诈、胁迫的手段或者乘人之危，使对方在违背真实意思的情况下订立劳动合同，致使劳动合同无效的；⑥法律、行政法规规定劳动者可以解除劳动合同的其他情形。

用人单位以暴力、威胁或者非法限制人身自由的手段强迫劳动者劳动的，或者用人单位违章指挥、强令冒险作业危及劳动者人身安全的，劳动者可以立即解除劳动合同，不需事先告知用人单位。

3．用人单位不得单方解除劳动合同的情形

我国《劳动合同法》第四十二条规定，劳动者有下列情形之一的，用人单位不得解除劳动合同：

（1）从事接触职业病危害作业的劳动者未进行离岗前职业健康检查，或者疑似职业病病人在诊断或者医学观察期间的。

（2）在本单位患职业病或者因工负伤并被确认丧失或者部分丧失劳动能力的。

（3）患病或者非因工负伤，在规定的医疗期内的。

（4）女职工在孕期、产期、哺乳期的。

（5）在本单位连续工作满十五年，且距法定退休年龄不足五年的。

（6）法律、行政法规规定的其他情形。

4．用人单位或双方解除劳动合同应负经济补偿责任的情形

我国《劳动法》第二十八条规定，用人单位依据本法第二十四条、第二十六条、第二十七条的规定解除劳动合同的，应当依照国家有关规定给予经济补偿。根据这一规定，用人单位解除劳动合同应当给予补偿的情形有：

（1）劳动合同当事人协商一致解除劳动合同的。

（2）劳动者患病或非因工负伤，医疗期满后，不能从事原工作也不能从事由用人单位另行安排的工作而被解除劳动合同的。

（3）劳动者不能胜任工作，经过培训或调整工作岗位，仍不能胜任工作而被解除劳动合同的。

（4）劳动合同订立时所依据的客观情况发生重大变化，致使原劳动合同无法履行，经当事人协商不能就变更劳动合同达成协议而解除劳动合同的。

（5）用人单位因经济性裁减人员而解除劳动合同的。

经济补偿的具体办法，按照原劳动和社会保障部发布的《违反和解除劳动合同的经济补偿办法》执行。

（四）劳动合同的终止

1．劳动合同终止的概念

劳动合同的终止是指劳动合同因法定原因的出现而失去法律约束力，不再执行。

一般来说，劳动合同终止意味着劳动关系的结束，原来用于明确当事人之间发生在劳动过程中的权利、义务的劳动合同失去法律效力。

2．劳动合同终止的情形

我国《劳动合同法》第四十四条规定，有下列情形之一的，劳动合同终止：

①劳动合同期满的；②劳动者开始依法享受基本养老保险待遇的；③劳动者死亡，或者被人民法院宣告死亡或者宣告失踪的；④用人单位被依法宣告破产的；⑤用人单位被吊销营业执照、责令关闭、撤销或者用人单位决定提前解散的；⑥法律、法规规定的其他情形。

（五）违反劳动合同的法律责任

违反劳动合同的法律责任，是指劳动合同当事人不履行或者不全面履行劳动合同时，所应承担的法律责任。

1. 用人单位承担的法律责任

用人单位违反劳动合同，对劳动者造成损害的，应当按照不同情况，依法承担以下法律责任：

（1）造成劳动者工资收入损失的，除按劳动者本人应得工资收入支付给劳动者外，还应加付劳动者应得工资收入一定比例的赔偿费用。

（2）造成劳动者劳保待遇损失的，应按国家有关规定补足劳动者的劳动保护津贴和用品。

（3）造成劳动者工伤、医疗待遇损失的，除按国家有关规定为劳动者提供工伤、医疗待遇外，还应支付劳动者医疗费用一定比例的赔偿金。

（4）造成女职工和未成年工身体健康损害的，除按国家有关规定提供治疗期间的医疗待遇外，还应支付其医疗费用一定比例的赔偿金。

（5）由于用人单位的原因订立的无效合同，给劳动者造成损害的，应当承担赔偿责任。

（6）用人单位违反《劳动法》规定的条件，解除劳动合同或者故意拖延不订立劳动合同的，由劳动行政部门责令改正；给劳动者造成损害的，应当承担赔偿责任。

（7）对于滥用职权，侵犯劳动者合法权益的，殴打、体罚、侮辱、非法搜身和拘禁劳动者的，轻者给予行政处分，重者追究刑事责任。

（8）违反《劳动法》规定的劳动时间，超长时间工作，又拒不支付加班工资，由劳动行政部门给予警告，并责令限期改正。同时应加倍补发加班工资和经济补偿金。

（9）对严重违反劳动合同造成事故，使劳动者生命、财产受到损失的，还应依法追究用人单位责任人的行政责任；触犯刑律的，由司法机关依法追究其刑事责任。

2. 劳动者的法律责任

劳动者违反劳动合同，也应承担相应的法律责任：

（1）劳动者违反劳动合同中约定的保密事项，给用人单位造成经济损失的，按《反不正当竞争法》有关规定支付用人单位赔偿费用。

（2）劳动者违反劳动合同，给用人单位造成经济损失的，应承担相应的赔偿责任。

（3）劳动者违反规定或劳动合同的约定，被解除劳动合同，给用人单位造成损失的，劳动者应赔偿用人单位下列损失：用人单位招收录用其所支付的费用；用人单位为其支付的培训费用；对生产、经营和工作造成的直接经济损失；劳动合同约定的其他赔偿费用。

（4）劳动者的违法行为情节严重，触犯刑律的，由司法机关依法追究刑事责任。

五、签订劳动合同应注意的事项

签订劳动合同，不仅事关个人在薪酬、福利、保险等方面的物质利益，还涉及诸如培训、晋升等个人长远发展问题，因此必须慎重对待。在试用期间或面谈接触之际，应全面了解与工作相关的情况，切忌在求职竞争激烈、工作难找的情况下，为尽早有一份工作，而草率地与用人单位签订劳动合同。对于刚毕业的大学生，尤其要重视签订劳动合同注意的事项：

1. 提前准备，做到心中有数

大学生在签订劳动合同前，应尽量了解《劳动法》《劳动合同法》的内容。《劳动法》《劳动合同法》是约束劳动者和用人单位行为以及处理今后纠纷的重要法律依据。劳动合同的每一条款，都不能违反法律规定，也不能侵犯劳动者的合法权益。劳动合同的条款包括两部分：①法律规定的条款，即《劳动合同法》第十七条规定的劳动合同应具备的 9 个方面的内容；②双方认为有必要明确约定的条款，要求明确并写明。

2. 了解合同内容，保护自身利益

在劳动合同签订的前几天，你可以要求用人单位提供合同文本，以便对合同文本内容有充分的了解。除了了解劳动合同的前 9 项内容外，还应特别注意双方协商约定的条款是否合理，对诸如“工作必须随叫随到”，“一切听从单位领导的安排”等词语要特别加以留心和关注，必要时给予特殊说明。

3. 签字盖章当面进行

拿到合同后，应该让用人单位的负责人同自己一起当面签字盖章，以防某些让用人单位的负责人利用先后签字的时间在合同上做手脚（如更改数字、时间等）。同时，仔细辨别单位所盖公章，看其是否与自己即将进入的单位一致。因为事后往往发现，在同一法人单位下，会存在许多分公司、下属单位或营业部门，容易造成实际工作岗位与所应聘的单位不一致。

4. 合同上的数字一定要大写

合同签字后，有些用人单位会将合同上的数字更改，让求职者吃“哑巴

亏”，所以，求职者在签订合同涉及数字时，一定要用大写汉字，如：“期限一年”，写成“期限壹年”就比较好。

5. 注意生效条件，劳动合同要妥善保管

注意你所签订合同生效的必要条件和附加条件（如签证、登记）；合同至少一式两份，双方各执一份，妥善保管；双方在签订时如有纠纷，应通过合法方式解决。

6. 认真了解解除合同的条件

了解是在什么条件下可解除劳动合同，在什么条件下不得解除劳动合同，是大学生在签订劳动合同时必须注意的问题。此外，还要了解在解除合同时，劳动者可以获得的经济补偿以及补偿标准。关于这一点，可以从《劳动法》中了解或向劳动部门查询。劳动者一定要将此类条款审读清楚，避免模糊的合同措词，以免发生纠纷时维权困难。

7. 应在试用期前签订劳动合同

进入单位工作一般都有试用期。按规定，劳动合同应在上岗、试用前与用人单位签订，而不是等试用合格后再签订。

应该注意，根据《劳动法》，从劳动者和用人单位建立劳动关系的第一天起就应该签订劳动合同，这是劳动者保障自己合法权益的必要手段。只要你与用人单位建立劳动关系就须签订合同，双方约定服务年限及试用期。在某种特殊情况下，用人单位与劳动者存在劳动关系但未订立劳动合同，劳动者要求签订劳动合同时，用人单位不得解除劳动关系，并应当与劳动者签订劳动合同。

8. 关于“末位淘汰”合同

有的劳动合同上清楚地写着“业绩排在部门最后一名，就将被辞掉”以及类似的条款。严格地说，业绩排在最后的劳动者，工作能力不能胜任职位的要求，用人单位可以对其实行“末位淘汰”。但根据《劳动法》的规定，应先对劳动者进行培训或者调整工作岗位，经过培训或调整工作岗位后，仍不能胜任工作的，才能解除劳动合同，但应支付经济补偿金。因此，大学生在签订劳动合同前，应仔细考察用人单位的实际情况，了解“末位淘汰”制是否经用人单位职代会或董事会的批准，了解这一制度的合理性和可操作性，然后根据自己的情况来选择。如果决定到该单位工作，那么在签订劳动合同时，就要约定好“淘汰”的方法及结果。

9. 劳动报酬和福利

劳动报酬和福利是每一个劳动者都十分关注的问题，是劳动合同中的重要条款，签订劳动合同时一定要清楚用人单位能提供哪些社会保险以及个人的缴付比例。

10. 扣压毕业证

有个别用人单位由于种种原因，扣压大学生的毕业证，这种行为是明令禁止的。用人单位有这种行为，劳动者可以向劳动监察部门举报。

11．社会保险

社会保险主要包括养老保险、失业保险、医疗保险、工伤保险和生育保险等，具有强制性。

如果劳动者是到国家机关、国有企业、事业单位工作的，就不用过多考虑这个问题；如果是到私营企业、民营机构或被聘用到不占其行政编制的机关事业单位，就得提出这个问题，至少要提出参加基本养老保险和大病医疗保险。很多单位没有为劳动者办理基本养老保险，这是违反《劳动法》的。有些单位薪酬高，让劳动者以个人名义参保，应该主动参加。

除了以上列举的外，还有其他应当注意的问题，诸如人事档案、工龄计算、职称评定等，应届毕业生最好是到各地人才交流中心委托办理人事代理。不要认为只要有工作，管它什么工龄、身份、档案保险。有的毕业生认为现在反正不包分配，也不到毕业生分配部门报到，有没有人事关系无所谓，真到有一天需要某方面材料时，就会手忙脚乱，给自己造成不必要的损失。

第二节　劳动者的权利和义务

一、劳动者的权利

《劳动法》对劳动者的基本权利作了明确规定，具体包括以下内容：

1．平等就业与选择职业的权利

在我国，劳动者就业，不因民族、种族、性别、宗教信仰不同而受到歧视；妇女享有与男子平等的就业权利。在录用职工时，除国家规定的不适合妇女的工种或者岗位外，不得以性别为由拒绝录用妇女或者提高对妇女的录用标准。

2．取得合理劳动报酬的权利

劳动者以取得“工资”的形式获得劳动报酬。“工资”是指用人单位依据国家有关规定或劳动合同的约定，以货币形式直接支付给本单位劳动者的劳动报酬。我国实行最低工资保障制度，用人单位支付劳动者的工资不得低于当地最低工资标准。

劳动者在法定假日和婚丧期间以及依法参加社会活动期间，用人单位应当依法支付工资。

劳动者因工作需要加班加点的，按《劳动法》第四十四条和《工资支付暂行规定》第十三条规定，用人单位向劳动者支付工资报酬。

3．休息、休假的权利

休息、休假是每一个劳动者的权利，目的在于能够保证劳动者身体和精神疲劳得以解除，借以恢复劳动能力。我国现实行每日工作 8 小时、每周工作 40 小时的工时制度。另外，还有法定休假日。用人单位应当依法按照国家规定的休假天数安排劳动者休假，不能任意安排加班。必要的加班要支付高于劳动者正常工作时间的报酬。

我国的法定节假日有：元旦、春节、清明节、端午节、国际劳动节、中秋节、国庆节。

另外还有法律、法规规定的属于部分公民的节日，如“三八”妇女节、“五四”青年节、“六一”儿童节、“八一”建军节，还有少数民族的一些节日等。

4．获得劳动安全卫生保护的权利

劳动安全卫生保护是每个劳动者依法应当获得的权利。用人单位必须依法建立、健全劳动安全卫生保护制度；严格遵守和执行国家的劳动卫生规程和标准；必须为劳动者提供符合国家规定的劳动安全卫生条件和必要的劳动防护用品；必须对劳动者进行劳动安全卫生教育，保护劳动者的身体健康和人身安全，减少职业危害；劳动卫生设施必须符合国家的标准；对从事有职业危害作业的劳动者应当定期进行健康检查。

劳动者在劳动过程中必须严格遵守安全操作规程；对用人单位管理人员违章指挥、强令冒险作业，有权拒绝执行；对用人单位实施的危害生命安全和身体健康的行为，有权提出批评、检举和控告，劳动监察部门也可以主动对类似的违法行为进行检查、处罚。

5．接受职业技能培训的权利

在现代社会条件下，社会生产活动对劳动者的技能要求越来越高，劳动者在接受职业技能培训后，才能更好地服务社会、服务用人单位。因此，接受职业技能培训是每个劳动者的权利

6．享受社会保险和福利的权利

社会保险，是指国家依法建立的，劳动者在年老、患病、工伤、生育和失业时，能够从社会获得物质帮助的制度。劳动者享受社会保险和福利的权利就是劳动者在暂时或永久失去劳动能力的时期有获得物质帮助的权利。

我国劳动者依法享受社会保险的待遇有：劳动者退休后，依法享受退休养老金；劳动者在患病、负伤时，享受医疗保险；劳动者因公伤残或者患职业病时，享受工伤保险；劳动者失业，享受失业保险；女工生育，享受生育保险；劳动者死亡，其遗属享受遗属津贴。

用人单位和劳动者必须依法参加社会保险，缴纳社会保险费。

7．请求法律援助的权利

劳动者与用人单位一旦发生劳动争议，劳动者为维护自身的权益，有权请求法律援助。

当事人双方发生劳动争议，可以依法申请调解、仲裁、提起诉讼，也可以协商解决。解决劳动争议，应当根据合法、公正、及时处理的原则，依法维护劳动争议当事人的合法权益。

劳动争议解决的程序是调解、仲裁、诉讼。调解不是必经程序。当劳动争议发生后，当事人可以向本单位劳动争议调解委员会申请调解，调解不成，当事人一方要求仲裁的，可以向劳动争议仲裁委员会申请仲裁，对仲裁裁决不服的，可以向人民法院提出诉讼。

二、劳动者的义务

劳动者在享受《劳动法》中规定的权利的同时，还应当履行《劳动法》中规定的义务。

1. 完成规定的劳动任务

劳动者只有按质量要求，按时完成任务，才能得到相应的报酬，才能受到劳动法对其劳动的保护。

2. 提高职业技能

提高职业技能是完成劳动任务的重要保障。劳动者在劳动中应当自觉地接受训练，自觉地学习业务技术，提高职业技能，以适应用人单位和现代化生产的需要。

3. 执行劳动安全规程

为了保护劳动者自身的安全和健康，劳动者应当自觉严格执行劳动安全规程和规则，确保安全生产。

4. 遵守劳动纪律

劳动者在劳动中应模范地遵守各项劳动纪律，安全生产，文明服务。

5. 遵守职业道德

劳动法把遵守职业道德明确规定为一项法律义务。遵守职业道德是社会主义精神文明的重要内容，也是现代劳动者的必备素质。劳动者应模范地遵守职业道德。

三、劳动者的权利与义务的一致性

劳动者既享有一定的权利，又要履行一定的义务。权利和义务是统一和互为条件的，没有无权利的义务，也没有无义务的权利。比如，劳动者享有劳动的权利，但同时负有在劳动中执行劳动安全规程的义务。如果劳动者不履行该义务，违章操作，发生安全事故，便会给国家、企业和个人造成财产损失，甚至造成自身伤亡，在这种情况下，劳动者不但得不到保护，相反，还会因此受到行政及法律的制裁。

第三节 劳动争议处理的法律规定

一、劳动争议概述

（一）劳动争议的含义和种类

1. 劳动争议的含义

劳动争议，是指劳动者与用人单位之间因劳动关系的权利义务而发生的纠纷、争议。劳动争议的具体含义：①劳动争议是发生在劳动关系当事人之间的争议。②劳动争议是就劳动关系的权利义务而发生的争议。也就是说，劳动关系的当事人之间发生的争议，不都是劳动争议，只有劳动者与用人单位就劳动关系的权利义务而发生的争议，才是劳动争议。

2. 劳动争议的种类

（1）个人劳动争议。这是指劳动者个人与其所在用人单位发生的劳动争议。

（2）集体劳动争议。这是指数个劳动者与用人单位基于同一事实经过和理由与用人单位发生的劳动争议。

（3）劳动合同争议。这是指因确认劳动合同效力和履行劳动合同发生的争议。

（4）集体合同争议。集体合同争议是指因订立、履行集体合同发生的争议。

（二）劳动争议的处理方式

根据我国《劳动法》及 2008 年 5 月 1 日起实施的《中华人民共和国劳动争议调解仲裁法》的规定，劳动争议处理的基本方式有以下几种：

（1）协商解决。劳动争议发生后，争议双方可以经过协商解决纠纷。这种方式简单方便，不伤感情，有利于团结。国家鼓励和提倡这种解决劳动争议的方式。

（2）调解解决。劳动争议发生后，争议双方不愿协商或协商不成的，可以向本企业劳动争议调解委员会申请调解，由劳动争议调解委员会调解。

（3）仲裁解决。劳动争议发生后，争议双方不愿调解或调解不成的，可以向劳动争议仲裁委员会申请仲裁，由劳动争议仲裁委员会裁决。

（4）诉讼解决。劳动争议经劳动争议仲裁委员会裁决后，当事人对仲裁裁决不服的，可以向人民法院提起诉讼。

二、劳动争议处理的法律规定

（一）劳动争议调解的法律规定

《中华人民共和国劳动争议调解仲裁法》（以下称《劳动争议调解仲裁法》），对劳动争议的调解处理方式作了规定。

1．调解委员会的设立和组成

企业可以设立劳动争议调解委员会，负责调解本企业发生的劳动争议。调解委员会由下列成员组成：企业劳动争议调解委员会由职工代表和企业代表组成。职工代表由工会成员担任或者由全体职工推举产生，企业代表由企业负责人指定。企业劳动争议调解委员会主任由工会成员或者双方推举的人员担任。

2．调解委员会的工作规则

调解委员会在工作中应当遵循以下规则：①当事人自愿申请，依据事实及时调解；②对当事人在适用法律上一律平等；③同当事人民主协商；④尊重当事人申请仲裁和诉讼的权利；⑤自申请调解之日起45日内应当结束调解。

（1）调解委员会的调解范围。调解委员会依法调解企业劳动者与用人单位之间发生的下列劳动争议：①因企业开除、除名、辞退职工和职工辞职、自动离职发生的争议；②因执行国家有关工资、社会保险和福利、职业培训、劳动安全和卫生规定发生的争议；③因履行劳动合同发生的争议；④法律、法规规定应当调解的其他劳动争议。

（2）调解的申请和受理。当事人申请调解，应当自知道或应当知道其权利被侵害之日起 1 年内，以口头或书面形式向调解委员会提出，并填写“劳动争议调解申请书”，并根据申请人数提交副本。调解委员会接到调解申请后，应征询对方当事人意见，对方当事人不愿调解的，应做好记录，在 5 日内以书面形式通知申请人。调解委员会应在5日内作出受理与否的决定；不受理的，应向申请人说明理由。

（3）调解委员会的调解程序。调解委员会的调解程序是：①调解员对争议事项全面调查核实，调查时要做好笔录，并由被调查人签名或盖章；②由调解委员会主任主持召开争议当事人参加的调解会议进行公正调解；调解达成协议的应制作调解协议书，由双方自觉履行，调解不成的应作记录且在调解意见书上说明。

（二）劳动争议仲裁的法律规定

1．劳动争议仲裁的含义

劳动争议仲裁是指劳动争议仲裁委员会对申请仲裁的劳动争议案件依法进行的裁决活动。

2．劳动争议仲裁委员会的设立和组成

劳动争议仲裁委员会是国家授权依法独立处理劳动争议案件的专门机构。县、市、市辖区应当设立劳动争议仲裁委员会。仲裁委员会由下列人员组成：劳动争议仲裁委员会由劳动行政部门代表、工会代表和企业方面代表组成。劳动争议仲裁委员会组成人员应当是单数。仲裁委员会处理劳动争议，实行仲裁员和仲裁庭制度。

3．劳动争议仲裁委员会的办案规则

仲裁委员会处理劳动争议案件必须遵循以下原则：一是遵守国家法律、法规、规章和政策；二是查明事实，先行调解；三是调解不成，及时裁决；四是当事人适用法律一律平等；五是一般在组成仲裁庭之日起60日内结案。

（1）劳动争议仲裁委员会的受案范围。仲裁委员会的受案范围与调解委员会的受案范围相同，不再重复。

（2）仲裁的申请和受理。按照《劳动法》第八十二条的规定，当事人应当自劳动争议发生之日起60日内，以书面形式向仲裁委员会提出申请。无民事行为能力和限制民事行为能力的职工或者死亡的职工，可以由其法定代理人代为参加仲裁；没有法定代理人的，由仲裁委员会为其指定代理人参加仲裁。当事人可以委托他人（包括律师，1～2名）参加仲裁，此时须向仲裁委员会提交委托人签名或盖章、记载有委托事项和权限明确的委托书。

仲裁委员会应当自收到申请之日起5日内作出受理与否的决定。决定受理的，应当自决定之日起5日内将申请书副本送达被申请人，并组成仲裁庭；决定不予受理的，应当说明理由。

（3）案件审理。仲裁庭应在开庭前5日，将开庭时间、地点的书面通知送达当事人。审理时应当先行调解，调解达成协议的，依法制作仲裁调解书，由当事人签字，仲裁员署名，加盖仲裁委员会公章，并送达双方当事人；调解未达成协议或者调解书送达前当事人反悔的，应按少数服从多数原则及时裁决。仲裁庭作出裁决后，应制作仲裁裁决书，由仲裁员署名，加盖仲裁委员会印章，送达双方当事人。

（4）仲裁执行。当事人对仲裁裁决不服，可自收到仲裁裁决书之日起15日内向人民法院起诉。对仲裁裁决书期满不起诉的，裁决书即发生法律效力。当事人对发生法律效力的仲裁裁决书，应当依照规定的期限履行。一方当事人逾期不履行的，另一方当事人可以申请人民法院强制执行。

国内企业、事业单位劳动合同范本

甲方（用人单位）名称：________________

企业类别：________________

法定代表人：__________职务：__________

地址：________________

乙方（劳动者）姓名：__________年龄：__________

性别：__________民族：__________

户籍所在地：______省______市______区（县）______街______乡（镇）______村

户口种类：非农业户口（　　）；农业户口（　　）

居民身份证号码：________________

国籍及护照号码：________________

现住址：________________

根据《中华人民共和国劳动法》和《天津市实施劳动合同制度规定》等规定，甲乙双方在平等自愿、协商一致的基础上签订本合同。

第一条合同期限

本合同期限执行下列______款。

一、本合同期限为____年（月），自____年____月____日起至____年____月____日止。其中试用期为____月（日）。

二、本合同为无固定期限，自____年____月____日始，其中试用期为____月（日）。

终止劳动合同条件约定如下：

（一）：________________

（二）：________________

（三）：________________

三、以完成一定的工作为期限

____

第二条工作内容

甲方根据生产工作需要，安排乙方在__________岗位工作。乙方应服从甲方安排，完成本岗位所要求的工作。

第三条劳动报酬

一、甲方按照国家和本市有关规定，按月支付乙方的工资报酬，工资报酬不低于本市规定的最低工资标准。

二、甲方每月___日以货币形式支付工资。无故拖欠或不支付工资的，除全额支付工资报酬外，还需加发相当于工资报酬百分之二十五的经济补偿。

三、工资具体支付办法、标准及有关内容约定如下：

（一）________________

（二）________________

（三）________________

第四条工作时间和休息休假

甲方执行国家规定的工时制度，实行每日工作时间不超过八小时，平均每周工作时间不超过四十小时的工时制度。甲方因生产经营需要，经与工会和乙方协商后可以延长工作时间，一般每日不超过一小时；因特殊原因需要延长工作时间的，每日不超过三小时，每月不超过三十六小时。

一、甲方在乙方岗位实行____________工时制度。

二、甲方延长乙方工作时间，按照《劳动法》和本市有关规定支付乙方延长工作时间的工资报酬。

三、甲方保证乙方按照国家和本市有关规定，享受各种休息休假。

第五条社会保险和福利待遇

一、甲乙双方按照国家和本市的规定参加养老、失业、医疗、工伤、生育等社会保险，履行缴费义务，确保乙方享有各种社会保险的权利。

二、乙方患病或非因工负伤实行医疗期制度。医疗期期限及医疗期内的病假工资、疾病救济费和医疗待遇按有关规定执行。

三、保险和福利待遇事项约定如下：

（一）____

（二）____

（三）____

（四）____

（五）____

第六条劳动保护和劳动条件

一、甲方严格执行国家和本市有关劳动保护方面的规定，对乙方进行安全生产和操作规程教育培训，努力改善劳动条件，保证乙方在生产过程中的安全与健康。

二、甲方按照国家和本市的规定及时向乙方发放防护用品，并按规定对乙方进行健康检查。

三、乙方在劳动过程中必须严格遵守劳动安全卫生和操作规程。

四、乙方患职业病、因工负伤或死亡，甲方按国家和本市有关规定给予各项待遇。

第七条劳动纪律

一、甲方有权依据国家和本市有关规定制定本单位的规章制度，并按规章制度对乙方实行管理和奖惩。

二、乙方应遵守甲方制定的各项规章制度和劳动纪律，服从管理，按本合同的约定保守甲方的商业秘密（保守商业秘密具体事项在本合同第十四条中约定）。

第八条本合同的变更

有下列情形之一的，甲乙双方可变更本合同的相关内容：

（一）甲乙双方协商同意对部分条款进行变更的。

（二）由于客观情况发生重大变化，致使本合同不能完全履行的。

（三）本合同订立时所依据的有关规定已修改或废止的。

第九条本合同的终止

有下列情况之一的本合同终止：

（一）合同期满，不再续订的。

（二）甲方被依法宣告破产、解散、撤销的。

（三）乙方死亡的。

（四）甲乙双方约定的终止合同条件出现的。

（五）有不可抗力出现致使本合同不能履行的。

第十条本合同的续订

本合同期满，经甲乙双方协商同意可以续订本合同，续订合同手续应在合同期满前15日内办理。

第十一条本合同的解除

一、经甲乙双方协商一致，本合同可以解除。

二、有下列情形之一的，甲方可以解除本合同:

（一）乙方在试用期间被证明不符合录用条件的。

（二）乙方严重违反劳动纪律或甲方规章制度的。

（三）乙方严重失职营私舞弊或泄露甲方商业秘密，给甲方利益造成重大损害的。

（四）乙方被依法追究刑事责任或被劳动教养的。

（五）乙方患病或者非因工负伤，医疗期满后不能从事原工作，也不能从事由甲方另行安排的工作的。

（六）乙方不能按要求完成本合同约定的任务或者同工种同岗位人员的工作量，经过培训或者调整工作岗位仍不能胜任工作的。

（七）本合同订立时所依据的客观情况发生重大变化，致使本合同无法履行，经甲乙双方协商不能就变更合同达成协议的。

（八）甲方濒临破产进行法定整顿期间或者经有关部门确认生产经营状况发生严重困难，确需裁减人员的。

甲方依据（五）至（八）项解除劳动合同的，应当提前30日以书面形式通知乙方本人。

三、甲方解除本合同，符合本条一款、二款（五）至（八）项规定的甲方应按国家和本市有关规定给予乙方经济补偿；符合本条第二款（五）项还应按规定支付医疗补助费。

四、有下列情形之一的，甲方不得解除本合同。

（一）合同期未满，又不符合本条一、二款规定的。

（二）乙方患职业病或者因工负伤并经劳动行政部门劳动鉴定委员会确认丧失或者部分丧失劳动能力的。

（三）乙方患病或负伤，在规定的医疗期内的。

（四）女职工在符合国家和本市有关计划生育规定的孕期、产期、哺乳期内的。

（五）法律和行政法规规定的其他情形。

五、乙方解除合同:

(一)应提前30日以书面形式通知甲方。违反本合同约定的要依法承担责任。

(二)有下列情形之一的，乙方可以随时通知甲方解除本合同:

1. 乙方在试用期内。

2. 甲方以暴力、威胁或者非法限制乙方人身自由的手段强迫劳动的。

3. 甲方劳动安全卫生条件恶劣、危害乙方身体健康的。

4. 甲方未按本合同约定支付劳动报酬的。

第十二条终止、解除本合同证明

终止、解除本劳动合同后，甲方应按规定开具终止、解除劳动合同证明书。

第十三条违反本合同的责任

一、由于甲乙双方任何一方的过错行为造成本合同不能履行或者不能完全履行，应承担违约责任；如属双方违约，根据实际情况，由双方分别各自承担各自应负的违约责任。违约金的约定如下:

____

二、甲乙双方任何一方违反本合同，给对方造成损害的，按照国家和本市有关规定给予赔偿。

三、因不可抗力原因致使本合同不能履行，任何一方受到损害，对方不承担违约责任。

第十四条双方约定的其他事项

一、______________________________

二、______________________________

三、______________________________

四、______________________________

五、______________________________

第十五条劳动争议处理

甲乙双方因执行本合同发生争议的，应协商解决；协商无效可进行调解；调解无效的任何一方均可向有管辖权的劳动争议仲裁委员会申请仲裁；对仲裁裁决不服的，可以向有管辖权的人民法院提起诉讼。

第十六条其他事项

一、本合同未尽事宜或条款与法律、法规有抵触的，按国家和天津市的有关规定执行。

二、本合同甲乙双方签字盖章后，甲方应在一个月内到劳动行政部门办理鉴证，双方必须严格遵照执行。本合同一式两份，甲乙双方各执一份。

甲方（盖章）乙方（签字）

法定代表人或委托代理人

(签字或盖章)

第九章　就业政策及人事代理制度

大学生就业政策是党和国家就业政策的一个重要组成部分，是大学生求职择业的前提和依据。对于面临就业的大学毕业生来说，帮助他们了解和掌握国家的就业方针和政策规定，了解人事代理制度的内容和特点，指导他们面对现实，调整自我，树立正确的择业观念，提高执行国家就业政策的自觉性有着十分重要的意义。第十届全国人民代表大会常务委员会第二十八次会议通过的《中华人民共和国劳动合同法》于 2008 年 1 月 1 日起施行，本章未尽事宜以《中华人民共和国劳动合同法》为准。

第一节　就业政策及其规定

一、高等学校毕业生就业的现行政策及规定

（一）高等学校毕业生就业的现行政策

1．大学生就业的方针和原则

根据《国家中长期教育改革和发展规划纲要（2010～2020 年）》有关规定，凡取得毕业资格的统招生，在国家就业方针指导下，实行“供需见面”和“双向选择”的办法，在一定范围内安排就业。

现阶段大学生就业工作要贯彻统筹安排、合理使用、加强重点、兼顾一般和面向基层，充实生产、科研、教学第一线的方针，在保证国家需要的前提下，贯彻学以致用、人尽其才的原则。

国家采取措施，鼓励和引导毕业生到边远地区、艰苦行业和其他急需人才的地方去工作，规定来源于边远省区的高校毕业生只要是边远地区急需的，原则上回到来源省区就业。另外，在就业工作中必须坚持男女平等的原则，用人单位对毕业生择业不得作出有性别歧视的规定。

2．就业政策

（1）大学生凭录用书等可在省会城市落户。除直辖市外，省会及省会以下城市放开对吸收高校毕业生落户的限制。省会以上城市也要根据需要，放宽高校毕

业生就业落户规定，简化手续。公安部门对应届毕业生凭用人单位与毕业生签订的就业协议书和普通高等学校毕业证书和全国普通高等学校毕业就业报到证办理落户手续。

（2）大学毕业生的户籍可在学校保留两年。根据规定，对毕业离校时未落实工作单位的高校毕业生，档案管理机构对保管其档案免收服务费。学校可根据本人意愿，将其户口转至入学前户籍所在地，或两年内继续保留在原就读高校，待落实工作单位后，将户口迁至工作单位所在地。超过两年仍未落实工作单位的高校毕业生，学校和档案管理机构将其在校户口和档案迁回其入学前户籍所在地。

（3）取消对毕业生就业的各种收费。为了使大学毕业生能够顺利就业、满意就业，国家取消对高校毕业生收取的城市增容费、出省（自治区、直辖市）费、出系统费和其他不合法、不合理的收费，真正实现人才的自由流动、合理流动。

（4）国家鼓励大学毕业生到非公有制单位就业。对到非公有制单位就业的高校毕业生，公安机关要放宽建立集体户口的审批条件，及时办理落户手续；用人单位要按照国家有关规定与毕业生签订劳动合同，为其办理社会保险手续、交纳社会保险费、医疗保险费，保障其合法权益。

（5）国家鼓励和支持大学毕业生自主创业、团队创业。从事个体经营和自由职业的毕业生，可将档案存放在其常驻地经人事部门授权的人才交流机构或县级以上政府授权的公共职业介绍机构，并按当地政府的规定，到社会保险经办机构办理社会保险登记，交纳社会保险费。为鼓励和支持大学毕业生自主创业，工商和税务部门要简化审批手续，积极给予支持。

（6）国家鼓励和支持大学毕业生到西部去、到基层去、到农村去、到中小企业去。国家规定原籍在中、东部的大学毕业生到西部工作，实行来去自由原则，大学毕业生可提前定级，放宽专业技术资格、职务评定标准，适当提高工资标准。2005 年 6 月 29 日中办、国办印发的《关于引导和鼓励高校毕业生面向基层就业的意见》（以下简称《意见》）是一个非常重要的文件。《意见》很明确地透露出这样一个信息：引导高校毕业生面向基层就业。《意见》说：基层是最需要人才的地方，是吸纳就业的重大空间。从广大农村、城市街道社区、县级以下党政机关、企事业单位、社会团体组织，到非公有制组织、中小企业、艰苦行业和艰苦岗位，基层空间广阔、潜力巨大。不仅地方院校、高职院校要引导和鼓励毕业生面向基层就业，研究型大学和高水平大学也要引导毕业生面向基层就业。随着高等教育的大众化，高校毕业生将成为社会普通劳动者，基层必然成为吸纳高校毕业生最重要的空间。这是在市场经济体制和高等教育大众化背景下，破解毕业生就业结构性矛盾的重要途径。引导大学生去基层，不是一时之需，不是权宜之计。国家的政策和制度设计充分体现了以人为本的思想，毕业生自愿选择，来去自由。

（7）国家对高职高专毕业生推行“双证制”。鼓励高等专科学校的学生参加职业技能培训，大力培养专业技能型人才，逐步在全社会实行学业证书、职业资格证书并重的用人制度。

（二）现行大学生就业政策中的具体规定

1. 调配派遣规定

（1）调配派遣对象为：国家计划招收的非在职毕业研究生（博士研究生、硕士研究生、结业研究生、肄业研究生），国家计划招收的普通高等学校毕业生和结业生以及国家计划招收的为地方培养的军队院校毕业生。

（2）地方主管毕业生的调配部门和高等学校按照国家下达的就业计划派遣毕业生。派遣毕业生统一使用“全国普通高等学校毕业生就业报到证”和“全国毕业研究生就业报到证”（以下简称报到证）。报到证由国家教育部门授权地方主管毕业生就业调配部门审核签发，特殊情况由国家教育部门直接签发。

（3）学校要根据毕业生就业计划、协议，结合毕业生的具体情况，认真拟定毕业生派遣计划。派遣方案经有关毕业生分配部门批准后才能实施。

（4）截止学校上报派遣方案后，对尚未落实工作单位的国家计划招收的高校毕业生，派回其家庭所在地市、县，由当地政府人事部门负责，帮助其继续落实工作单位。

（5）对修业期满、未取得毕业资格的研究生，本、专科生，本年度内落实接收单位的，可予派遣，但必须在报到证上注明“结业生”字样。

（6）攻读硕士、博士学位，因故未完成学业的肄业研究生，自学校批准退学之日起，半年内落实接收单位的，可申请予以派遣；超过半年没有接收单位的，由学校按学籍管理的有关规定办理。

（7）报批毕业生派遣方案之前，学校须对学生能否取得毕业资格作出确认。同时应对毕业生进行认真的健康检查，对在校期间曾患慢性疾病的，要作专科检查。对有病不能坚持正常工作的毕业生不得派遣，让其回家休养。对患精神病、麻风病、癫痫病、癔症等病的学生要按学籍管理规定，及时处理。一年内治愈的（须经学校指定的县级以上医院证明能坚持正常工作的）可以随下一届毕业生就业；一年后仍未治愈或无用人单位接收的，户口关系和档案材料转至家庭所在地，按社会待业人员办理。

（8）毕业生派遣中出现特殊情况需要调整改派的，按下列原则办理：①因家庭发生不可预知的困难，需照顾回家庭所在地就业的；②符合国家、省有关就业政策导向，流向合理的；③国家政策照顾对象，情况发生变化的；④接收单位因不可抗拒原因，无法接收毕业生的；⑤毕业生就业主管部门下达调整分配计划的；⑥用人单位因情况发生变化，致使毕业生不能学以致用的；⑦其他经批准的。

（9）毕业生调整改派须在一年内办理，逾期不再办理有关调整改派手续。毕业生就业后的调整按在职人员有关规定办理。

（10）省属学校为各地培养的定向毕业生，个别特殊情况需要在非定向单位就业的，须经学校同意后，报省毕业生调配部门和学校主管部门批准，应向原定向单位交纳全部培养费。

2．接收毕业生的有关规定

（1）毕业生应在报到期限内，持报到证到用人单位报到。凡纳入国家就业计划的毕业生，地方政府不得征收其城市增容费。

（2）鼓励企业接收毕业生。对三资企业、私营企业、股份制企业等无主管上级部门的企事业单位以及采用聘用方式使用毕业生的单位，必须到县以上人才交流机构办理人事代理手续后，方可接收毕业生。

（3）用人单位必须按调配部门规定的时间和要求，填报当年毕业生需求计划。需求计划必须经主管部门或人事主管部门认可，报省一级毕业生调配部门备案。需求信息应及时发布。用人单位在核准的需求计划内落实毕业生。

（4）毕业生报到时，用人单位应在指定的县级以上医院对其进行健康检查。因岗位有特殊要求或曾患有慢性疾病的毕业生，要进行专科检查。

（5）经体检合格的毕业生，准予报到。用人单位凭毕业生的报到证和毕业生就业计划，经省、市、县毕业生就业主管部门审核后，办理接收户口关系手续。

（6）毕业生报到后，用人单位要根据工作需要和毕业生的情况，及时安排工作岗位。双方协议规定的，要按协议执行。

（7）人事关系由县以上人才交流机构代理的单位，接收的毕业生，见习期考核、转正定级手续，由其委托代理的人才交流机构负责。用人单位须按规定提供有关毕业生见习期间工作、表现等书面材料。在毕业生见习期间，解除聘用（任）合同的，由代理人事的人才交流机构继续负责毕业生的见习期管理，毕业生可应聘到其他单位工作。待聘期超过一个月的，见习期顺延。

（8）毕业生报到后，发生疾病不能坚持正常工作，按在职人员有关规定，不得把上岗后发生疾病的毕业生退回学校。

3．毕业生档案及户口关系迁移

（1）学校要建立健全学生档案，下列材料必须归入毕业生档案：毕业生登记表，学习成绩登记表，奖惩情况，学位授予证明，入党（团）志愿等，毕业离校前的体检结果，报到通知书。

（2）学校派遣毕业生后，应将毕业生档案按规定寄至有关部门。部属全民企事业单位和省属单位接收的毕业生，档案直接寄送用人单位；市属单位接收的毕业生，档案寄送用人单位业务主管部门；县及县以下所属单位接收的毕业生，档案寄送县人事局；三资企业、私营企业、股份制企业等无主管上级的企事业单位以及采用聘用方式使用毕业生的单位接收的毕业生，档案寄送其人事关系委托代理的县以上人才交流机构。

（3）户口关系的迁出。毕业生派遣后凭报到证，到学校或家庭所在地公安部门办理户口关系迁出手续。

（4）户口关系的迁入。毕业生凭报到证、就业协议书、毕业证书、户口迁移证办理户口关系迁入手续。报到证上的报到单位、报到地址与户口迁移证不一致又未按规定办理改签手续的，以及报到证未经省、市、县人事部门审核的，不予办理户口关系迁入手续。

4．残疾毕业生就业规定

按规定招收的残疾毕业生，由学校负责推荐，各级毕业生就业指导机构和民政部门共同协助他们就业。

5．志愿去艰苦行业或地区的毕业生就业规定

志愿去艰苦边远地区、国家重点单位工作的毕业生，学校要给予鼓励，同时用人单位也应给予奖励。

6．自费生就业的规定

国家招生计划内招收的自费生（含电大、函授等普通专科班），在规定时间内找到工作单位的由地方主管调配部门开具报到证。如果在规定时间（三个月）找不到工作单位的，只能暂时待业。任何部门或个人都不能通过行政指令来强制性安置自费生。自费生应主动适应人才市场的需求，采取多种灵活形式就业，可去乡镇企业、民营企业、三资企业等单位应聘，也可等待国家招考公务员等。

7．有关结业生、肄业生的规定

结业生是指具有学籍的学生学完教学计划规定的全部课程，其中有一门以上主要课程（包括毕业论文、毕业设计）不及格者。

结业生由学校向用人单位推荐或自荐，找到工作单位的，可以派遣，但必须在报到证上注明“结业生”字样；在规定时间内无接收单位的，由学校将其档案、户口关系转至家庭所在地（家居农村的保留非农业户口），自谋职业。根据有关文件规定，结业生在一年以后补考及格的，可换毕业证书。找到工作单位的结业生的定级工资待遇比同等学力的毕业生工资标准低一级。已换发毕业证者，可按毕业生转正定级。未取得毕业资格的结业研究生，仍按就业计划派遣。其工资待遇应比国家规定的毕业研究生待遇低一级。如原系带薪职工，其工资高于国家规定标准工资的，可保持原工资不变。

肄业生是指具有正式学籍，未学完教学计划规定的课程而中途退学者（被开除学籍者除外）。肄业生由学校发给肄业证书。肄业生离校后，学校和国家不予推荐和安排工作。如被录用，待遇由录用单位决定。

8. 毕业生派遣后要求改派工作单位的规定

毕业生就业计划是由学校和用人单位洽谈协商之后报经主管部门批准的，而毕业生派遣都是按国家计划进行的。计划一经下达，毕业生和用人单位均不得随意变动。但下列几种情况可以申请改派。①错派。发现没有这个用人单位，或用人单位已经撤销；用人单位隶属关系搞错或隶属关系发生了变化。②使用不当。如果用人单位要了毕业生（尤其是紧缺专业），却安排从事与本专业无关的工作。③调配不当。在调配过程中，所作计划中的毕业生所学专业与用人单位要求不一致；或派遣人数不一致；或学历层次与用人单位要求不一致。

毕业生报到时，碰到以上几种特殊情况需要学校帮助解决的，可按下列原则办理：①持相关材料经学校主管部门审核同意后，报地方主管毕业生调配部门审批并办理改派手续；②毕业生调整改派手续须在一年内办理，逾期不再办理。毕业生就业后的调整按在职人员有关规定办理。

调整改派要贯彻学以致用、发挥专长、从严掌握、就地调整为主的原则。

9. 毕业生报到期限的规定

毕业生的报到期限一般为一个月。由于特殊原因，如生病、外出遇上天灾人祸等不能按期报到，应及时向接收单位请假说明。如逾期不报到，又未向接收单位请假者则可能产生对方拒收的后果。

10. 毕业生报到后工资、工龄的规定

毕业生就业后，其工资标准和福利待遇按国家有关规定执行，工龄从报到之日计算。到非公有制单位就业的毕业生，工资待遇由毕业生与用人单位协商确定，但工资标准原则上应不低于国家规定。根据劳动部[1982]劳险便字 9 号规定：高等院校学生延期毕业或毕业后延期分配的，应从他们正式分配工作报到之日连续计算工龄。

11. 毕业生到非公有制单位就业的规定

按国家规定：到非公有制单位就业的毕业生，其档案及户口关系一律由各级政府人事部门所属的人才交流服务机构管理，工资待遇由毕业生与用人单位协商确定，但工资标准原则上应不低于国家规定。

过去高校毕业生主要在国有企业、政府各部门就业，如今我国所有制结构发生很大变化，非公有制经济已成为我国社会主义经济的重要组成部分。中央要求对个体、民营等非公有制经济要继续鼓励、引导，使之健康发展。就业制度要主动适应这一变化，一方面要积极探索，加快就业体制改革；另一方面要广辟渠道，为乡镇企业、民营企业、个体私营企业输送人才，并要积极支持和鼓励集体企业、私营企业、联营企业和股份制企业等单位接收毕业生。

12. 违反规定的处理

（1）对违反就业协议或不履行定向、委托培养合同的用人单位、毕业生、高等学校，应按协议书或合同书的有关条款处理，并依法承担赔偿责任。

（2）有下列情形之一的毕业生，由学校报地方主管毕业生调配部门批准，不再负责其就业。在其向学校缴纳全部培养费后，由学校将其户口关系和档案转至家庭所在地，按社会待业人员处理：①不顾国家需要，坚持个人无理要求，经多方教育仍拒不改正的；②自派遣之日起，无正当理由超过三个月不去就业单位报到的；③报到后，拒不服从安排或提出无理要求被用人单位退回的；④其他违反毕业生就业规定的。对利用职权干涉毕业生就业工作或在毕业生就业工作中徇私舞弊的工作人员，由主管部门或同级纪检、监察部门依法处理，情节严重、构成犯罪的，依法追究其刑事责任。

二、毕业生就业程序

（一）毕业生就业工作的一般程序

毕业生就业工作的一般程序，通常是指毕业生就业工作的几个具体环节及其工作顺序。

1. 统计、编报应届毕业生资源情况

毕业生就业工作一般从最后一学年开始。学校按毕业生专业设置、招生计划性质、类别、生源地区等内容进行统计，编制出毕业生资源统计表，并上报上级就业管理部门。

2. 收集需求信息

学校通过信函、电话、广告方式或派出专人联系用人单位、收集需求信息，企事业单位归口上报或向学校报送毕业生需求计划。

3. 开展学校推荐、供需见面、双向选择、自主择业工作

学校举行“学校推荐、供需见面、双向选择、自主择业”活动，让毕业生与用人单位直接见面洽谈，达成招聘接收协议。招聘活动的时间，要按照教委的统一要求，安排在每年 11 月 20 日以后的节假日进行。

4. 签订毕业生招聘接收协议或办理毕业生接收函

毕业生与用人单位双向选择成功后，应签订全国普通高等学校本专科毕业生就业协议书，或者由用人单位出具毕业生接收函，经学校或主管部门确认后生效。

5. 制订毕业生就业方案

每年 3 月开始，学校根据毕业生签订的就业协议书和接收函，制订出毕业生就业的建议方案，经过协调、核实、审核，形成正式的就业方案。

6. 办理毕业生就业手续

每年 6 月底 7 月初，开始办理毕业生就业手续，进行毕业鉴定，开具毕业生就业报到证，办理档案户口关系迁转手续；最后毕业离校上岗。

7. 调整改派

毕业生报到期间原则上不作调整改派。如因非学生个人原因的特殊情况确需调整的，经原派遣单位同意，毕业生可向学校提出书面申请，经学校调查核实后，报上级主管部门审批，办理改派手续。

（二）毕业生个人就业的基本程序

（1）填写毕业生就业推荐表，准备相关就业材料。毕业生就业推荐表的主要内容有毕业生的基本情况、主要课程及成绩、专业能力与特长、就业意愿、班主任评语、学校有关部门意见等，是毕业生求职择业的“小档案”或“名片”。相关就业材料主要包括求职自荐信、作品、技能等级证书、荣誉证书的复印件等。

（2）收集人才需求信息，确定求职择业意向。毕业生在最后一学年中，应广泛搜集人才需求信息，分析就业形势，根据自己的专业特点、适合就业的范围、个人能力与特长，结合社会需要，确定自己的就业意向。

（3）双向选择。毕业生在国家有关就业政策指导下，按照学校有关规定，参加由学校或地方组织的“双向选择”活动，或经学校推荐直接与用人单位见面参加考核，这是毕业生推销自己、了解用人单位情况的重要环节。

（4）签订协议。通过双向选择，毕业生确定就业单位后，即要和用人单位以及学校三方签订就业协议书。

（5）办理毕业生就业报到证和户口关系迁转手续。

（6）毕业离校，到工作单位报到上岗。

各地方、各学校因具体就业办法和实际情况的差别，上述程序中的具体时间乃至具体做法也会略有变化。

第二节 人事代理制度

人事代理制度是由传统的计划经济条件下的人事管理体制向与社会主义市场经济体制相配套的人事管理体制过渡过程中产生的，是在人才交流服务的基础上发展起来的一种新的人事管理方式。

一、人事代理的含义

人事代理，是指在社会主义市场经济条件下，经组织人事部门批准或授权指定的人才服务机构，受单位和个人委托，运用社会化服务方式和现代化手段，按指定的法律和政策规定，为其代办的有关人事业务。简单地说，就是把“单位人”变成“社会人”，实现人事关系管理与人员使用分离，即单位管用人，而一些具体的人事管理工作，如档案管理、计算工龄、评定职称、社会保险等，由人才交流中心代管。

1995年12月人事部正式提出推行人事代理制，使之规范化、法制化。人事代理将促进人才产业化，最终使人事管理变成一种公众服务。

二、人事代理的内容

目前，全国各地人事代理发展迅速，代理内容不断丰富，代理形式趋于多样化，概括起来主要包括四个方面。

（1）围绕人事档案管理进行的低层次的人事代理，包括存放或转递人事关系、调整档案工资、评定专业技术职称、办理因私因公出国政审、出具各种人事证明等。

（2）围绕社会保障进行的新形式的人事代理，包括失业保险、养老保险、医疗保险等。

（3）围绕人力资源开发进行的深层次代理，包括人才招聘、人才测评、人事诊断、人才考核和人才发展规划。

（4）围绕信息咨询进行的服务性代理，如发布人才供求信息、代发招聘广告和公司形象设计、工薪制度咨询、就业指导、职业咨询等。

人事代理的对象、规模也不断扩大。人事代理最初的服务对象大都是三资企业、民办科技企业、乡镇企业和非国有单位，现已发展到代理一部分国有企事业单位。

三、人事代理的特点

人事代理制度首先是一个制度，它的特点是法制化、系统化、社会化和专业化。

法制化——就是人事代理单位和委托单位要有严格的合同约束，有明确的权利、责任、义务保证；开展人事代理业务要以人事法规政策为依据，适应人事管理的每个环节。

系统化——就是人事代理业务扩展到人事管理的每个环节，从宏观的人事规划到具体的人事管理业务。

社会化——就是人事代理的范围和服务领域具有广泛性和市场化的特点，国有企事业单位可以委托，其他多种经济成分的用人单位也可以委托；单位可以委托，个人也可以委托；既可以全权委托，也可以单项委托。

专业化——人事代理机构应当具有较强的人事代理业务能力和相关专业技术

设备、技术手段，能够提供具有较高专业水准的服务。

四、如何办理人事代理手续

（1）单位办理委托人事代理，须向当地人才交流机构提交下列证件：

1）委托人事代理申请书；

2）企业营业执照（副本）、企业章程及复印件；

3）事业单位法人登记证及复印件；

4）委托代理人员履历表、身份证及复印件；

5）代理项目相关的材料。

（2）个人办理委托人事代理，根据各自情况的不同，须向当地人才交流机构分别提交下列有关证件：

1）委托人事代理申请、聘用合同、身份证及复印件、聘用单位证明（证明其单位性质、主管部门、业务范围）等。

2）自费出国留学人员，须提交委托人事代理申请、原单位同意由人才交流机构保存人事关系的函件、出国有关材料等。

3）辞职、辞退、解聘人员，须提交委托人事代理申请，辞职、辞退、解聘证明、身份证及复印件。

4）尚未落实就业单位的各类大中专毕业生，须提交委托人事代理申请、毕业证书、就业报到证、户口迁移证、人事档案、身份证及复印件。

第十章 迈好走向社会的第一步

大学生活是人生道路上一座重要的里程碑，凝聚着莘莘学子寒窗苦读的心血，记载着学子们的成长历程。告别母校，走向社会，这是毕业生一生中的一次重大转折。如何才能顺利地完成这个转折，是每个毕业生都要认真思考的问题。本章着重介绍大学毕业生在离校前需要注意的问题，以及如何转变角色、适应环境、提高从业能力，顺利走上工作岗位。

第一节 离校前的准备

一、珍惜在校最后时光，努力学习，提高专业技能

（一）努力学习，提高技能是科学技术发展的需要

邓小平同志曾经说过："劳动者只有具备较高的科学文化水平，丰富的生产经验，先进的劳动技能，才能在现代化的生产中发挥更大的作用。"无论是在工业还是在农业生产中，现代科学技术的日益进步，都要求劳动者要不断地学习先进技术和先进操作方法，提高劳动熟练程度，在利用技术和组织生产方面，进一步发挥创造性，增加产品的数量，改进产品的质量，降低成本，提高劳动生产率。当今世界正处在知识爆炸、科技腾飞的时代。处在这样的时代里，不论我们整个国家经济的腾飞，还是各个生产建设单位效益的提高，都必须以科技作后盾。随着科学技术突飞猛进地发展，对从业人员的要求也越来越高。专业技能的学习和掌握是不能一劳永逸的，应当不断地学习钻研，不断地提高，努力用现代化科学技术武装自己。大学毕业生要珍惜在校期间的学习机会，圆满完成学业，以良好的综合素质适应科技发展和社会的需要。否则，就谈不上是合格的劳动者。停止则意味着退步，将被时代所淘汰。

（二）努力学习，提高技能是适应人才竞争的需要

随着社会主义市场经济的迅速发展，劳动就业制度改革的深入，劳动力市场的竞争将日趋激烈。大学生毕业后将直接面临谋求职业的竞争，还要经历就业后企业优化劳动组合的严峻考验，即使是从事个体经营也不可能稳坐钓鱼台，大家都要在优胜劣汰的市场竞争中经受考验。作为新世纪的一代青年，应当清醒地认

识到，我们面临的是前所未有的机遇，也是前所未有的挑战，把握机遇，迎接挑战，是时代对我们的召唤。

（三）努力学习，提高技能是实现“为人民服务”根本宗旨的必备条件

任何一种工作，都需要一定的知识和技能，都有一定的规则和程序，只有不断地钻研业务、提高技能，才能灵活地运用专业知识解决实际问题，实现“为人民服务”的宗旨。作为大学毕业生，从走上工作岗位那一天开始，就要树立起远大的职业理想，以工作岗位为人生的又一个起点，奋力拼搏，不断钻研科学知识，积聚力量，为自己事业的发展插上坚挺的翅膀。

（四）努力学习，提高技能是个人成才，实现人生价值的必经之路

在 21 世纪初，我们面临前所未有的挑战和机遇。机遇只给有准备的人，当机遇来临时，你准备好了没有？当机遇来临时，但愿大学生不要“失之交臂”。把握机遇靠什么？靠的是领先一步的知识准备和孜孜不倦地对业务的钻研。成功者的面前是一条艰辛之路，这条艰辛之路就是不断地学习和钻研业务，不断地提高个人专业技能，在成功的时候，正是工作做好业务水平渐入佳境的时候，也正是人生价值实现的时候，必须很好地把握。

从以往毕业生反馈的信息中得知：不少人参加工作后才感觉文化知识的重要，于是重新拿起曾经不愿翻动的书本。因此，作为大学生，应该珍惜在校期间的大好时光，努力学习，提高技能，为自己在将来的工作岗位上建功立业创造条件。

二、文明离校

（一）加强组织纪律性，约束自己的言行

生活的道路不都是鲜花和笑容，往往充满坎坷和曲折。随着社会物质文明的提高、生活节奏的加快，人与人之间的情感交流越来越少，就业压力和竞争却愈演愈烈。在这种情况下，毕业生容易出现心理失衡、精神负担过重、遇事不冷静等问题。因此，毕业前夕同学们应特别注意自己的言行，不做伤害别人和违反校纪的事。

（二）莫忘师生感情，珍惜同学友谊

人们常说教师“经济上清贫，精神上富有”，精神上的富有就是指桃李满天下的师生情。学生的点滴进步都凝聚着老师的辛勤劳动，尊师重教是中华民族的优良传统，是当代大学生应有的道德品质。毕业生离校前夕，千头万绪，一方面别忘了把由衷的感激和良好的祝福献给日夜操劳的老师；另一方面主动与老师建立长期联系，以利于将来事业发展。大学校园的友谊，是人生中最美丽、最珍贵的感情之花。尽管在中小学时代也有过友谊，但由于那时年龄太小，纯情有余，理智不足，内涵也远不如大学期间丰富多彩。今后也还会结交更多的朋友，但你

会发现，社会比学校要复杂得多，人与人之间也不如同学间那样倾心谈吐、淳朴无瑕。临近毕业的关键时刻，同窗友谊像一盏熠熠生辉的明灯，照亮彼此的心扉，使大学时代的最后日子令人难以忘怀。毕业生要珍惜同学友谊，犹如战友亲如兄弟；同学友谊是困境中的及时鼓励，是泥泞中的相互搀扶，是成功中的提醒；同学友谊犹如珍珠，越是光线不足的地方，它越能迸发出耀眼的光辉；同学友谊是人生中不可多得的宝贵财富。

（三）积极参加健康向上的集体活动

毕业前夕，同学们同窗几载，欢聚一堂共叙友谊是人之常情，无可非议。但如果不顾经济实力，参加过多的请客吃饭，暴食暴饮，失去理智，惹是生非，做出违法乱纪的事情，影响正常毕业，是不可取的。作为毕业生，在毕业前夕应该多参加学校组织的健康有益的活动。比如参加社区服务，向社会展示大学生风采；参加“为母校做一件好事，为教学改革提一条建议”的活动；为学弟学妹们捐书、捐物奉献爱心；或举行多种多样的文体比赛等。

三、按规定办理有关离校手续

毕业生在离校之前应该按照学校有关规定办理离校手续，主要包括以下几个方面：

（1）缴清所欠学杂费，办理归还贷款手续，移交公共财物。

（2）还清所借图书、体育器材、实验用品等。

（3）领取户口关系、迁移证。

（4）领取毕业证、学位证、技能等级证等。

（5）领取毕业派遣报到证。

（6）办理迁移党、团组织关系的介绍信。

（7）办理学校规定的其他手续。

高校一般在规定时间内集中办理以上手续，现场办公，方便快捷，省时省事。毕业生应该在规定时间内办理完毕。在办理有关手续时要注意核对报到证上的姓名是否与户口关系上的完全一致，单位名称是否正确，如发现差错，要及时更正。办完手续后，要将所有材料妥善保管，防止丢失。

离校手续最好亲自办理，确有困难应托付给可靠的亲友或同学帮助办理。但一定要及时询问办理的情况和索取所有的资料，万万不可不闻不问，甚至数年后需要有关证件时才询问此事。到那时，事过多年，且由于机构和人事变动，很多具有时效性的证件将可能无法查找，会给你带来很多不必要的麻烦。

对于私人之间的财务往来，毕业生也应在离校前清理了结，以免相互之间造成不必要的误解。

为了将短暂的大学生活摄入永恒的记忆，每个人不妨准备一本纪念册，在扉页上嵌一张全班同学的合影，配一段颇有文采的前言。再附上每个同学富有生活情趣的单人照片和简短的赠言及较固定的通信地址，最后请老师写寄语。一本纪念册在手，时间在此留步，友谊常驻心头，犹如陈年老酒，会给你带来永久的沉醉与回味。

第二节 角色转变与环境适应

一、角色转变

毕业生离开学校走向社会是人生的一次重大的转折。当大学生步入社会，实现从学校生活到职业生涯的过渡时，必须迅速确立新的独立的社会角色意识，明晰社会对职业角色的期望，按照社会与职业岗位对角色的要求来塑造自己。只有这样，才能获得职业社会对毕业生所担任的新的职业角色的认同，从而在新的人生旅途中创造辉煌的业绩。

（一）角色转变的含义

角色转变是指随着个人的社会任务或职业生涯的不断变换而由一个角色进入另外一个角色的过程。在社会生活中，一个人在不同的时间、场合，担当着不同的角色。如果不能正确地进行角色转换，轻者发生角色错位，造成烦恼；重者会给生活、工作、学习带来困难和危害。比如一个人，在工作单位是领导，经常要下达指令；而在离开工作岗位后，或回到家里、与朋友交往时，如果也表现出领导角色的特征，发号施令，官气十足，这样就会引起矛盾和误解。

（二）学生角色与职业角色的差异

学生角色与职业角色的不同主要表现为，学生是受教育者，其主要任务是接受教育、储备知识、掌握本领，逐步完善自己，经济来源主要是接受家长的资助，尚未自食其力；进入职业角色后，则需要用自己的本领，通过工作为社会作贡献，取得经济来源，并以自己的行为承担社会责任。学生角色与职业角色的主要不同有以下几点：

1. 个人导向与团队导向的不同

在学校里学生可以张扬个性，按个人的意愿做事。而进入职业角色后，就不能不接受约束。比如企业更多的是强调统一标准、流程、规范，个人要通过组织和协作来发挥作用。如果说在学校是一个人答卷，那么到了企业里就是集体答卷了，团队意识是很重要的。

2. 情感导向与职业导向的不同

在学校里很大程度上可以随时表现自己的喜怒哀乐。进入职业角色后，就必须有一种职业化的思维、意识和习惯。比如企业要求员工对企业的“认同感”。学生走向社会，走向企业，就像是一个“修炼”过程，必须学会用职业要求来主导自己的行为。

3. 成长导向与责任导向的不同

在学校，作为学生，主要强调个人的教育成长，即成长导向。在企业作为员工，则强调责任意识，即责任导向。“小公司做事，大公司做人”。在企业里，要在履行责任的前提下学会成长，个人必须培养出一种“与公司共命运”的意识，要重视自己的信誉。

4. 思维导向与行为导向的不同

在学校里，学生在面对一件事情时多爱争论，多爱问为什么。到了企业，就不仅仅是要求你去想为什么，更重要的是能够认识问题、解决问题。企业要求员工的是工作绩效，而眼高手低、只会动嘴是解决不了问题的。

5. 智力导向与品格导向的不同

在学校，重视的是智力，看重的是学习成绩。在企业，重视的是品格，看重的是为人处世。企业所重视的品格是诚信，是能持续地把小事做下去。比如关于“服从”这个问题，企业要求一个合格的员工应该做到“保留与承诺”。一方面你可以保留自己的想法，另一方面你必须服从上级的安排去执行任务并很好地完成。这就要求有坚强的意志力与尊重人的品格。

二、确立角色意识

角色意识在事业的发展过程中非常重要。没有角色意识，就不能找准自己的位置，就不会有准确的角色定位；定位不准，就谈不上顺利成长和成功。俗话说“入乡随俗”，说的就是行为要与变化的环境相适应。大学生刚走上工作岗位，在心理上面临着一个“断乳期”，需要以正确的心态和恰当的方法加以调整，尽快完成从学生到员工的角色转变。

每种角色都有其不同的角色规范和职业要求。身处不同社会位置的人们很难获得绝对的平等。进入工作单位后，首先要弄清楚自己是干什么的，承担什么工作角色以及这个角色的性质、职责范围，弄清楚自己的职权和义务。只有这样，才能尽心尽力地去扮演好自己的角色。如果角色意识淡漠，一意孤行，我行我素，该请示的却擅自做主；该自己处理的事务怕承担责任，不敢做主或推给上司、同事，势必会与新环境格格不入。

不同的职业岗位赋予劳动者不同的职责，大学生由学校步入社会，角色发生了变化，使其义务、责任、权利等也随之变化，这就要求大学生在进入职业社会前就要确立新的角色意识。

1．明确角色的责任与权利

大学毕业生初入社会，首先必须对工作单位的特点和对自己承担的角色的要求作出恰如其分的评析，并在此基础上初步明确自己的任务、内容、职责、权利和义务，以确定自己的角色规范。

2．做好担任角色的心理准备

由于学校生活相对封闭、单一，加之青年人喜好幻想，又由于各种传播途径表达的社会理想模式在一定程度上抬高了学生对社会的期望值，往往造成一些毕业生对新环境估计不足，不能面对社会现实，妥善处理各种矛盾，按角色规范要求自己。而心理素质不稳定的毕业生则容易出现心理失衡，影响个人的发展。因此，正确地认识社会，做好担任角色的心理准备是十分重要的。

3．恰如其分地估计自己

对于将要担任的角色，除应做好认识上、心理上的充分准备外，还要恰如其分地估计自己担任这个角色的能力。由于每个人的自身素质、生活阅历、适应能力等各不相同，担任角色的能力也有差异。因此，要对自己的业务专长、性格特点、身体状况、处世态度等有较客观的认识。如果这种估计与新角色有差异，则要进行必要的调整和自我训练，以期达到新角色的要求。

社会角色复杂多样，初入社会的毕业生要认真理解自己所担任的角色的特点，尤其是职业角色特点；要把握住必需的行为、允许的行为和禁止的行为之间的界限；明确应该做什么、怎样去做，以免发生角色偏差。

三、明确角色期望

每个人在社会中都担任着一定的角色，而不同的社会成员对同一个角色的期望不尽相同。大学毕业生在走上社会之前，应该明晰外界对自己所任角色的期望。

1．掌握工作岗位对职业角色的期望

任何一种职业，都有一定的职业要求和规范。每个人对于自己将从事的职业要有强烈的责任感和事业心，认真承担岗位职责，遵守职业道德。

2．了解领导对下属的期望

一个乐队，只有服从指挥，才能成功地演奏；一条船，只有服从船长的权威领导，才能正常航行。作为一名公司职员，应正确处理领导与被领导的关系，尽职尽力地完成领导所交给的工作任务。要尽可能了解领导者的特点、工作方式和习惯，认真领会领导者的意图，努力把所学知识与个人特长体现在工作中，做好工作，让领导在工作中了解自己，以取得信任和支持。工作中可能会与领导发生分歧，遇到这种情况，要恰当地发表个人的见解和建议，冷静、理智地按岗位规范的要求约束自己，圆满地完成任务，以踏踏实实的工作赢得领导的信任和理解。

3. 了解同事对新共事者的期望

古人云："三人行，必有吾师。"刚参加工作的毕业生应该谦虚谨慎，尊重同事。不论对年长者还是年轻人，是上级还是下级，都要有以人为师的态度。因为他们在这个工作岗位上已工作多年或至少比自己来得早，各方面都比自己更有实际经验，切不可给同事们留下目中无人的印象。

要赢得同事的信任，得到同事的帮助和支持，应该从小事做起，从本岗位做起，要不怕脏，不怕累，脏活累活抢着干，要乐于奉献，肯于吃苦。眼高手低，自命不凡，不做实事，在现实生活中是行不通的。

4. 准确实现角色对自己的期望

初入社会的毕业生要了解社会和周围人群的特点，了解角色规范，观察和了解他人对事物的评价，从而学会担任角色。例如，行政工作人员喜欢安静的工作环境，言谈举止比较庄重；而工人则性格豪爽。这是由于工作性质与环境不同、人员层次与文化的差异所造成的。但一个人无论担任什么角色，都必须根据岗位的需要去努力实现角色对自己的期望。

四、进入角色适应环境

大学毕业生走出校门、进入工作岗位后，将面对比学校更为广阔、更为复杂的社会环境。要想尽快适应新的社会环境，就要注意人际关系的适应、社会环境的适应、职业岗位的适应；要想尽快适应新的社会环境，就必须建立和强化角色意识，提高和完善职业智能结构，培养良好的心理素质，以开辟宽广的人生之路。

走出校门的毕业生们，怀揣知识，凭借能力，满怀希望地迈向社会，进入职业世界。从学校走向社会后，由于生活环境、人际交往范围、生活目标、社会角色等都发生了变化，这就要求其观念、意识、心理、行为方式等都要随之转变和调整，进而走好适应社会的第一步。

1. 尽快进入新角色

要尽快抛弃学生时代所形成的依赖、任性心理和生活习惯，树立新的角色意识，并以新角色严格要求自己；要尽快抛弃恋旧情绪，熟悉新工作和新环境，在新的工作中寻找新的乐趣。毕业生步入社会后会承担不同的工作任务，譬如做技术工作、搞科学研究、从事行政管理等。不论从事何种工作，都要认清工作的性质、要求，努力做好。

2. 调整心态，尽快适应新环境

当毕业生到单位工作后，都会发现现实生活并非想象中的那样完美，心中难免有些失落。在工作中，他们可能会感到工作平淡，整天做小事或杂事，可能会有多年苦读无用武之地，想成就一番事业不知要等到何时的想法。有时还会遇到工资待遇不高，甚至比中学同学或没有上过大学的人收入还少的情况，因而出现心理不平衡。

这些问题对多数毕业生来说，或多或少都可能碰到，关键是碰到后应该保持清醒的头脑，抱有正确的心态，勇敢面对现实，积极化解矛盾。理想虽美，但变成现实并不容易。在生活中毕业生应该主动地适应环境，改变环境。要做好经受挫折的心理准备，在失败中总结经验教训，不断完善和充实自己，这样才会成功。

3．尽快树立新的意识

新的生活、新的环境需要有新的意识。这些意识包括：

（1）独立意识。毕业生走上工作岗位要承担一定的社会责任，并在工作中要独当一面。同时人们也开始把你作为一个独立的社会人看待，这就要求毕业生要有独立意识。

（2）责任意识。毕业生到工作岗位后要参加生产、管理、决策等实践活动，对所在单位和部门要承担一定的责任和义务。个人工作成绩的好坏，不仅与自己的前途有关，而且与单位和部门的兴衰荣辱休戚相关，这就要求毕业生要树立责任意识，以国家强大、民族强盛和单位兴旺为己任，立足本职，干好工作。

（3）协作意识。社会是一个整体，个人的发展离不开人与人之间的密切协作。科研项目的完成、工程技术的实施、生产的组织管理等，都离不开人与人之间的协作。因此，毕业生要树立协作意识、团队精神，事事从整体利益出发，顾全大局。

（4）创新意识。“创新是一个民族进步的灵魂，是国家兴旺发达的不竭动力。”一个国家和民族创新能力的基础是拥有创新意识的国民，尤其是要拥有创新能力强的人才。毕业生要树立创新意识，把自己所学知识应用到实践中去，在实践中不断地创造新技术、新方法、新工艺、新材料、新产品和新的管理方法。

4．尽快培养适应社会的行为方式

大学毕业生从校园走向社会，不仅要完成生活方式的转变，而且要完成思维方式、工作方法、处世方式等方面的转变。为此，毕业生必须做到以下几点：

（1）学会照顾自己的生活。尽管每个人都有自己的生活方式和习惯，但为适应新的工作和生活环境，毕业生应不断提高独立生活的能力，调整好生活节奏，培养良好的生活习惯，要有积极向上的生活追求。

（2）学会理财。根据自己的收入水平，量入为出，合理开支。即使收入高也应减少不必要的支出，养成勤俭节约的生活习惯。

（3）掌握职业技能。走向工作岗位后，首先要熟悉自己所从事职业的特点、性质、工作程序及其相互关系，认真学习和掌握工作的技能，不断提高业务水平。

（4）要培养自己工作所需要的心理品格。社会职业的门类多种多样，所需要的心理品格也不相同。大学生在确定了自己的工作岗位之后，就要熟悉自己的工作岗位，分析其特点，注意培养做好工作所需要的心理品格。

（5）遵纪守法，培养良好的职业道德。大学毕业生要遵纪守法，并按社会公德和职业道德规范来约束自己的言行，提高自身的素养，努力做到领导不疑、同事不忌、众人不诽是每个毕业生步入社会时必须时刻注意的为人基准。符合这一基准，才可能为自己营造一个较为良好的社会关系环境。

（6）要注意小节，养成好习惯。好习惯是开启成功大门的钥匙，坏习惯是通向失败的向导。因此，毕业生应注意小节，养成良好的生活和工作习惯。

（7）安心本职工作，乐于奉献。安心本职工作是实现角色转变的基础。如果不安心工作，整天三心二意，“这山望着那山高”，对自己的角色转变非常不利。

（8）放下架子，虚心学习。要胜任新工作、适应新环境，需要不断学习新知识，完善自己的知识结构。只有放下架子，甘当“小学生”，一切从头学起，才能与周围的同事打成一片，才能学会为人处世，为自己的成长发展创造良好的人文环境。

第三节　职业素质的培养

一、爱岗敬业

爱岗敬业是职业素质的核心。有些大学生刚到一个工作单位就想着“跳槽”或自认为“进了单位门便是单位人，谁也不会把我怎样”，自以为是，轻视实践，眼高手低，工作不踏实，缺乏爱岗敬业的精神，那将很难成就一番事业。大学毕业生缺少的正是实践经验，作为大学生只有到实践中去，在基层不断积累经验，才能把知识转化为能力。爱岗就要有职业意识，认同从事的职业可以最大限度地激发人的活力和创造力，这是敬业的前提。敬业是一种优秀的品质，是一种高尚的精神，是人们基于对事业、对职业的热爱而产生的一种全身心投入的精神，是对工作有高度的责任心，追求成就、甘于奉献精神的集中体现，是事业成功的前提。一个人的成功需要机遇、雄厚的实力、准确的信息，更需要持之以恒的努力。如果缺乏责任感，缺乏耐心，缺乏十年磨一剑的决心，缺乏对自己严格的要求，就不可能成就事业。成功的大门只向爱岗敬业的人敞开。

二、建立和谐的人际关系

建立良好的人际关系对毕业生十分重要。如果把工作和生活环境比作一部机器，和谐的人际关系就像润滑油，缺少了润滑油，这部机器的运行状态肯定好不了。大学毕业生在一个新环境中工作，人际关系搞得好，就能获得别人的信任和帮助，就能提高工作效率；如果人际关系搞得不好，工作和生活中就多些猜疑和怨恨，自己也会感到孤寂。因此，能否处理好人际关系，不仅涉及自己与他人能否在一起心情舒畅地合作共事，涉及工作的成效，而且会影响个人今后的发展。要想在事业上取得成功，建立和谐的人际关系是非常重要的，也是人格完善很重要的一个方面。

（一）建立和谐的人际关系，要有良好的思想品质和健康的心态

心地坦荡，光明磊落，态度诚恳，作风踏实的人，别人则乐于与之交往，也容易形成和谐的人际关系。建立和谐的人际关系，要坚决摒弃人际交往中那种只从利益出发认识和理解人际关系的庸俗态度，不要把人际关系“庸俗化”，把自己局限在少数或不正常的个人关系之中。

（二）建立和谐的人际关系，要严于律己，宽以待人，从善如流

严于律己，就是自觉地以各种道德规范和行为准则来约束自己，不利于团结的话不讲，不利于团结的事不做；不挑拨是非，不猜疑嫉妒；堂堂正正做人，踏踏实实办事。宽以待人，就是与人为善，宽容大度，不斤斤计较，不苛求他人，多一些理解和谅解。要正确认识自己和周围的人，对待自己要一分为二，正视自己的优点和缺点；对待自己周围的人也要一分为二，正确认识他人的长处与不足。在人际交往过程中，可能会发生各种各样的矛盾，但只要以宽容、平等、诚实的态度与他人交往，人与人之间的关系是不难相处的。

（三）建立和谐的人际关系，自己的诚恳与主动很重要

首先给予别人诚恳，才能获得别人对自己的诚恳；主动给予对方所需要的东西，也才能得到自己所需要的。在人际交往中，要能容纳人，既能容纳别人对自己的批评与误解，也能容纳别人的优点与成功；对人要亲切，待人要热情，真心实意地与别人交往，关心、同情、理解别人；对人要尊重，尊重别人的人格，尊重别人的劳动，只有你尊重别人，别人才能尊重你。

（四）建立和谐的人际关系，要灵活掌握和运用交往的方法

在人际交往过程中，由衷地赞美，善意地批评，对他人经常关心、帮助，都是建立和谐的人际关系行之有效的办法。但要注意应根据交往的对象、时间、地点、环境的不同而灵活运用。还要根据不同的人选择不同的交往方式，如对领导与同事，对年长者与同龄人，对同性与对异性，交往对象不同，则交往方式也不同。总之，要学会灵活运用交往方法，讲究交往方式。

三、增强沟通能力

（一）沟通能力概述

1．沟通的含义

沟通（Communication）是信息的传递和理解。沟通可以分书面和口头两种形式。书面沟通是利用信件、备忘录、公告、公告板信息、电子信息等形式进行沟通。口头沟通是指面对面以及内部联络系统、语音邮件、电话交谈等。

2. 有效沟通

沟通的根本内容是分享和理解，要进行有效的沟通就必须做到：①保持友好的态度。在恰当的时候向别人提供帮助，在你遇到的每个人身上寻找积极的东西，每次新结识的人都将给你的生活带来新的内容。②运用积极的说服。说服就是开导人，要耐心，要真诚，要晓之以理，动之以情。③注意提问的技巧。当你想通过提问题来说服别人的时候，要使用积极的和不具有挑衅性的语言进行说服。④把故事讲给别人听。将故事告诉别人是一种非常有效的说服技巧。几乎每一个人都喜欢听故事。有人说“让我们听一个故事”，这时你的精神会立刻振奋起来。⑤让人感到受到重视。寻找机会去承认别人，建立其自信心，并使其成为团队的一员，使其感到受重视。⑥不要加入谣言传播中。

此外，有效沟通并不仅仅是说什么，还要说得好，说得让人理解和接受。除了表达你的感受并使用正确的词汇外，还要合理地使用肢体语言，如表情、目光、手势等。

（二）倾听

倾听是沟通的重要部分，是一种需要不断实践才能够提高效果的艺术。如果统计一下每天与别人沟通的时间，会发现花在听的时间要多于说、读或写上。良好的倾听技巧需要培养。首先要作好倾听准备；其次要学会将自己从说话者转变为倾听者；三要主动地倾听，因为接受单词的速度是说出这些单词速度的 4 倍，可将剩余时间作为“思考时间”；四要冷静、虚心，避免情绪上不应有的反应；五要从说话者的观点中发现事实、悟出道理（评判性倾听）。

（三）交谈

（1）让话题令人感到愉快。当你开始考虑自己的交谈技巧时，要避免那些不愉快的话题，不要批评别人，不要挖苦别人和充满悲观情绪。

（2）事先准备，适时提问。进入一个交谈的环境中，就要准备好谈话内容。好的开头是继续交谈的基础。将自己加入对话中的另一种方法是提问。这样可以解除尴尬，活跃气氛。

（3）不要轻易放弃交谈。

（4）保持开放的头脑。一次交谈应该是思想的自由交流。不要支配谈话或对每一个话题都作总结性评论。

（5）谈话要避免前后自相矛盾。

（6）鼓励反馈。时常用点头、微笑来鼓励对方。

（7）给予支援。当对方在谈话中出现不知所措的情况时，应及时给予补充，消除尴尬。

交谈时即使需要说“不”时，也要保持积极的态度，先做一个好的听众，尊重他人的私人空间，保持目光接触，给他人发言的机会，让人把话说完。然后把握时机，用友好的建议表达自己的意见。

四、提高交往能力

（一）培养合作能力

作为一名团队成员，其行为会直接或间接地影响工作环境中的其他人。你在团队中的一切表现都很重要：完成工作的方式、说话的方式，甚至是观察的方式。正确地完成本职工作，努力培养能够有助于增强团队合作精神的品质，是与人相处的基本要求。

1. 合作性

与其他人共事的关键是要有合作性。合作是与他人良好配合的能力，因为大家都在完成一个共同的目标。合作包括投入自己的努力和给他人提供必要的帮助。在工作中，合作意味着：与另一个同事分享材料或设备的简单活动；去收发室的路上到别人的办公室询问一下，看是否有需要邮寄的信笺等。合作的必要性不仅表现在两个人之间，有时还需要与整个公司合作。在所有的职业中，通常都希望你能够在任何环境中进行合作。

2. 礼貌

在任何情况下，礼貌都是重要的，商业活动中同样如此。礼貌可以显示出对别人的真诚和重视。积极的肢体语言和快乐的口头语言都可以塑造出一个良好的工作环境。礼貌的态度可以向他人表明，你重视和钦佩他们。礼貌使你显得友善和行为举止得体。更重要的是，礼貌告诉对方，你认为他们非常重要。礼貌有助于创造快乐的、合作的、高效率的工作环境。“你好”“再见”“抱歉”“对不起”和“没关系”都是非常好的词汇，可以经常使用。此外，还需要与礼貌相匹配的行为，如不随地乱扔东西，为那些腾不出手的人打开门等。

3. 耐心

不是所有的人都能够用同样的速度理解任务和工作规则。当你帮助同事熟悉一个新的工作过程时，要保持耐心，即使你要重复解释这个过程。缺乏耐心的态度会引发冲突并导致工作环境变坏。缺乏耐心也会使你更加丧失信心。逐渐失去耐心的时候，你要深呼吸然后自言自语：“放松”“不要失去信心”“我能行”“让我们再试一次”。

4. 激情

激情是一种可以传染的情感。如果你富有激情，它就会感染其他人。激情意味着将能量注入到工作中，使人们充满激情努力工作。充满激情的人喜欢自己所从事的工作，也喜欢工作所能表明的一切。如果你对自己的工作充满激情和渴望，通常会促使别人更加迅速和轻松地完成工作。如果你不喜欢工作环境，不能够对工作表现出一种激情，可能就应当寻找其他工作，这样既是为自己也是为别人着想。

5. 可靠性

团队工作的基础依赖于每一个成员工作的可靠性。一个可以依赖的员工应具有如下特征：守时、重视完成工作的最后期限、愿意帮助别人、有耐心和工作积极。

6. 帮助他人建立自信

积极的评论、简单的手势或对其他人表示有兴趣都能够增强别人的自信。当别人给予你真诚的赞扬时，思考一下你的感受。赞同别人的时候，用点头表示同意；用“竖起大拇指”表示对其他人的支持；与别人交谈的时候，说出他们的名字；给予别人应得的赞扬；询问别人的兴趣；询问别人的观点，向别人寻求帮助，并记下他们的名字。

7. 了解团队的人员情况

团队里可能会有一些问题同事，诸如：①抱怨者。大多数团队里都有一个或者两个抱怨者，他们是团队中非常危险的成员。与其他负面的特征类似，抱怨也可以传染。②生气的人。气愤是工作环境中一种不愉快却非常普遍的行为。③心怀不满的人。通常每个团队都有心怀不满的人。④搬弄是非的人。不要将自己的故事告诉其他成员，无论别人如何刺激你。⑤专横的“假老板”。这种人会批评你做的任何事情。⑥心腹。那些被称为心腹的人往往被认为与主管有私人关系。⑦争辩者。这就要求你用两个武器武装自己：放松和耐心。要在实践中搞清你所处的团队的结构和特征，学会与这些人相处，采取远离或沉默的策略，不要陷入其中。

（二）与人共处时应减少的负面特征

许多行业内的调查显示，工作中遭遇失败，最常见的原因是——难以与他人共事。

1. 与人共处的特征

（1）与人共处的积极特征有：主动、积极、快乐、幽默、灵活、情感丰富和富有同情心。

（2）与人共处的负面特征有：怨恨、急躁、嫉妒、猜疑、过度自怜。

2. 纠正与人共处的负面特征

（1）怨恨。没有任何事情能够像怨恨那样使人迅速消沉下去。当你相信（正确的或错误的）某些事情是错误的，对自己是一种侮辱或伤害，就会产生一种愤怒和不快的感受，这就是怨恨。当一个人开始有怨言的时候，他就会陷入怨恨中。

快乐可以感染别人，怨恨同样可以感染别人。如果你总是抱怨，就会形成一个非常不佳的工作环境。当你发现自己经常抱怨的时候，要采取适当的方法来消除它。消除抱怨的最好方法是采取积极的活动，做喜欢做的事情，做工作中有趣的事情，在中间休息或午饭前后，散散步，或者做那些可以使你快乐的事情。将活动与快乐结合起来会战胜怨恨。消除怨恨的另一种方法是与快乐和积极的人待在一起。

（2）急躁。不管喜欢与否，无论事情紧急与松缓，都会产生一种急躁的情绪，这就是习惯性急躁。为了适应别人并与他们相处，必须消除这种习惯。

（3）嫉妒、猜疑。这是生活中比较常见而最具有破坏力的情感。如果你希望适应环境和与别人相处，这些情感就需要得到控制。有一句谚语说“每次当你产生嫉妒的时候，你就要开始陷入麻烦”。嫉妒指对他人比自己好的方面（才能、业绩、地位等）心怀怨恨；猜疑指无中生有怀疑有关人和事对自己不利。在高度竞争的社会里，这些感受经常会发生，我们必须以平常人的心态去面对，承认对方，尊重对方，虚心向对方学习，要以高兴的心情对待别人，并希望自己也得到相同或类似的奖励，而不是去损害别人，嫉恨别人。否则，你会被嫉妒和猜疑所折磨，它会破坏你与同事在一起时所产生的快乐和兴奋。

（4）过度自怜。我们要适应环境并与同事友好相处，就应该消除自己的自怜情感。过度自怜是因为没有看到生活中好的一面，从而对自己和环境产生的失望情绪。如果总是在谈论自己的问题，以及自己在这些问题上的患得患失，别人就会对此感到厌烦，都想躲避你。所以，自怜是一种坏习惯，必须加以克服。

五、按时报到

到用人单位报到，是毕业生走上工作岗位的第一步。这一步迈得顺不顺利，直接关系到用人单位对你的最初印象，也关系到你能否以一种良好的心态顺利地上岗，绝不可轻视。因此，毕业生应注意以下几点：

（1）准备好报到所需的全部材料，包括报到证、毕业证、学位证、户口关系、身份证、党团组织关系等。

（2）按规定时间报到。报到后，单位往往要集中一段时间进行岗前培训。因此，拿到报到证后，一定要事先与单位取得联系，问清楚报到时间、地点及有关事项。如果因为特殊情况不能按时报到，应提前向用人单位人事部门请假，说明原因，告知自己预计到单位的时间，并对自己不能按时报到致歉。

（3）报到时受阻，要冷静外置。一般来说，只要毕业生在规定期限内到用人单位报到，不会出现什么问题。但个别毕业生也可能由于某种原因会遇到用人单位拒绝接收的情况。此时，千万不能急躁，而要弄清拒绝接收的具体缘由。

（4）不要挑剔工作，不要提过高要求。对于组织分配的工作，不应挑三拣四。即使你对所分配的工作难以胜任或兴趣不浓，也应该先接受下来，力争干好。如果确有难处，以后再说。对于生活、工作条件，也不宜提过高要求或计较一时的个人得失，一切要从长计议。

（5）树立主人翁意识，不要有“做客”思想。要把单位当成自己的家，不能有临时作客思想，不要让别人把自己当客人看待；否则，单位同事当面不说，背后也难免会对你说三道四。

（6）注意仪容仪表。不同性质的单位对着装有着不同的规范和要求。对于刚刚毕业的大学生来讲，不管从事何种职业，仪表的整体效果要以整洁、朴素、大方为好。因此，要尽量依据工作环境选择着装。记住，第一印象非常重要，会影响到你今后职业的发展。

六、树立良好的第一印象

良好的开端是成功的一半。心理学家的研究表明，第一印象在实际生活中有着重要的意义。因为第一印象具有定势作用，对以后的长期印象产生很强的作用力。在工作过程中，与你长期交往共事的人只占少数，大部分人可能不了解你。而第一印象总是最鲜明、最牢固的，并且决定了双方是否继续交往的可能性。因此毕业生在一开始就要给人留下一个良好的第一印象。

（一）注意自己的外部形象

按照心理学观点，美可以产生晕轮效应。因此毕业生报道时，衣着要整洁，仪表要端庄，气质要高雅。衣着服饰是一个人文化修养的外在表现，一定要与身份相符；可以适当体现个性，但要同工作单位的习惯相一致，和周围同志的反差不能太大。在精神面貌上要表现年轻人应有的朝气和活力，精神饱满，性格开朗，既不冒失莽撞，又不木讷呆板。同时要积极参加单位组织的各项活动，充分展示自己的才能和特长，不断加深同事对你的印象。如果你缺乏特长，也要向领导或组织者说明情况，并表示积极参与的态度。

（二）随时注意自己的言谈举止

待人要诚恳，有礼貌，讲道德，守信用；要谦虚谨慎，切不可傲慢无礼，目中无人，自以为是。面对新工作要不耻下问，不可不懂装懂。举止要自然得体，既不要矫揉造作，让人觉得“虚伪”或夸夸其谈；也不要大大咧咧或者三缄其口，给人不懂礼貌之印象。要善于协调内外关系，对单位存在的问题、矛盾、不良风气，不能盲目妄加指责，而要进行认真的观察了解，发现积极因素、优秀人物，去接近，去学习；对问题和矛盾要通过正常渠道向有关方面提出，帮助克服和改进。总之，要抱着与人为善的态度对待周围的一切，给人留下良好的第一印象。

（三）在工作中严格要求自己

在工作岗位上，要积极进取，踏实肯干，表现出一个优秀员工应具有的优良品质。优秀品质要从具体工作中培养，从日常生活中锻炼，从每个细小环节上做起。对每项工作任务都要认真对待，一丝不苟地去完成。另外，要特别重视领导安排给自己的第一项工作，即使这项工作不重要，也要把它完成好，以赢得领导和同事对自己工作的认可。如果领导交办的工作很复杂、很重要，你要全力以赴去完成，以此来证明自己的实力。对脏、累、单调的工作，决不能轻视或推诿。要自觉遵守单位的各项规章制度和工作纪律，不迟到，不早退；干工作不拖泥带水，不讲个人得失；工作时间不闲谈，不干私活；不乱翻别人办公桌上的公文、文件；不长时间高声接打私人电话；尽量不在办公室接待亲友同学；不说低级或歧视他人的笑话；不在工作时间吃零食。上班伊始，毕业生应早来晚走，主动参加打扫办公室卫生、打开水、整理办公室的杂物等日常劳动，给领导和同事留下良好的印象。

七、创造性学习，提升可就业性

可就业性就是说，社会对个人来讲有可选择性，个人对社会来讲有实用性。这种有可选择性和实用性就体现了一个人的可就业性。

劳动力作为生产要素通过市场进行配置是市场经济的特点之一，这就决定了一个人为社会所选择与不选择，失业难免，就业也有望。至于在一个岗位上工作一辈子的计划经济就业模式已经一去不复返。一个人从有工作到无工作，从无工作到有工作，从这个职业换另一个职业，将是社会生活的“常态”。因此，必须彻底改变传统的、固有的、由国家来安排工作的观念，改变消极被动的等待思想，改变在压力驱动下从事学习与工作的传统套路，形成主动应变的良性机制，把找工作、再就业看成是经营自己的过程。总之，只有更新就业观念，才能从根本上提高一个人的可就业性。

21 世纪下岗的人是不会学习的人；如果你下岗，不是你做得不好，而是你做得不如别人好。现实告诉我们：知识经济就是学习经济。任何人单凭一技之长或一方面的专长是无力适应多变的技术环境、竞争环境要求的，精一门、专二门、学三门、终生受教育，成为越来越多的人的共识。终身学习是 21 世纪的生存概念。随着知识经济对人们思维方式、工作方式、生活方式制约力度的强化，人的知识、能力水平决定其事业起点和收入，知识、能力结构决定其发展方向，知识积累及由此而引发的思维决定其创新和进步，这些已成为不争的事实和社会发展的必然。而要达到以上要求，势必要求人们在学习方式上实现从旨在获得已有的知识、经验，以提高解决已发生的问题能力的“维护性学习”或“适应性学习”，向旨在通过学习提高发现、吸收新知识、新信息和提出新问题能力的“创新性学习”转变，变“学会”为“会学”。完全可以说，具备比别人学得快、用得活的能力，是提高一个人可就业性的关键。

知识经济时代，要求人们具有视野广阔、思想活跃、思维敏捷和与多变的环境相适应的应变能力，尤其要不断强化自己的心理承受能力，既不妄自菲薄、得过且过，也不好高骛远、急功近利；既不刻意企盼什么，奢求什么，也不非要得到什么，回报什么；既要适应波浪式发展、螺旋式上升的事物发展规律，也要耐得住寂寞，顶得住诱惑，经得起挫折。要做到宠辱不惊，得之淡然，失之泰然，处之安然；把用理性对待荣誉和成绩、挫折和失败，视为必须具备的心理健康的基本素质之一，时刻不忘对自己进行积极的心理暗示。不管从哪一个角度来讲，这些都是提高一个人“可就业性”的重要保证。

八、培养成熟个性、勇于超越自我

大学毕业生通过在校期间的学习和走向社会后的继续学习，在个人智力和知识方面都占有一定的优势，为日后成才奠定了良好的基础。但也要看到，对大学毕业生建功立业来说，许多非智力因素也很重要。

1．培养成熟个性

所谓个性，通常是指个人的气质、性格等比较固定的特性。所谓成熟，包括成长、发展所能达到的水平和发展过程中机能结构的变化。一个人的成熟包括身体的成熟、思想的成熟、个性的成熟和社会性的成熟等。大学毕业生的身体基本上是成熟的，而其他方面却不一定完全成熟，这就需要在社会生活中不断地加以完善。一般说来，刚刚进入社会的几年，是个性成熟的关键时期。一个人的个性成熟程度对于其成长具有重要意义，有的人成熟快，很容易受到重视；有的人慢一些，则往往会被认为需要再培养，而失去发挥更大作用的机会。

一个人的个性在社会交往中形成、发展和成熟，是人的心理活动与社会客观现实相互作用的产物。因此个性形成的因素包括生理性基础和社会性条件。在个性成熟的过程中，主要在于自己的主观努力。要努力消除那些不成熟的个性特征，包括残存着的对父母的依赖，不愿意走向社会；缺乏独立性、自觉性；情绪不稳定；为人不真诚，没有责任感；工作不认真；不能正确认识世界和自己；不能同别人建立和谐的社会关系等。这些不成熟的个性往往成为自己人生道路上的巨大障碍。因此要善于汲取他人的经验，向那些知识渊博、阅历丰富、人格高尚的成功者学习，从他们那里感受人格的力量，掌握做人的真谛。要善于抓住机遇，以自己走向社会后某一方面的才能、成绩为起点，向个性成熟迈出坚定、有力的步伐。

2. 培养健康心理

健康的心理是指工作中无论遇到多么困难复杂的情况都能够冷静、理智地作出客观和充分的估计，妥善地解决问题。培养健康的心理，要求大学毕业生要与社会现实及他人保持良好的接触，对周围的事物有清醒的、客观的认识，既有高于现实的理想，又不沉湎于不切实际的幻想，对生活中各种问题，各种困难和矛盾，用实事求是的态度和方法加以解决。

3. 勇于接受挑战，战胜困难

当代大学毕业生，要建功立业，成为合格的建设者和接班人，需要不断地超越自我，要避免各种错误价值观的侵蚀，抵御权力、地位、金钱的诱惑，抵御社会上不良风气的影响，克服前进道路上的各种阻力。在走向成功的过程中，要具备坚强的意志和品质，敢于面对任何艰难险阻，勇于接受各种命运的挑战，把握自己的命运，成为生活的强者。

九、立足本职，努力创业立业

每个大学生毕业时都会对未来充满强烈的期盼和憧憬，都有一展才华的远大抱负。走上工作岗位后，必须从基层做起，从小事做起，从本职工作做起；先做人，后做事，勇于实践，锐意进取，为构筑事业大厦打下基础。

毕业生首先要摆脱"天之骄子"的优越感，不要过高估计自己，不要轻视实践，鄙薄实际经验，否则就不能正确对待做小事和基层工作，就不能正确对待老员工和同事，而产生心理不平衡，影响到自己的才能的发挥。深圳华为公司对员工培训时提出："在华为，太阳总会升起，哪怕暂时还在地平线以下""您想做专家吗？一律从基层做起""公司永远不会提拔一个没有基层工作经验的人做高层领导工作"。

毕业生到一个单位工作，不能"这山望着那山高"，总是处于"不稳定状态"。任何用人单位绝对不会重用将其当"跳板"的人。这样的人也无法抓住机遇发展和提高自己。因此，一定要先在本职岗位上建功立业，一步一个脚印地扎实工作，才可能走向成功。

（1）立足本职创业立业不用另外再建立一套知识系统。工作的过程就是创业立业的过程，而且精力集中，不会一心二用。

（2）立足本职创业立业可以充分利用不断优化的环境。因为立足本职创业是在本职工作范围内结合工作、积极大胆创新，是名正言顺的务正业。凡是对工作有利的也对创业有利，因此岗位创业不仅使创业者可以利用较好的环境，而且还会使这种环境不断优化。

（3）立足本职创业立业有充分的时间保证。离开本职工作创业初期一般是 8 小时以外的事，而立足本职创业却能加上 8 小时，使创业过程成为日常工作内容之一，有时甚至是日常工作的全部。这样，就可以得到更多的时间来为目标奋斗，从而加速目标的实现。

（4）立足本职创业立业，易获得支持、配合和帮助。在现代社会中，创业者日益社会化和群体化，孤军作战困难越来越大。要使事业获得成功，就不能没有别人的配合和帮助，不能缺少领导的理解和支持。在立足本职创业的过程中积极工作，开拓进取，不断创新，其结果就会有出色的工作业绩和成果。这不仅给领导的工作也给同事们的工作带来方便和促进，成果也会让单位添色增辉，领导自然会支持，同事自然会配合和帮助，有利于创业立业。

（5）立足本职创业立业可以缩短社会承认的时间。当人们在本职岗位上做出出色成绩时，可以通过正常的环节和大众传媒将其成绩向社会传播、扩散，缩短成功的社会认可期。

（6）立足本职创业立业有利于节省投资，早作贡献。创业立业不可能不花费代价，但选用不同的方式，花费是不一样的。只有立足于本职创业立业，成本才比较小，同时成果也会直接用于生产，早日服务社会产生效益。

总之，步入工作单位的毕业生，要有坚强的信念、创新性学习的习惯，要善于抓住机遇，立足本职创业立业，争取早日实现自己的人生价值，成为祖国现代化建设的有用之才！

十、理性对待跳槽

大学毕业生一定要珍惜得到的第一份工作。如果工作和你的职业兴趣不一致，应努力培养自己的职业兴趣，立足自己的本职工作。如果与在毕业前设定的职业目标不符，应及时调整目标和策略。要理性分析职场变化，对于跳槽一定要谨慎对待。

王伟参加工作一年了，在这一年中，他换了两份工作。他的第一份工作是在某公司做会计，他嫌工作太枯燥；第二份工作是保险推销，他又觉得太累失去了兴趣。到现在为止，他还在苦苦寻找，不知自己的问题到底在哪里？自己何时才能找到适合的工作。

（一）慎重对待跳槽

适度的跳槽，可以促进人才的合理流动。但并不是所有的跳槽都是合理的，也不是所有的跳槽都能给跳槽者带来理想的结果。跳槽频率太高的人用人单位是不欢迎的。有些大学毕业生在首次参加工作后不久就觉得不顺心，从而很快跳槽。但后来发现新的单位各方面条件和待遇还不如原来的单位，为此后悔不迭。一般来讲，跳槽者在跳槽前要注意几个问题。

1．正确认识自己

不能正确地认识自己，就不会有成功的“跳槽”。正确认识自己，就是要对自己的个性特质、知识技能、理想抱负等重新认识，找出与目前环境不相适应的根本原因所在。同时要分析，哪些是通过自己的努力可以克服的，哪些是自己无法改变的。如果盲目跳槽，即使成功了，也会在新单位暴露自己的弱点。

2. 分析市场需求

重新择业时，一定要考虑市场需求，弄清楚劳务市场发展的行情以及未来所希望从事行业的发展前景、工作环境、工资待遇、培养提升机会等。

3. 计算机会成本

机会成本是指利用某种机会获得某种利益而同时又必须放弃获得另一种利益的机会二者之间得失的比较值。在跳槽前也应从整体上考虑机会成本。要对现在及未来的工作的收入、职位、环境及条件等进行全面的权衡。一般说来，一个人在工作岗位上干了几年，由外行转为内行，工作环境比较熟悉了，总是有利于下一步的发展的。而跳槽之后，要考虑一切从零开始，工作要从头熟悉，人际关系要重新建立。如果从长远的角度看，放弃现在的工作更有利于自己职业生涯的发展，那么就可以考虑“跳槽”。

4. 理性选择新职业

在选择新职业时，要全面分析自己的情况，要特别注意自己的天赋、素质和兴趣，敢于根据自己的长处，果断决策，更换职业。“跳槽”，并不就是不爱岗敬业，相反，积极的“跳槽”，正是更深层次的爱岗敬业。

在走向社会确定自己职业位置的过程中，要注意克服以下几种错误的思想倾向。第一，贪图虚荣的思想。由于虚荣心的作怪，一些人不顾主客观条件，一心只想去“让人羡慕的”工作部门或岗位。结果由于主客观条件都不具备，不能实现。第二，贪图享受的思想。有的人过分看重金钱，看重实惠，看重待遇，只要能挣钱，干什么都行；有的人只认定一个标准，要么工作地点好，要么工资收入高，而不考虑专业对口和长远发展，“宁要城市一张床，不要乡下一间房”，全然不考虑国家需要和个人能力的发挥。这种思想是不可取的。第三，贪图安逸的思想。害怕艰辛，不思奋斗，存在侥幸心理，总想找到能轻而易举地获得成功或轻轻松松应付工作的职业岗位。这是不应当的，也是不可能的。第四，彷徨犹豫，无所适从。左右攀比，斤斤计较，这山看着那山高。辽阔的九州大地找不到自己的立足之处，结果反而耽误了自己。

（二）培养职业兴趣

绝大多数大学毕业生在开始职业生涯后都能很快适应工作，从工作中获得乐趣，但总会有一部分人感到职业不如意。这种感觉一旦产生，就会表现出敷衍塞责、得过且过的工作态度。这种态度会对你的从业、成才带来很大的负面影响。之所以会这样，原因有二：第一，当初选择职业时，自己关于职业的理想与现实之间有一定的距离；第二，当初选择职业时，由于担心找不到工作，抱着先就业、后择业的想法，选择了一份并不喜欢的工作。发生这种情况后，首先不要轻易放弃现在的工作，如果不去努力和尝试适应现在的工作，而是盲目地否定你的第一选择，将来可能要为此付出昂贵的代价。如果工作和自己的职业兴趣不一致时应当怎么办呢？

首先，要努力培养自己的职业兴趣。现在从事的工作可能与你的职业目标有一定差距，这时应立足本职工作，重新对以前制定的职业目标作出调整。无论你从事何种职业，只要努力，就会取得或大或小的成绩，这些无疑将增加你对工作的信心。其次，不要轻易认输。有些大学毕业生参加工作后，在工作中遇到一些失败或挫折，这本来是非常正常的，但由于他们的抗挫折能力较差，因此很快对工作丧失兴趣。职业兴趣的培养需要有个过程，在这个过程中，难免遇到挫折和困难，但要提醒自己不要轻易认输。最后，由于从事某一职业时间过短，对本职工作没有深入的了解，经验积累不足，也会对未来的职业发展产生影响。

（三）初入职场的大学毕业生应培养的职业素养

1. 守信

诚实守信是处理人与人之间关系和经济活动关系的一项最基本的行为规范。诚实就是要言行一致，表里如一，不弄虚作假；守信就是要言而有信，一诺千金，不背信违约。在职业活动中，特别是在市场经济条件下的职业活动中，诚实守信具有十分重要的意义。

刚刚走上工作岗位的大学生经常出现令用人单位头疼的诚信问题。例如，总是抱着骑驴找马的心态，对工作心不在焉，随时准备跳槽，一旦找到其他工作，立刻走人，连招呼也不打。一位人事经理说：我现在对一些毕业生的做法非常反感，以前都是提前一个月通知不合格的毕业生离职，但结果是第二天就不见人影了。工作不交接不说，连单位的工作服、资料也不还，打电话也不接。没办法，现在我只能当天通知，让他们当天办完手续走人。

2. 忠诚

这里的忠诚是指对组织的忠诚以及对自己职业的忠诚。当你选择了一个组织作为事业的起点，在这个组织一天，就要努力工作一天，为组织创造价值。忠诚是一个相对的概念。这里的忠诚不是从一而终，而是指在组织就职期间，要对组织保持忠诚。尤其是在跳槽之前这段时间的表现，就更能够看出一个职业人的职业道德。有些人在离职之前，向竞争对手泄露组织或商业机密。还有一些人对工作敷衍了事、得过且过。许多优秀的职业人都能从长远的职场生涯发展考虑，看重对组织忠诚的价值观，以积累自己的职业声誉。对他们来说，良好的职业声誉比物质利益更重要。

3. 尊重

当今的社会是一个价值观和生活方式多元化的社会，因此，要尊重他人的生活方式和个人隐私；即使知道别人的隐私，也不要到处传播。一些涉世不深的大学毕业生由于好奇，喜欢打听同事的隐私，而且说话时信口开河，因此引起上司或同事的反感。在人际交往中，一些敏感话题是不能涉及的：如个人隐私、同事之间的关系、薪资收入等。

4. 负责

如果你希望得到信任，那么就应该先做一个负责的人。优秀的职业人都是责任感非常强的人。

张丹和王强两个人同时到超市应聘，都是从最基层做起。可是没干多久，张丹就得到提升，从领班一直做到经理；而王强则还是一个理货员。终于有一天，王强不能再忍受，向总经理交了辞呈。他临走时希望总经理告诉他为什么张丹得到了提升，而他却没有。总经理告诉他，那是因为张丹比他多了一份责任心。她总是能更加积极主动地工作，为达到目标，她总是比别人付出更多的努力；而王强虽然工作也很努力，但却是领导要求做什么就做什么，从来都是消极被动地听从命令。一个成熟的职业人要有强烈的责任感做支撑，敢于对自己的决策和行为负责。

第十一章 创业基本知识与创业计划

随着商品经济的高速发展和知识经济的迅速来临，在就业岗位相对不足的情况下，越来越多的大学生投身到创业的浪潮中，并取得不少成功的经验；创业也因此成为大学生关心的热门话题。本章介绍有关创业的基本知识、创业策略、创业计划的制订等内容，使大学生不仅是一个求职者，而且还可以成为成功的企业家和就业岗位的创造者，为大学生自觉树立创业意识，强化创业心理素质，努力提高创业能力，实现梦想，提供帮助。

第一节 创业概述

一、创业的作用与意义

（1）有利于推动社会发展，促进社会进步。在知识经济时代，创新决定着一个国家和民族的综合实力和竞争力。大学生是我国宝贵的人力资源和财富。他们思维活跃，灵感丰富，敢于标新立异，具有创新精神，是新思想、新观念、新技术、新工艺的创建者，也是许多高新技术产业和新兴行业的带头人。大学生参与创业活动是社会发展的必然要求，是推动社会进步的重要力量。

（2）有利于提高大学生素质，更好地实现人生价值。创业者无论对个人对社会的作用和意义都是巨大的。创业的目的是创造财富和创造价值。创业者可以干自己认为最值得干的事，按自己的理想去做事。在社会各层面供职，个人爱好和兴趣要服从整体利益和要求，往往受人驱动，工作节奏单调，不能自作主张，只能贯彻上级的意图。因此，一些能力强的人时常感到有力使不上。而创业者把兴趣和生计结合在一起，自己独立自主地作决定，按自己的意愿做事，不必听命于人，可以干自己认为最值得干的事业，因此，他们认为这样才最能实现自己的人生价值。

（3）有利于提高科技创新能力，优化产业结构。新发明、新技术以及各种新构想是创业的基础和发展条件。成功的创业可以推动科技成果向现实生产力的转化。据美国小企业管理局统计，新公司创造的新产品总数是大公司的 25%，但新公司每一美元研究与开发费用所获得的创新却是大公司的 4 倍。

（4）有利于拓宽就业渠道，减轻就业压力。创业本身就是最好的就业。当大学生们行将毕业走向社会的时候，面临就业岗位相对不足的就业形势，对一些能力比较强的大学生来说，自主创业是解决就业问题的最好途径。

创业是现代市场经济发展的巨大推动力量，能够繁荣社会经济，积累社会财富，提升人的社会价值，促进社会全面进步。经济全球化的进一步发展和社会主义市场经济的不断完善，给创业者提供了一个大显身手的舞台。我们必须大力发展创业教育，积极引导大学生们去创业，促进社会主义市场经济迈上更高的台阶。

二、创业与创业者

（一）创业

1．创业的含义

创业，顾名思义就是开创一项全新的事业。有的人自己就是业主，他们勇担风险，善于管理，精于经营，成就了自己的事业，这属于创业；有的人不是业主，属于管理者，但在本职岗位上勤奋努力，兢兢业业，找到了自己的位置，作出了成绩，也属于创业；有的人在实践中提出了新观念、新方法、新技术、新策略，属于认识层面上的创业；有的人把这些新观念、新方法、新技术、新策略付诸实践，转化为现实的生产力，创立企业，生产产品或提供服务，这都属于创业。

总之，从内容上讲，创业有广义和狭义之分。广义上的创业：泛指人类一切带有开拓意义的社会变革活动。它涉及的领域非常广泛，无论政治、经济、军事、体育、文化艺术事业，只要人们从事的是前无古人的事业，都可称之为创业。狭义的创业：是专指社会上的个人或群体从头开始的、以发展经济实力为目的的社会活动。这种活动对于整个人类而言，也许是前有古人的，但对于创业者本人来讲，则是从头开始、从未经历过的事情，因而它具有相对的开拓性。本章所言的创业是指狭义上的创业活动。

2．创业的特点

（1）创业的优越性：一是具有独立性，自己当老板，不用看上司的脸色，可以享受自己做主的自由；二是可以赚更多的钱；三是有了自己的事业，工作具有安全性；四是可以帮助家人和朋友，为社会奉献爱心；五是具有挑战性，可以充分发挥自己的才干，更好地实现自身价值。

（2）面临的挑战：一是收入具有波动性；二是竞争具有残酷性；三是具有失败的风险，要有耐挫心理。

3．创业成败的关键

据统计，80%失败的企业经营时间不到 5 年。有两条经验可供有志于创业的大学生参考。一是企业存在越久，生存的机会也就越大；二是企业的成败与经营的产业有很大关系，比如，零售业成功的几率是制造业的2倍左右。

（1）创业失败的原因。一是创业者不能胜任，根本不知道如何经营企业；二是缺乏管理经验；三是缺乏行业经验，对特定的专业知识、行业内的业务关系不了解，在业内没有声誉和地位；四是天灾人祸，如火灾、水灾、传染病，用人不当，上当受骗等。

（2）创业成功的因素。首先要有真实的市场机会，也就是说，确实存在许多顾客愿意购买你的产品和服务。其次，要有良好的管理能力，知道如何处理资金、设备、人力与原材料的关系。“管理之道在于借力”，要具有通过他人来完成企业业务的能力，同时必须熟悉经营的事业，有足够的专业知识和经验。其三，拥有适当的资金和商业信用。通常情况下，资金越多，企业成功的可能性就越大；既要有创建的资金，也要有足够的流动资金。其四，掌握现代的经营方法，既能有效地充分利用现有的资源进行生产和营销，又能以合适的组织形式与内部作业方法，顺利营运。

（二）创业者

1. 创业者的基本特点

近年统计资料显示，我国小型企业（服务业）占企业总数的80%以上。据对45家小型企业与企业的创业者的调查发现：①创业者的个人背景。第一次创业的创业者的年龄主要在21～35岁之间，其中27～29岁这个年龄段最多。70%创业者经营的项目与打工所学的技术有直接的关系，其中60%的人从事过经理级别的管理工作，40%是技术人员或者技师。②创业的动机。首要的动机是“可以带来较多的收入或者较好的家庭经济前景”，第二位的动机是“做自己喜欢做的事情”“实现自己的创意”，或者“具有挑战性”等认为可以获得精神层面的满足。“可以获得生活上的独立性”位列第三。其他还有“朋友的鼓励与协助”“羡慕成功的创业者”等原因。③创业的资金来源。创业资本绝大多数来自于个人与家庭的储蓄，其次为亲戚、朋友的借款，也有很少比例是从银行贷款。④创业的困难。创业时最大的困难是财务上的问题，其次是市场问题（能否得到订单，产品是否有销路）。

创业者的共同特点是：一人身兼多职，工作认真、勤劳；业务过程中，口头承诺与书面契约一样重要；组织结构不严谨，分工及职责划分不清；生活比较节俭。

2. 成功创业者的共性

成功创业者一般具有一些共性：①技术超群。对所创建的事业是内行。②是通才不是专才，有全面经营一个事业的能力。技术超群能够做好特定的工作，而通才可以帮助创业者解决所有的问题。③有良好的人际关系，知道如何与人相处，包括自己的员工、业务关系、顾客。关键是要与员工关系融洽，善于沟通，善于激励员工发挥最大的主观能动性，为企业效力。④有高成就的驱动力。没有这种驱动力，很多企业就不可能创建，也无从发展。⑤敬业、进取。对自己所从事的事业具有一种崇敬感和责任感，时时在考虑“可不可以把事情做得更好”，不断进取，把事业推向一个又一个新境界。⑥不落俗套，不墨守成规，总是别出心裁、标新立异，以“另辟蹊径”为己任。⑦善于把握机会。

任何人，只要具备一定的条件，通过相应的努力，都有可能成为创业者。

3. 创业者的基本条件

创业者必须具备一定的条件。①旺盛的企图心，这是做老板的首要条件。想都没想过当老板，怎么可能拥有自己的事业呢？旺盛的企图心是在明确目标指引下的强烈渴望。有了旺盛的企图心后，当机会来临时，就会迅捷出击。②良好的文化素养，它既包括接受系统的正规教育，又包括积累丰富的社会经验和生活经验。③优秀的心理素质，主要表现在自信、乐观和正视失败等方面。④敏锐的政治头脑，不能只盯市场，还要关注政策，两条腿走路。⑤健康的体魄。

4. 创业者的知识和能力

① 经营管理的知识和经验，重要的是在实践中积累。②人事管理常识及识别他人的能力和特长。选择人才、使用人才，不要最好的，应选择最合适的。③理财的知识和技巧，既要会核算，又要会管理。④电脑知识。⑤汽车驾驶技术。⑥建立有意义的社会关系，包括专业关系、工商法律关系、广告关系、与资金提供者的关系、合伙关系，要注意与一些关键人物建立关系，如大老板、政府官员、新闻界人事等，既要寻找、建立关系，也要注意维持这些关系。

三、创业的基本形式

创业有四种基本形式，可根据自己的资金、经验和实际能力去设计和选择。无论是哪种方式，都要因人而异，因势利导，不可盲目操作，否则是不可能成功的。

（一）从头开办一家新的企业

从头开办一家新企业的创业形式，可分为两个不同的阶段，即创建阶段与经营阶段。创业者从头干起，虽然相对复杂，但根据自己在创建阶段的构想，构建自己的事业，可在厂房、设备等硬件上，进行优化，选择最佳方案，同时在技术、人员等软件上，根据需要合理进行资源配置，然后顺利进入经营阶段。

（二）购买现有的企业

购买现有的企业，是指通过多种形式获得一家现成的企业，这家企业可能正在营运，也可能停业；可能很赚钱，也可能亏损。不管怎样，创业者可以获得一个现成的企业。这种创业形式，优点十分明显，可以节省大量的时间与精力，直接进入经营阶段。通常情况下，购买价格也相对较低（与开办新企业相比）。缺点则是可能买到一个空壳与一堆低质量的资产，要正式经营还须费很大的工夫。例如，一家服装厂可能只有厂房、设备，还有一些过时的产品与原料，优秀的工作人员都已经离开，只剩下一些不怎么样的员工。

购买现有的企业，关键要搞明白以下三个问题：

1．希望得到什么

是物美价廉的企业硬件（厂房与设备），还是一家可以营运的企业；是为了立即展开营运，还是看准了现有资产的潜在价值（企业的地址或者商标）等。

2．可能得到什么

要弄清这一点，创业者必须调查以下四个问题：第一，深入了解原来的老板出售企业的真实原因；第二，企业目前的实际经营状况；第三，企业的各种资产情况，包括企业的无形资产与潜在资产；第四，目前企业经营面临的主要问题。

3．付出什么样的代价

购买一个企业绝对是一笔大生意，必须谨慎处理。除了要正确评估企业的价值之外，有效的谈判也是很重要的。谈判的重点有三点：即交易的内容、交易的价格、支付的方式。

（三）加盟特许经营系统

特许经营是连锁经营的一种。连锁经营是指经营同类商品或服务的营业点，在统一的整体规划和布局下集中管理分工合作，通过扩大规模获得更高的效益。它是世界流行的生意模式，它提供了一种低风险的、给缺乏专业知识与经验的人一个拥有自己事业的机会，这是一种典型的双赢模式。例如麦当劳、肯德基。

成功的关键，在于选择合适的特许经营系统。主要应考虑四个因素：市场的影响力，本地的市场潜力，提供的支持与服务和受控制的情况。

（四）自由职业者

自由职业者就是一个独立的企业，也是创业的一种形式。这种形式由于科技的发展，以及社会经营格局的深刻变化，具有越来越强的生命力与影响力。现在美国新创建的小企业中，自由职业者的形式占了三成左右，并呈现上升的势头。在中国的经济发达地区，越来越多的人也选择了这种创业的形式。

自由职业者的成功必须依赖以下几个条件：

1．知识密集型行业

只有知识密集行业才适合自由职业者生存与发展，例如设计、咨询、策划、电脑编程、写作、翻译等。工作的性质多是一些创造性的工作，或者是专业的技术工作。

2．个人良好的声誉与地位

成功的自由职业者在很大程度上依赖于个人在业界的声誉与地位。由于工作的特殊性，一般人很难对每个自由职业者的工作成果进行有效的评估，判断的标准只好借助个人的名气。有名的人可以待价而沽，没有名气是寸步难行。创业之前，最好通过各种途径获得良好的个人声誉，例如进入业界有名的企业打工，参与各种竞赛并获得好名次等。

3. 广泛的人际关系

自由职业者必须有广泛的人际关系，才能够“揽活儿”。有时一项工作一人还干不了，必须有“同道”帮忙。因此，参与特定的“圈子”是十分重要的。

4. 很好的自我控制能力

由于自由职业者是真正的一人企业，管理企业就是管理自己，因此良好的自我控制能力是成功的关键因素。

四、创业的阶段性

创业过程大致可分为 6 个阶段：修炼期、等待期、计划期、创建期、创业期和平稳期。

（一）修炼期

在修炼期，要努力为自主创业做好各种准备。要成为一个成功的创业者，首先要具备“老板眼光”。对于同一件事，老板与员工的观点往往不一样。这种看问题的角度差异，决定了谁是老板，谁是员工。当你的企图心提醒你，你不会永远替人打工时，你就开始进入了创业的修炼期。修炼期，你在别人的企业里，如果能够尝试从老板的角度处理业务，会加速自己的进步。角色模拟与情景演练是最有效的学习方法。修炼中，除了形成“老板眼光”之外，还有许多重要的修炼，如专业知识与技能的掌握、创业能力的提高、有意义的社会关系的建立等。修炼的过程不可能在学校完成，也不可能在自己企业中完成，而是通过打工的方式完成的。打工是修炼的基本途径，一个成功的创业者首先是一个成功的跟随者。“一年入行，两年入门，三年有小成”，是一种规律性的表现。在这三步跳当中，能获得自己创业的一切经验和教训，这是给别人打工挣得的最大财富。

（二）等待期

作为创业者，通过自身的努力，掌握了基本的生产经营技能，也有能力和信心做好这项事业，但由于种种原因一直没有实现自己的愿望，这除了需要继续努力外，再就是机遇了，这时候要等待合适的时机自主创业，真正成为创业者。

（三）计划期

当逐渐形成特定的创业构想，并将创业构想提到议事日程上时，就进入了创业计划期。在许多失败的创业个案中，失败的最主要原因就是这些企业本来就不应该创建。科学、务实的创业计划是创业实践的“纸上预演”，通过“纸上预演”，一方面，检验创业构想的真实性、正确性和可操作性；另一方面，为创业拟订各种计划，增加创业实践的细节和可操作性，减少创业风险。因此，创业计划对于开创自己的事业，具有重要的意义。

（四）创建期

创业计划完成以后，如果确认创业计划是切实可行的，也下定决心走自主创业的人生之路，就进入了创建期。创建期的目的只有一项，那就是将创业构想变成现实。

（五）创业期

在实务中，创建期与创业期很难明显区分，许多小企业往往二者合而为一。但实质上，创建期与创业期是两个截然不同的阶段。创业期的目的是使创建的事业能够生存下来，并且是以盈利的方式生存下来。如果说创建期是一个花钱为主的阶段，而创业期则是为了生存而拼命挣钱的阶段。

（六）平稳期

当事业顺利度过创业期之后，人们通常会用“成功”等概念评价其所有的努力。这个阶段，生意已经步入正轨，规模也逐渐扩大，必须适当调整自己的事业，以适应企业的发展。创业者有两种前途：一是维持现状赚钱；二是谋求更大的发展，进入二次创业阶段。

创业过程的六个阶段，对真正白手创业的人具有重要的意义。

第二节　创 业 策 略

大学生创业之初，除了需要具备创业意识和创业知识、能力、素质等外，还要懂得创业过程中的很多策略。

一、创业者应具备的基本商业知识

商业知识能有助于培养人们的洞察力和决断力。具备一定商业知识，可以帮助人们在面对纷繁复杂的商业信息时，能进行清醒的加工、提炼，准确把握商机，赢得发展的机遇。在市场经济中，商品交换是经济生活中极为常见的现象。但对于一个大学生来讲，不能仅限于了解一般的商品交换知识，而应从理性的高度去认识经济生活，尤其是对有志于自主创业的大学生，积累一定的商业知识非常必要。只有懂管理、会经营，具备把握市场的能力，能够及时调整商业经营战略，才能把技术思想和经营理念有效结合，生产符合市场需要的、人们喜欢的适销产品，并取得创业的成功。基本的商业知识主要包括以下几个方面：

（一）合法开业知识

（1）有关私营及合伙企业、有限公司的法律法规。

（2）怎样进行验资。

（3）怎样申请开业登记。

（4）哪些行业不允许私营。

（5）哪些行业的经营须办理有关行业管理手续。

（6）怎样办理税务登记。

（7）纳税申报有哪些规定和程序。

（8）如何领购和使用发票。

（9）银行开户程序和有关结算规定。

（10）成为一般纳税人有哪些条件。

（11）应该缴哪些税费，如何缴纳。

（12）怎样获得税收减征免征待遇。

（13）怎样进行账务、票证管理。

（14）国家对偷漏税等违法行为有哪些制裁措施。

（15）增值税率及计征方法。

（16）工商管理部门怎样进行经济检查。

（17）行业管理部门如何进行行业管理和检查。

（二）营销知识

（1）市场预测与调查知识。

（2）消费心理、特点和特征。

（3）定价知识和策略。

（4）产品知识。

（5）销售渠道和方式。

（6）营销管理知识。

（三）货物知识

（1）批发、零售知识。

（2）货物种类、质量和有关计量知识。

（3）货物运输知识。

（4）货物保管贮存知识。

（5）真假货物识别知识。

（四）资金及财务知识

（1）货币金融知识。

（2）信用及资金筹措知识。

（3）资金核算及记账知识。

（4）证券、信托及投资知识。

（5）财务会计基本知识。

（6）外汇知识。

（五）服务行业知识

（1）服务行业管理的法律法规。

（2）各专业服务行业的行业规则、业务知识。

（六）经济法常识

（1）合理分配经济资源原则。

（2）营造平衡和谐经济环境原则。

（3）实现经济可持续发展原则。

（七）劳动用工及社会保障知识

（1）用人单位如何办理用工登记。

（2）个体私营企业如何到劳动力市场招聘人才。

（3）如何办理劳资代理。

（4）养老保险、失业保险、医疗保险知识。

（八）公关及交际基本知识

（1）组织机构信息传播。

（2）关系协调与形象管理事务的咨询、策划。

对自谋职业者来说，上述知识不需要全部都掌握，只需掌握与你选择的创业方式有关的知识，取其所需，学以致用。

上述知识的取得，可以通过专业培训、就业指导咨询、广播电视媒体讲座、自学或向别人请教等多种方式获得。可以边干边学，边学边干，带着问题学，学以致用，逐渐了解和掌握。

“合法经营、劳动致富”是每一个创业者应该确立的基本观念。办理必要的合法开业手续是合法经营的前提。创业者必须依法纳税，同时也要考虑以合法形式和手段保护自己的合法权益。

二、选择创业项目

选择项目是开创自主的人生，标志着把握自己命运的自主意识的萌生。许多人当初未必知道，这正是迈向成功之路的起点。若干年后，当你站在事业的巅峰回头看当初的选择，便会感叹它的历史意义之重大。选择项目，是创造一个切入社会的端口，找到一个与社会结合的点。这就需要四个字：“知己知彼”。知己，就是要清醒地审视自己：优势、强项、兴趣、知识积累与结构，性格与心理特征等；知彼，是对社会未来发展趋势的认识，判断社会稳定的、恒久的、潜在的需要。特别是对潜在的趋势和需求能够敏感地捕捉到，就会比别人快上一拍半拍，当此种需求显露的时候，你已经是有准备的人。

选项要下工夫：选项要舍得花工夫。有一个人，当过一周时间的世界首富，他就是软银公司的孙正义。他大学毕业后从美国回到日本，选出了 50 个创业目标，用一年时间逐个进行考察，写出了几尺厚的资料，最后选择了做软件。既然选择目标事关人生，就不可随随便便，必须以慎重态度对待，经过一个充分的论证过程。在这个过程中，要舍得花时间，用几个月甚至一年时间都是值得的。要舍得花气力，严格地审视自己，慎重地判断社会走向，捕捉初露端倪的苗头；要能够静下心，认真调查研究，寻找事实根据。只有这样，才能使目标坚实可靠，至少是自己心里踏实确信无疑，才会全力以赴地去干，在奋进中不犹豫、不徘徊、不动摇，不因挫折就心灰意冷、改弦更张，一门心思，一干到底。

选项要有特色：选项要整和并且有特色。选择的项目一定要有“根”，就是项目生命的根、生存的权利、活下去的条件、站得住脚的基石。争夺市场份额的内在力量，可以通俗地表示成四句话：别人没有的；先于别人发现的；与人不同的；强人之处的。例如说“别人没有的”，可以是某种资源与某种特定需要的联系，可以是某种公认资源的新商业价值，可以是与特殊气候、温度湿度、土壤成分、地理位置有关，也可能是长期废弃的、失传已久的。一个走亲戚的人发现附近的山上有白色的土，是可以制作陶器的一种土。进一步了解到附近有铁路，于是他买下这块下面有陶土的地，把土晾干磨成粉——卖起陶土来了。再比如“强人之处的”，一个项目其中的不论哪个方面，哪怕是一点，高人一等、优人一档、强人一处，就是根，如质量的、功能的、外观的、设计的、成本的、经验的、模式的等。比方说成本，谁能想到“世界 500 强”排名第一的是一家叫沃尔玛的零售企业，它能够把管理费用控制在销售额的 2%，这叫真功夫。据说他们总部的办公室像卡车终点站的司机休息室，可见他们为降低成本而努力的背后是一种什么样的精神。

要按下列四个步骤来确定选择项目投资路径。

1. 排除一大片

知道什么事情是不可以做的。说有个地方有 100 户人家，每家有一元钱，你有很大本事，把所有人家的所有的钱都赚来了——100 元。还有个地方有 100 户人家，每家有 10 000 元，你本事不大，只能把 1/10 人家的 1/10 的钱赚来——10 000 元。

2. 划出一个圈

知道哪些事情是能长期做的，把社会恒久需要的、已初露端倪的大趋势划进来，圈子里的事才具有发展的空间与时间。空间意味着有发展的广阔天地，时间意味着可以长期地做下去。以趋势为例，任何一种趋势都是一个长长的链条，环环相扣。只要能够抓住其中的一个环节，项目的前景便大体确定了。例如，由环境保护引发治理江河，导致关闭中小造纸厂，产生纸制品的供求不平衡，腾出了一块市场。如果用再生纸做资源去添补，会怎么样呢？

3. 列出一个序

把可能做的事情排列起来。回头看看过去的 20 年中，做强、做长的企业是生存在哪些行业，很大程度上能够证实行业与发展的联系。比如房地产、医药、保健品、证券市场、建材、装修、交通、教育、通信等。那么，就把大的范围圈定在这里，选出若干项。

4. 切入一个点

成就事业的公认法则是集中和持续。让生命之火在一点上持续地燃烧，不发光才是奇怪的事。在已经缩小的范围内，可做的事仍然很多，该是把眼睛转向自己的时候了。比较优势的道理是有用的——认真地审视自己的强项、优势、兴趣何在，可能同时有几个，与他人比较哪个优势是最有利的。这时，机会成本的概念也是有用的——同样的时间，同样的付出，哪个能力所对应的事业会有更大的前景收益，在比较中优势会凸显出来，与自己的长处相比较就可以从中选出最佳的。

三、大学生创业基本方向

虽然如今创业市场商机无限，但对资金、能力、经验都有限的大学生创业者来说，并非“遍地黄金”。在这种情况下，大学生创业只有根据自身特点，找准“落脚点”，才能闯出一片真正适合自己的新天地。

1. 高科技领域

身处高新科技前沿阵地的大学生，在这一领域创业有着近水楼台先得月的优势。“易得方舟”“视美乐”等大学生创办企业的成功，就是得益于创业者的技术优势。但并非所有的大学生都适合在高科技领域创业，一般来说，技术功底深厚、学科成绩优秀的大学生才有成功的把握。有意在这一领域创业的大学生，可积极参加各类创业大赛，获得脱颖而出的机会，同时吸引风险投资。

推荐商机：软件开发、网页制作、网络服务、手机游戏开发等。

2. 智力服务领域

智力是大学生创业的资本，在智力服务领域创业，大学生游刃有余。例如，家教领域就非常适合大学生创业，一方面，这是大学生勤工俭学的传统项目，积累了丰富的经验；另一方面，大学生能够充分利用高校教育资源，更容易赚到“第一桶金”。此类智力服务创业项目成本较低，一张桌子、一部电话就可开业。

3. 连锁加盟领域

统计数据显示，在相同的经营领域，个人创业的成功率低于 20%；而加盟创业的则高达 80%。对创业资源十分有限的大学生来说，借助连锁加盟的品牌、技术、营销、设备优势，可以较少的投资、较低的门槛实现自主创业。但连锁加盟并非“零风险”，在市场鱼龙混杂的现状下，大学生涉世不深，选择加盟项目时更应注意规避风险。一般来说，大学生创业者资金实力较弱，适合选择启动资金不多、人手配备要求不高的加盟项目，从小本经营开始为宜。此外，最好选择运营时间在 5 年以上、拥有 10 家以上加盟店的成熟品牌。

推荐商机：快餐业、家政服务、校园小型超市、数码速印站等。

4. 开店

大学生开店，一方面可充分利用高校的学生顾客资源；另一方面，由于熟悉同龄人的消费习惯，入门较为容易。正由于走“学生路线”，因此要靠价廉物美来吸引顾客。此外，由于大学生资金有限，不可能选择热闹地段的店面，因此推广工作尤为重要，需要经常在校园里张贴广告或和社团联办活动，才能广为人知。

四、如何获得第一桶金

人类因梦想而伟大。大学生应该树立目标，拥有梦想，为实现心中伟大的梦想而创业；其次，要加强自身修养，以诚信为本，提升个人品格，将知识和生命融入社会，找准强项和兴趣所在，有的放矢，发扬光大。

有一名在校大学生，他曾经做过发单、促销、校园代理、家教等，而如今他已经创立了拥有三百多人的家教团队，创立了自己的家教网站，申请成立了“未来企业家协会”社团。提到兼职，许多人都会想到他，想到找他获得信息。因为他是实实在在的我们身边的人，与一般的中介相比，大家不用担心会受到欺骗。他就是南京林业大学土木工程学院××××级学生王大如。

大学期间，王大如曾经做过家教，做过促销、发单等，他对这些难以忘怀的经历有着许多的感慨和辛酸。王大如说：自己的家在农村，父母又都是农民，自己进大学就很希望通过自己的努力为家里减轻负担，然而，想找份兼职并不是一件很容易的事情，弄不好往往还会上当受骗。记得有一次通过中介找的兼职做了很长时间，最后连工资都没有要到，别提有多难过了。后来通过熟人介绍找家教做，大二的时候找了份家教在鼓楼，离学校也比较远，为了节省公交车费就自己骑自行车过去，这样从学校到鼓楼要一个多小时，往返就要两个多小时，而自己做的家教每次两小时也就是 20 元钱左右，就这样做了大半学期的家教。那个时候，虽然辛苦，但自己从来都没有放弃。在困难面前，王大如相信自己，“不经历风雨怎能见彩虹”，同样不经历困难也许很难取得成功。

随着时间的推移，他的家教团队也变得越来越大，已拥有300多成员，不仅在校内有很大的影响，在一些其他的驻宁高校也有很好的反响。对于找家教的人，他收取的中介费远远低于中介机构，而且保证提供的信息绝对可靠，收取的少量费用也都是用在了家教团队的正常运作上。现在他自己依然是兼做了好几份家教，而且在校内还参加了勤工助学。王大如说，现在对自己的生活比较满意，做兼职不仅基本上保证了自己的生活费，而且还可以通过家教团队为其他人提供帮助。

五、如何积累创业实践经验

大学生的理想与抱负很高，这是好事。当前，很多大学生把创业当作实现人生理想的最好途径，既可避开就业压力，又可自由发挥自己的综合能力，何乐而不为？对于成熟的创业者来说，创业固然是个明智的选择。但创业的诸多要素中，资金、专业技术、管理经验、实践经验等哪一样可以缺少？有同学说，创业固然需要很强的综合能力，但可以一边创业一边锻炼，有没有相关实践经验无所谓，只要创业项目有市场就可以进行操作。是的，有市场的项目就有可能赢利。但是市场竞争非常激烈，在你看好一个项目时，稍有风声，就会有人跟风，只要别人的各方面经验高于你，那你的项目就相当于是为别人而策划的。有无经验不能决定能否创业，但却能决定创业能否成功。那么，如何弥补创业经验不足呢？

（一）利用大学社团得到实践锻炼

学校社团的任何一项活动，从开始策划到最后实现是个综合过程。参与全局，体验全局，可锻炼组织、协作、利用资源等能力。这是锻炼综合能力最基本的途径。

（二）利用大学课余和寒暑假打工

现在社会留给学生的打工机会很多，利用打工可充分锻炼自己的综合能力。市场调研、销售、组织、人力资源管理、财务管理、物流管理等各方面能力都可以在打工的过程中或多或少地得到提高，加上对照相关书籍的学习，积累经验是完全可能的。大学生打工所从事的实际工作往往都是烦琐的或者重复性强的工作，但不能小看这些工作。例如做销售，在此过程中，大学生可以观察消费者的消费能力、消费观点、对所销售的产品及市场相关产品的评价等，从而掌握市场消息、预测市场需求、洞察市场空白，以市场指导生产。如果担任市场销售的学生团队领导，还可以借机向公司相关销售人员讨教经验，要求到生产现场参观等。担任学生领导，可以带领学生充分发挥团队协作能力，超额完成任务，积累人员管理、物流管理、财务管理等方面的实践经验。以后，从事相关的项目创业，在市场方面便有了对照和参考。在其他内容的打工实践中，同样可通过简单的工作综合积累相关经验。

（三）参与学校的科研项目

参与学校科研项目的同学，有更多接触项目导师的机会。项目导师跟社会的接触往往很紧密，在导师那里能学到很多实践经验。参与科研项目，能通过实验充分锻炼动手能力，找出创业金点子，锻炼策划能力。

（四）毕业后在企业实际锻炼

企业就是个实际的创业团队。在这个团队里，锻炼能力、积累经验都是可能的。但在企业里，要想独立创业，还需要善于发现全新的创业点子，或在所在企业市场的空白处找到创业契机，或自己组建的团队水准高于所在企业的团队，那么独立创业才会有成功的把握。

眼高手低、纸上谈兵，是一些同学急于创业的特点；经验不足，缺乏从职业角度整合资源、实行管理的能力，是大学生创业失败的一个重要原因。因此，要做成功一个项目，没有实践经验切忌盲目尝试，没有在人生独立之初就体验重大失败的必要。

六、避免创业误区

正确投资，回避创业误区，是商海“试水”成功与否的关键。大学生创业之初，应尽力避免以下几个误区。

1．误区一——小马拉大车

王平对自己准备投资的电磁炉项目充满自信，他认为这个项目一定能给他带来不菲的收益，通过关系，他轻而易举就从银行“套”到了大笔资金，更加信心十足。他很看不起同行们缩手缩脚、小打小闹的样子，心想要干就大干一场。这种心态使他忘记了自己企业抵抗风险的能力，产品生产出来却卖不出去，顿时陷入危局。一开始就喜欢把摊子铺得很大，几乎是一些创业投资者的共性，殊不知种种危机蛰伏其中，一不小心就有可能爆发。同时，在经济快速增长的时候，人们容易信心超支，对未来估计过于乐观，藐视风险，从而形成投资泡沫；一旦有风吹草动，泡沫瞬间破灭，投资者就会陷入危局和困境。投资者应从风险与收益平衡的角度考虑企业的投资导向，选择合适的投资项目，并且将投资规模控制在适度的范围内。在具体投资时，应将资金分批次、分阶段投入，尽量避免一次性投入，应留有余力，以防环境变化或风险发生，导致手中再无资金可以周转，以致满盘皆输。

2．误区二——急功近利

温州有家私营企业的小老板，看到别人因生产某种塑料制品赚疯了，不由得也心急火燎起来，赶紧筹集了资金，决定也要尽快投资上马这一项目。工厂开工没几个月，就因为配套技术落后、产品科技含量太低而滞销。这位老板不得不重新投入巨资对才开工没多久的工厂进行技术改造。创业者在初涉投资时，易受眼前利益驱动，而忽视长远利益，采取急功近利的短期行为，这样做虽然能够使企业一时获利，却丧失了长远发展的后劲。投资是一项系统工程，创业者要克服急功近利的思想，更不可杀鸡取卵、竭泽而渔。

3. 误区三——不愿寻求投资合作伙伴

国内一家生产消毒液的知名企业，在 2003 年“非典”之前，就面临着市场需求与生产能力不足的矛盾。面对这种情况，有人提议找“外援”，以“合资”方式弥补资金缺口和化解投资风险。但该企业老板却担心无法控制合作伙伴，将此建议束之高阁。突然出现的“非典”疫情和急剧放大的消毒液市场，终于让这位保守的老板吃到了苦头，不但没有赚到本来应该赚到的钱，而且被其他几家同类企业借着“非典”契机一举超过，沦为业内的二流企业。投资者在投资活动中，既要讲独立，也要讲合作。适当的合作（包括合资）可以弥补双方的缺陷，使弱小企业在市场中迅速站稳脚跟。如果创业者不顾实际情况，一门心思单打独斗，就很有可能延误企业的发展。毕竟分享利润总比谁也没有利润好。投资者还是要有一定的胸襟的。

4. 误区四——寻求过度弱小的合作伙伴

为了在合作项目中拥有更大的“话语权”，享受说了算的痛快，苏北某知名造纸厂放弃了与许多大企业及颇具实力的投资机构合作的机会，而决定与一家小型企业洽谈合作，共同投资一个新项目。谁料在合作项目实施接近尾声时，突然出现一个意外情况——该工程的排污项目验收不合格，需要再投入一笔资金进行改造。这家造纸厂向合作方提出共同承担排污项目的改造资金，但对方却向他们道歉，表示自己做这一项目已经是勉为其难，再拿出更多的资金已是力不从心。谁都想说了算，谁都想当“主人”，但主人不是谁都能当的，不是谁都能够当好的，当家做主意味着更多的付出和更大的责任。

创业者在寻求合作伙伴时一心追求话语权，但软弱的合作者却可能在你需要时，不能给予你及时和有力的帮助，反而有可能使一些更强大的潜在合作伙伴却步不前，弃你而去，使你丧失更多的机会。

七、几种经典策略

（一）头脑风暴法

在群体决策中，群体成员由于心理作用的相互影响，易屈从于权威或大多数人意见，形成所谓的“群体思维”。群体思维削弱了群体的批判精神和创造力，损害了决策的质量。为了保证群体决策的创造性，提高决策质量，管理上发展了一系列改善群体决策的方法，头脑风暴法是较为典型的一个。

头脑风暴法又可分为直接头脑风暴法（通常简称为头脑风暴法）和质疑头脑风暴法（也称反头脑风暴法）。前者是在专家群体决策下尽可能激发创造性，产生更多的设想的方法；后者则是对前者提出的设想、方案逐一质疑，分析其现实可行性的方法。

头脑风暴法可以排除折中方案，对所讨论的问题通过客观、连续的分析，找到一组切实可行的方案，因而头脑风暴法在军事决策和民用决策中得到了较为广泛的应用。例如在美国国防部制订长远科技的规划时，曾邀请 50 名专家采取头脑风暴法开了两周会议。参加者的任务是对事先提出的长远规划提出异议。通过讨论，得到一个比原规划文件更为协调一致的报告，在原规划文件中，只有 25%～30%的意见得到保留，由此可以看到头脑风暴法的价值。

当然，头脑风暴法实施的成本（时间、费用等）是很高的。另外，头脑风暴法要求参与者有较好的素质，这些因素的满足与否直接影响头脑风暴法实施的效果。

（二）空隙理论

这一概念是日本索尼公司创始人盛田昭夫提出的，这既是他远见卓识的表现，又是他创业经验的总结。何为空隙理论呢？他解释说：当你画两个大小不同的圆，既要使它们不重叠又要使它们相邻，那么在圆与圆之间就出现了空白地带。空白地带就是空隙，空隙越大机会就越多，无论是创业或是就业，机会都是这样。

例如，人才密度稀少的边远地区和少数民族地区，是中国当今人才空隙最大的地方，其就业的机会显然要比京、津、沪、穗等大城市要多得多。在这个问题上，不少毕业生还陷入在求职的误区，不是把事业放在首位，而往往是以地区和收入作为首先考虑的条件，以至于失去了本来可以获得的机遇。这使我们回想起“文化大革命”以前，许多名校的毕业生都被分配到了大城市、大机关，而二三流大学的毕业生却都分配到了基层。后来，在干部要知识化的思想指导下，那些在基层工作的大学毕业生，其中不少都得到了升迁，如县市长、县委书记、局长、副省长甚至省长。他们是在空隙中成长起来的，是时势造就了这一批英雄；反观之，那些在大城市和大机关工作的大学毕业生却丧失了这种升迁机遇。

（三）占位理论

这是日本学者山野明提出的，并且把它提高到战略的高度来认识。什么叫占位？山野明解释是：“占位是使企业的产品在顾客心里占有位子、留下印象的一种新型的市场营销方法和广告方法。”这是一种狭义的解释，事实上占位理论应用在各个方面。其中，大学毕业生就业就有一个如何占位的问题。一个大学毕业生，如果要在人才市场或事业上占有位子，那么你就应当知道自己的位子在什么地方。要做到这一点，就必须要回答：自己是一个什么样的人？自己的特点与优势是什么？自己准备成就什么样的事业？

在刚开始参加工作时，你可能不会马上占据最有利的位子，但是可以通过调整逐步地进入到最符合自己需要的位子。俗话说，“站着这山看着那山高”，这话过去是贬义的，被当作见异思迁和好高骛远的思想表现。但是，以占位理论来看待就业，不妨先占住一个位子，然后逐步地攀登自己事业的高峰。

（四）三部曲的理论

“三部曲”是借用文学创作上的一个俗语。无论是就业还是创业，事实上都不可能一步登天，都有一个不断积累、发展和提高的过程。纵观一切成功的科学家或是企业家，他们大都经历了自己艰苦奋斗的“三部曲”，比如王永庆、李嘉诚、比尔·盖茨、斯蒂芬·乔布斯……因此，每一个面临创业的大学毕业生，都应当正确地设计自己的创业三部曲，谱写出自己的创业交响乐！

第三节　创 业 计 划

一、什么是创业计划

（一）创业计划的含义

愿望是成功的源泉，目标是成功的基石。当一个人计划成功的时候，他才会成功。计划是指在工作或行动之前预先拟定的具体内容或步骤。创业目标确定并经过充分论证后，创业者就应着手制订创业计划。

所谓创业计划，就是全面、清楚地把创业构想通过一定的形式表达出来。任何一个人在创业之前，都必须对创业目标有一个科学规划和设计。创业计划就是根据企业营运原理和数以千计的企业创业经验，结合自己的实际，整理出一套全面、渐进的程序和方法，以便能够分阶段、分步骤地实现创业目标。所以，制订创业计划，要把创业目标逐步分解，并分布在不同的创业阶段，使之一目了然，这样才能准确地把握不同创业阶段的不同任务，提高创业的效率。

（二）制订创业计划的意义

1. 制订创业计划，能够科学地规划未来的事业

制订创业计划的过程，实际上是广泛调查研究、收集有关信息，汲取别人的创业经验，从而客观、冷静地从整体上审视创业构想的过程。它有利于避免创业的盲目性，同时也是帮助创业者实现创业目标的一种有效方式。

2. 制订计划可以展示创业者的能力和决心

一份好的创业计划也是一个创业的可行性报告。计划的确定是建立在创业者对小企业了解和调查研究的基础上的，也是建立在对创业条件和能力分析基础上的。计划制订的本身展示了创业者的能力和决心。

3. 定一份好的创业计划可以增加创业的成功率

创业计划应该包括创业目标和实现目标的措施等。创业的过程实际上是实施计划的过程。制订创业计划可以进一步明确创业目标，落实创业措施，减少失误，提高创业的成功率。

4. 创业计划可以保证创业工作有序进行

创业计划反映了创业者的经营思想和经营策略，它反映了创业者对企业的心智投入。创业过程中先做什么，后做什么，都是按计划要求进行的，计划可以保证创业工作有序进行。

（三）创业计划的种类

创业实际上是按照创业目标和创业计划付诸行动的一种实践活动。在制订创业计划时，要依据创业目标的内容和要求。创业计划按照不同的标准可分为不同的种类。

1. 以时间为标准，可分为长期计划、中期计划和短期计划

长期计划，也称作战略计划，它是对创业活动的一种整体设计，具有系统性和完整性。对于创业活动来说，长期计划具有战略性、纲领性的指导意义。长期计划主要包括为实现长期目标而预先拟定的一些重要活动步骤、分期目标和重大举措。中期计划，在创业的时间安排、创业活动的内容以及创业的实施步骤等方面，都体现得相对简短而具体。短期计划，更能体现阶段性的特点，在时间的安排、活动内容的确定以及要达到的效果等方面都有了较为明确的规定，一目了然，便于实施。

2. 以创业的内容为标准，可分为经营计划与创建计划

经营计划，是根据创业目标和内容的要求，明确要干什么，怎么干，如何干好。它涉及企业营运实务的所有方面，将指导创业者的日常工作，以实现创业的具体目标。创建计划，是指实施创建自己的事业，把创业构想变成现实企业，并按照经营计划顺利运营。

二、经营计划

（一）经营计划的内容

经营计划必须解决三个方面的问题：创建的事业究竟是干什么的？打算如

何干？如何能够干得更好？只有弄明白上述三个问题，才能真正理解自己未来的事业。

经营计划大纲如下：

（1）界定事业。

（2）营运模式：

1）产品与服务；

2）市场营销；

3）企业职能；

4）竞争；

5）物质基础（收益，财产，清单）；

6）盈利基础。

（3）营运管理：

1）组织设计；

2）人员管理；

3）财务管理。

（4）创业构想中的重要因素及其变化。

（二）界定事业

必须从本质上明确自己要干的事业是什么，并确定经营事业的一些重要的概念和根本的原则。这些原则将给未来的事业带来稳定性。界定事业，是一个深思熟虑的过程。为了方便界定自己的事业，可以通过回答下列问题，逐渐明晰自己的事业。

（1）经营事业所属的行业

创业者经营的事业通常都是现有的生意，可以轻松地明确自己的事业所属的行业。

（2）经营事业在特定行业中的位置

特定的行业一般分为上、中、下三游。上游是原料供应商，中游是生产企业，下游是分销企业。特定的企业可以是处于行业的一定位置，也可以通过垂直一体化发展，上下延伸。对于服务性行业则没有这种上、中、下游的划分。不管怎样，你不能大小通吃，必须明确自己在行业中的位置。

（3）明确事业的目标市场

小型企业一般适合在有利的细分市场上开展业务，不应当与实力雄厚的企业进行直接的竞争。要明确自己的衣食父母是谁，即事业的目标市场。

（4）为目标市场提供的产品与服务

创业者必须向市场提供适合的产品与服务，从而实现企业的职能。从企业的角度看，提供产品与服务是企业与外界沟通、交流的重要方式。不提供产品与服务的企业就不是企业。一般企业，包括创业者的企业，可能会有多种产品与服务。创业者必须明确自己的主要产品与服务，即明白自己的“主业”。

（5）事业的利润基础

任何企业都必须获得一定的利润，以支持企业的生存与发展。企业的利润基础与多种因素有关，通常与特定的营销要素有重要关系。要理解事业的利润基础并牢牢把握关键的利润要素。

（6）事业的形式

是独自创业，还是与人合伙？合伙又是采取什么形式？创业者的家人是否参与？创业的形式对企业的创建、营运与发展都有重要意义，不同形式各有利弊。

（三）事业的营运模式

营运模式是指“怎么干”的计划，即创业构想在实务中如何细化。借助确立营运模式可以明确自己的事业是如何进行的，并明确各种营运要素的基本规范与原则。当营运模式计划完成后，便形成了正式营运过程的基础条件。它包含以下五方面内容。

1. 产品与服务

大部分企业是围绕已经存在的产品与服务建立起来的。特定行业中不同企业的产品具有一定的差异性。通常创业者会认为自己的产品与服务是独特的，但这只是自己的看法，消费者轻易不会相信这一点。在市场实务中，最有可能销售的是十分普通的产品与服务；只有极少数的企业是靠全新的产品与服务来获得市场成功的，而且必须承担巨大的市场风险。因为要引导市场接受一种新产品，其花费是巨大的，而且成功的机会不到2%。因此，必须牢记，产品与服务是为了满足消费者的需求。

2. 市场营销

（1）顾客与市场需求。许多创业者经营的内容所属的行业都属于市场上现有的行业。由于这些行业中已经有许多企业存在，并正在进行经营活动，因此，顾客与市场需求的存在都是现实的。对企业来讲，整个市场是由众多消费需求构成的。不同的消费者必然有不同的消费需求与消费行为，而具有相同特征的消费者只不过是整个市场中的一小块，这就形成了特定的细分市场。

（2）产品与服务。要从实务的角度对产品与服务的价值进行分析。产品价值是由多种因素构成的，几乎与产品的生产成本无关。

产品价值=F（产品使用价值、包装、品牌、资讯、流行、服务）

① 产品使用价值是产品本身能提供的功效，是产品存在的根本原因。如果产品不具有使用价值，或者使用价值有缺陷，则产品价值就无从谈起或者会大打折

扣。但使用价值高，并不能相应提高产品的价值；而使用价值如果有缺陷，则会形成一种放大效应，将大大降低产品总价值。②产品的包装对产品价值有重要影响。在包装一般的情况下，并不明显降低产品的价值；而在包装精美的情况下，则可以大幅度提高产品价值。但对于一些常用产品，如果包装过于花哨，则可能产生负面影响，使消费者产生不合算或上当的感觉。③品牌具有重要的作用，同样的价格，名牌比杂牌卖得多、卖得快，同等品质，可以获取名牌差价，卖更高的价钱。④资讯也是产品价值的重要构成要素。在许多产品中，资讯是指产品的专业知识与流行趋势。如果销售人员能给顾客提供更多更全面的资讯，尤其是产品的专业知识，将大大增加顾客购买的可能性。⑤流行现在具有越来越重要的价值，不适合流行的产品几乎无人问津，过季的产品必须打折处理，所谓“流行有价”就是这个意思。⑥服务也是产品价值的构成要素，处理品不会有“三包”，因为降价就是降低了服务水平。产品卖出后维修三年，事实上在销售时已经收取了售后服务费。

（3）产品分销。产品分销在营销过程中是指产品从生产现场到达消费者手中的过程。考虑产品分销时，应树立如下理念：首先要充分利用社会配套服务。第二，加强信息沟通。第三，不要建立大型仓库。这除了能够降低仓库成本外，重要的是迫使创业者关注自己的存货。存货过多是众多企业失败的重要原因。

（4）产品价格。价格是最关键的营销因素。价格具有明显的行业特征，创业者通常只能采用行业通行的价格政策。一般来说，向经销商让利的效果远远大于向最终消费者让利。因为经销商会竭尽全力促销你的产品，以获得额外的利益。现代营销学列出了以下方程式：

产品价格=F（成本、服务、便利性、独占性、形象、利润）

特定产品的价格形成是这些因素的综合表现。从这个方程式可以看出，价格除了反映商品的有形价值（成本、服务）之外，也应当反映商品的无形价值（便利性、独占性、形象），同时应当把利润加进去。

（5）市场推广。从实务角度来看，可采用下述推广策略：①选择有现实市场的产品。②建立合理的销售渠道。在中国市场上，创业者必须自己做市场推广。市场推广的关键在于与对方老板、关键的工作人员建立良好的私人关系。③采取有效的广告活动。良好的产品实际上是最好的广告。小企业应充分利用顾客的口碑。不要为做广告而做广告。④聘请高素质的现场推广人员。对于零售行业，同等条件下，好的营业员比一般的营业员销售业绩增加30%是十分普通的事情。

（6）企业地点。事业的地点所在，具有十分重要的意义。事业的地点是你可以控制的关键因素。许多事业成功的核心因素就是地点，地点对能否生存、赚钱具有决定的意义，如餐饮业、零售业等。

3. 事业竞争策略

（1）要明确竞争的对手。只有与创业者事业有直接关系、争夺相同顾客的企业，才是竞争的对手。

（2）要明确目标顾客。投其所好是生意的秘诀，前提则是理解顾客的好恶。对小企业，一方面要理解目标顾客的消费心理；另一方面要理解顾客的消费行为。

（3）要根据竞争对手的情况选择自己的竞争策略。在制定竞争策略时，一定要明确核心竞争因素必须建立在务实、经验、专业的认识基础上。

（4）形成竞争的优势。根据竞争对手、消费者与自己的情况，选择适合自己的竞争策略，认真实施，将自己的竞争优势向消费者宣传，并使其成为消费者，以致有的竞争对手都接受和承认的优点，你就获得了真正的竞争优势。

4. 事业职能

创业之前考虑并确定事业的基本职能十分重要，这关系到开业后的营运与管理、投资的规模与方式、创业的计划与程序等，也是后续工作的基础和前提。创业者既要全面考虑企业应有的职能，更要考虑自己事业的核心职能。

5. 事业的物质基础

企业必须具有一定职能，而所有职能的完成，都建立在一定的物质基础上。生产必须有厂房、设备，销售必须有店面等。在实务中，必须根据前面的规划，确定实现规划所必需的物资清单，并确定获得这些物资的可能的方式。

（四）盈利模式

经营自己的事业，一定要清楚究竟赚的是什么钱，或者说究竟靠什么赚钱。任何企业都必须盈利，以支持企业的正常营运与发展。创业者的利润计算，应采用下列公式：

利润=收入–成本–费用–创业者打工的报酬（机会成本）

在实务中，收入与支出都是由多种细分项目构成的，所有的细分项目又有千丝万缕的复杂联系，特定的措施既可以增加收入，又可能增加支出。必须理解所有细分项目以及细分项目之间的关系。在通常情况下，特定的细分项目对盈利具有重要的、关键的影响，这就是盈利的基础。盈利基础是个性化的东西，不同的企业在盈利基础方面有巨大的差异。

（五）营运与营销、财务管理

营运管理，首先是职能分配、组织设计与人事管理。职能分配、组织设计与人事管理是管理事业的基础，对营运管理具有重要的意义。它是前期规划中最具实务意义的工作之一。其次是营销管理，营销管理是一种外向型管理，一般涉及三方面的内容，①应当规划好整个营销流程，理顺供、产、销之间的关系与联系；②掌握核心的营销要素，形成并维持自己的竞争优势；③根据实际情况，及时调整营销决策，以适应市场的变化。

再就是财务管理。财务管理包括现金流量管理，利润的确定，往来业务管理等。许多企业倒闭的原因不在利润的高低，而在于现金的周转有问题。当企业没有办法支付到期债务时，会像“多米诺”骨牌一样很快垮掉，因为成熟的企业是建立在商业信用的基础上的。如何维持一种平衡，是现金流量管理的重点，也是企业管理的重点。利润的确定，一般分为两步：一是确定各项损益的金额，以现金流入流出来计算，包括期初余额、应收款、应付款和期末余额；二是计算自己的利润（利润=期末余额+应收款–应付款–期初余额）。这种利润的计算方法对于相对合理地评估自己的利润，具有一定的价值。往来业务管理运用流水账是最适合创业者管理往来业务的账务管理方法。

（六）应对风险

在市场和创业者本人等重要因素不出现重大变化的情况下，前面完成的经营计划是一种合理、有效的创业指南。但天有不测风云，若重要因素发生变化时，精心规划的经营将成为真正的创业陷阱。规避这种风险的有效办法，是在已经完成经营计划后，针对创业构想中关键因素的变化制定应对措施。它一般包括以下内容：重要因素的界定，确定经营计划中哪些因素可能影响整个经营计划的实施；这些因素可能发生的变化，以及这些变化对经营计划的各种影响；如何根据变化了的营运环境，调整创业构想，如何修改已经完稿的经营计划等。

三、创建计划

建立企业的过程有许多实际工作要思考，如企业创业初期，应向哪些职能部门申请，履行什么手续等。因此，一个人要想创业成功，就必须了解有关创业知识，并制订一份切实可行的创建计划。一份创建计划主要包括以下几方面的内容。

（一）确定企业名称

企业名称是指在工商行政管理机关登记注册的经济组织的名称。它是由文字形式表示的区别于其他经济组织的特定标志。企业名称必须经过工商行政管理部门核准注册；一经核准后，在确定范围内有专用权，受国家法律保护，其他企业或社会组织不得假冒使用或盗用。

（二）选择营业场所

不同性质不同类型的企业，对其经营场所的要求不尽相同。要根据创业目标选择合适的营业地点。如要创办一个商品零售批发商店，就要将商店选在商业活动集中的地区或人口密度大的地区。

（三）办理手续

小企业的开办和经营需要得到有关部门的认可和批准，如验资证明、营业执照、银行开户、税务登记等，这样才能成为合法的企业。

（四）购买营业设备

按照设备清单采购必需的营业设备，并安装调试。而且一定要按照创业计划的倒计时方式按时完成，不得影响正常开业。

（五）员工的招聘与培训

企业根据生产经营的需要，在国家政策许可范围内，公开招聘合适的员工。这项工作包括一是请“帮手”；二是招收员工；三是高薪聘请专家，帮助指导自己的经营活动，甚至参与生产与经营。员工招聘后要进行培训，使员工熟悉工作内容，掌握一定的工作技巧，正式上岗后能适应工作的需要。一般情况下，在营业地确定后，就可以开始员工的招聘与培训工作。

（六）资金的筹措与使用

创办企业无论是租赁房屋、征地建厂房，还是购买原材料、雇佣员工等都需要有足够的资金作保证。能否筹措到足够的资金，是开办企业的关键因素之一。创业者开办企业，可通过自筹、集资、银行贷款等多种方式筹措资金。一般情况下，创业初期资金都比较紧张。所以在使用资金时，要精打细算，周密计划，把钱花在刀刃上。

四、创业计划书的格式与内容

创业计划书通常没有固定的格式，但它一定要包括创业者的创业目的、对创业企业和环境的描述、创业团队的组成、创业项目的风险和回报分析等重要内容。创业计划书可以为潜在的投资者描绘一个完整的创业企业的蓝图，并帮助创业者进一步深化对创业企业经营的思考。

创业计划书与投资建议书是有区别的，后者篇幅较短并且较少涉及细节问题；而前者可能长达几十页，甚至几百页，涵盖的内容包括多方面。可以这样说，投资建议书是创业计划书的节略本。

以下两种创业计划书格式供读者参考，在具体编制创业计划书时，创业者可以根据自己的创业内容，选择适合自己的创业计划书格式。另外，也可根据实际情况对以下计划书作前后次序和内容增删的调整。

创业计划书的格式最好是根据创业公司的特点编制。这样的创业计划书适合自己公司的特征。以下给出的创业计划书格式可供参考。

创业计划书格式（适用于生产型企业）

一、前言（篇幅不宜过长，对创业计划书进行概括性综述）

1. 创业公司简介

创业公司经营项目及产品内容、技术来源等，经营团队介绍及所占股权份额情况。

2. 资金需求量预测

公司筹备期间的费用、技术转让费用、土地及固定资产占用费、资金周转占用数量。

3. 投资条件

投资条件、投资金额、股款缴纳时间、董事及监事席位、非现金抵押股东股权比例。

4. 投资报酬率预测

未来各年报酬率、回收净值、回收期，风险投资推出时间和价值预测。

5. 风险分析

公司内外部环境变化，如技术开发、管理效果和市场变化等情况对投资报酬率的影响。

6. 其他分析

重大采购和销售合同、营销手段和损益平衡点分析等。

二、创业公司基本资料

（1）创业公司设立背景；

（2）创业公司经营业务及内容；

（3）预计资本金；

（4）创业公司设立程序及其日程表；

（5）联络人及地址。

三、创业公司组织

（1）创业公司筹建期的组织机构；

（2）创业公司设立后的组织系统图；

（3）拟担任主要负责人的资料。

四、创业公司股权结构

（1）无形资产的价值估算；

（2）股东出资额及股权结构；

（3）董事会和监事会人员名单。

五、业务内容

（1）产品市场分析；

（2）行业竞争分析；

（3）营销策略介绍。

六、技术与生产

（1）关键技术说明；

（2）生产与制造。

产品的生产流程，主要原材料及供应商情况介绍，厂房设备情况，对生产工人的要求和生产成本预算。

七、财务预算

（1）资金需求预测；

（2）未来1年的现金流量预测；

（3）投资回收期预测；

（4）投资报酬率和净值报酬率计算；

（5）未来3年的净现值计算；

（6）敏感分析和盈亏平衡分析。

八、投资以及风险管理

（1）技术和产品开发风险分析；

（2）市场风险分析；

（3）风险投资的退出机制；

（4）公司的风险控制措施。

九、附录（必要补充材料）

（1）未来3年的成本费用预测；

（2）市场调查数据分析；

（3）未来3年的利润表预测；

（4）未来3年的资产负债表预测；

（5）未来3年的现金流量预测；

（6）租约。

创业计划书格式（适用于服务型企业）

一、执行总结（对创业计划书进行概括性描述，起摘要作用）

（1）公司概述；

（2）市场机会和竞争优势；

（3）产品（服务）前景；

（4）公司所处的环境及创立背景；

（5）创业立项的重要性及必要性分析；

（6）创业公司经营业务及内容；

（7）创业公司设立程序及其日程表；

（8）预计资本金。

二、产品服务介绍

（1）产品服务描述（特征、主要客户对象等）；

（2）产品服务优势。

三、市场调查和分析

（1）市场容量估算；

（2）预计市场份额；

（3）市场组织结构。

四、公司战略

（1）SWOT（优势 Strengths，劣势 Weaknesses，机会 Opportunities，风险 Threats）分析报告；

（2）公司总体战略；

（3）公司发展战略。

五、营销策略

（1）目标市场；

（2）产品和服务；

（3）价格的确定；

（4）分销渠道；

（5）权力和公共关系；

（6）营销政策。

六、产品制作管理

（1）工作流程图以及生产工艺流程图；

（2）生产设备及要求；

（3）质量管理措施及方法。

七、管理体系

（1）公司性质及组织形式；

（2）部门职能；

（3）管理理念及公司文化；

（4）团队成员任职及责任。

八、投资分析

（1）股本结构与规模；

（2）资金来源与运用；

（3）投资收益与风险分析（对报酬率、回收净值、回收期等的计算）；

（4）可以引入的其他资本。

九、财务分析

（1）财务预算的编制依据分析；

（2）未来3年的预计会计报表及附表；

（3）财务数据分析（主要财务指标分析、敏感分析和盈亏平衡分析等）。

十、机遇与风险

（1）机遇分析；

（2）外部风险分析；

（3）内部风险分析；

（4）解决方案和应对措施。

十一、风险资本的退出

（1）撤出方式；

（2）撤出时间。

十二、附录（补充资料）

第十二章　创业者的基本素质与创业能力

创业是极具挑战性的社会活动，是对创业者自身智慧、能力、气魄、胆识的全方位考验。一个人要想获得创业的成功，必须具备基本的创业素质。尤其在市场经济条件下，在大学生就业难的社会背景下，创业素质的培养对大学生就业和创业具有重要的意义和作用。本章主要介绍大学生在创业中应具备的基本素质和能力。

第一节　创业者的基本素质

一、概述

创业素质就是创业行动和创业任务所需要的全部主体要素的总和，是创业者创业实践前所经历的物质和精神力量的聚集过程。它不仅有助于创业者明确创业目标，积极把握创业机遇，进行有效的创业决策和将创业计划付诸实施，而且有助于创业者在创业过程中克服各种困难、战胜各种挫折、解决各种问题，最终实现创业目标。

创业，是一个发现和捕捉机会，并创造出新颖的产品，提升服务，实现其潜在价值的过程。创业能否成功，与创业者的素质关系极大。创业者需具备哪些特点和素质，不少学者均做过研究。

英国的科林・巴罗在《小型企业》一书中提出小企业经营者的6个特点：

（1）全身心投入，努力工作；

（2）接受不确定性；

（3）身体健康；

（4）能自我约束；

（5）有独创性和敢冒风险；

（6）有计划与组织能力。

美国的唐・多曼在《事业革命》一书中提出了创业者的5种人格特征：

（1）愿意冒风险；

（2）能分辨出好的商业点子；

（3）有决心和信心；

（4）有壮士断腕的勇气；

（5）愿意为成功延长工作时间。

美国的第姆·伯恩在《小企业创业蓝图》一书中提出了对企业家的四点要求：

（1）信心；

（2）专门知识；

（3）积极主动的态度；

（4）恒心。

著名管理专家威廉·拜格雷夫将优秀的创业管理人素质归纳为 10 个以“D”字母为首的要素：

（1）理想（Dream）；

（2）果断（Decisiveness）；

（3）实干（Doers）；

（4）决心（Determination）；

（5）奉献（Dedication）；

（6）热爱（Devotion）；

（7）周详（Details）；

（8）命运（Destiny）；

（9）金钱（Dollar）；

（10）分享（Distribute）。

二、创业者的基本素质构成

根据我国的创业环境，创业基本素质包括创业意识、创业心理品质、创业能力和创业知识结构等四大要素，如图 12-1 所示。

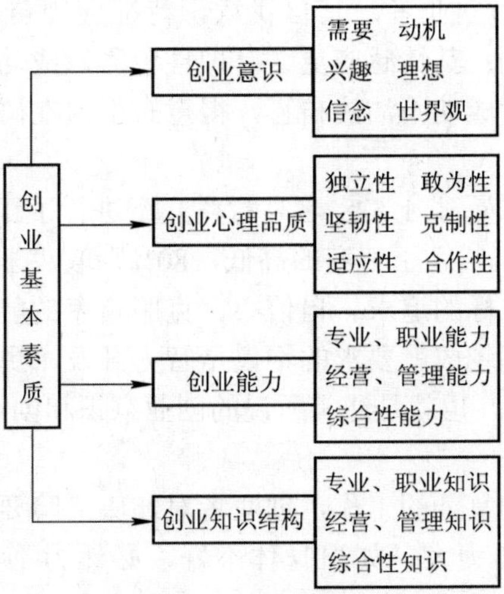

图 12-1 创业基本素质

以上四个方面的要素中，每一项要素均有其独特的地位与功能，任何一个要素发生变化或残缺不全，都会影响其他要素的形成和发展，影响其他要素的功能和作用的发挥，乃至影响创业的成功。创业素质是在人的心理素质和社会文化素质的基础上，在环境和教育的影响下形成和发展的，它是人们从事社会职业活动、参与社会实践所必需的基本素质。创业意识、创业心理品质、创业能力、创业知识结构要素之间既相互独立，又相互影响，形成相互制约的一个有机的整体。因此，一个未来的创业者，不仅要注意在环境和教育的双重影响下培养自己的创业素质，而且要重视其整体结构的优化，在创业实践中不断提高自己的创业素质。

三、创业者的基本素质要求

1. 文化知识丰富

在竞争日益激烈的今天，单凭热情、勇气、经验或只有单一专业知识，要想成功创业是很困难的。创业者要进行创造性思维，要作出正确决策，必须掌握广博的知识，具有一专多能的知识结构。具体来说，创业者应该充分了解、掌握国家有关的政策、法规，做到用足、用活政策，依法行事，用法律维护自己的合法权益；了解科学的经营管理知识和方法，提高管理水平；掌握与本行业本企业相关的科学技术知识，依靠科技进步增强竞争能力；具备市场经济方面的知识，如财务会计、市场营销、国际贸易、国际金融知识等；具备一些有关世界历史、世界地理、社会生活、文学、艺术等方面的知识。

2. 心理素质好

所谓心理素质是指创业者的心理条件，包括自我意识、性格、气质、情感等心理构成的要素。作为创业者，其自我意识特征应为自信和自主；其性格应刚强、坚忍、果断和开朗；其情感应更富有理性色彩。成功的创业者大多是不以物喜，不以己悲的，面对成功不沾沾自喜，得意忘形；在碰到困难、挫折和失败时不灰心丧气，消极悲观。

美国心理学家特尔曼对 1 528 名高智商儿童进行了跟踪调查，结果发现，一个人的成功，只有 20%归之于智商的高低，80%则取决于情商，包括取得最后成果的坚持力、对实现目标的追求、自信心、克服自卑的能力以及不断积累成果的能力等。这就是说，卓越成就要求的不仅是智力开发，更重要的是理想、信念、意志和毅力等人格因素，也就是通常所说的创业意识和创业精神。

3. 身体健康

创业是一项繁重和复杂的工作，创业者对健康风险要有充分的准备。创业者工作繁忙、时间长、压力大，如果身体不好，必然力不从心、难以承受创业重任。有了健康，就好比银行账户上有了一个 1，其他的都是 1 后面的零。在拥有健康的前提下，其他的越多说明人生越丰富。创业者无论在什么情况下，都要培养一种积极乐观的心态、宽广坦荡的胸怀，要力争做到身体健康、体力充沛、精力旺盛、思路敏捷。

4. 坚持不懈

“只有坚持不懈，才有可能成功”，伟大的创业家无一不把这句话作为座右铭。爱迪生强调指出，创造力依据的是99%的努力和1%的灵感。他认为，一连串的“失败”乃是不断尝试错误的探索性实验，是成功的创新所必需的。经历一次又一次的失败而决不放弃是创业者的主要行为特征。创业领域，没有任何捷径可走，只有专心致志和坚持不懈的人，才能克服在通往目标的道路上所遇到的危机和障碍。轻型商用喷气机之父比尔·利尔先后 4 次积聚财产又失去了财产；比萨饼创新之王汤姆·莫纳汉先后 4 次面临破产的危险；亨利·福特在推出 T 型汽车并获得重大成功之前曾两次破产。因此，本田宗一郎向所有未来的创业者提供了一条简洁明白的劝告：“创业者必须主动确定未来可能实现的目标，并乐意遭受失败。”许多创业者甚至把错误看作自己最大的财富。

5. 敢冒风险

在市场经济大潮中，机会与风险共存。只要从事创业活动，就必然会有某种风险伴随；且事业的范围和规模越大，取得的成就越大，伴随的风险也越大，需要承受风险的心理负担也就越大。立志创业，必须敢闯敢干，有胆有识，才能变理想为现实。只要瞄准目标，判断有据，方法得当，就应敢于实践、敢冒风险。对瞄准的目标敢于起步，对选定的事业敢冒风险的心理品质又称“敢为性”。具有“敢为性”的人对事业总是表现出一种积极的心理状态，不断地寻找新的起点并及时付诸行动，表现出自信、果断、大胆和一定的冒险精神；当机会出现的时候，往往能激起心理冲动。敢为不是盲目冲动、任意妄为，不能凭感觉冲动冒进，而是建立在对主客观条件科学分析的基础上的。成功的创业者总是事先对成功的可能性和失败的风险进行分析比较，选择那些成功的可能性大而失败的可能性小的目标。创业者还要具备评估风险程度的能力，具有驾驭风险的有效方法和策略。

6. 善于交流

在创业道路上，必须摒弃“同行是冤家”的狭隘观念，学会合作与交往。创业者要通过语言、文字等多种形式与周围的人们进行有效的交流与沟通，可以提高办事效率，增加成功的机会。在创业过程中，需要与客户打交道，与公众媒体打交道，与外界销售商打交道，与企业内部员工打交道，这些交往、沟通，可以排除障碍，化解矛盾，降低工作难度，增加信任度，有助于创业的成功。

7. 克服盲目冲动和私利欲望

创业过程中，创业者要善于克制，防止冲动。克制是一种积极的有益的心理品质，它可使人积极有效地控制和调节自己的情绪，使自己的活动始终在正确的轨道上进行，不会因一时的冲动而引起缺乏理智的行为。

创业者在创业过程中要自觉接受法律的约束，合法创业、合法经营、依法行事，自觉接受社会公德和职业道德的约束，文明经商、诚实经营、互助互利。当个人利益与法律和社会公德相冲突时，要能克制个人欲望，约束自己的行为。

8．树立危机意识

中国有一句话说“生于忧患，死于安乐”，用现代的流行语言来说，就是要有“危机意识”。一个国家如果没有危机意识，这个国家迟早会出问题；一个企业如果没有危机意识，迟早会垮掉；一个人如果没有危机意识，难免有一天会遭受挫折。

未来是不可预测的，而人也不是天天都走好运的，因此，创业者要有危机意识，在心理上及行动上有所准备，来应付突如其来的变化。如果没有准备，不要谈应变，光是心理受到的冲击就会让你手足无措。有危机意识，或许不能把问题消弭，但却可把损害降低，为自己打造生路。

在创业实践中所有的事你都要有“万一……怎么办”的危机意识，居安思危，未雨绸缪，预作准备。尤其是对关乎前程与一家人生活的事业，更应该有危机意识，随时把“万一”摆在心里。

9．正确对待创业风险和失败

一旦走上创业之路，便意味着失去了固定的收入，任何事情都要独自面对，并且在创业初期，资金、客户、人力都处于极不稳定的状态。因此人们自然而然地认为创业是一项高风险的选择。选择创业的大学生面对风险和失败一定要有充分的心理准备和心理承受能力。创业失败，固然对初涉商场的大学生是一个沉重的打击，可以说没有一个创业者在创业的道路上不经历失败的，但它同时也是人生一次教训和经验的积累，是人生的一大财富。因此，决不能一蹶不振、灰心丧气，应该理性对待、沉着应对，总结经验找出原因，也可以重新就业，先为别人打工，在工作实践中积累经验，建立人脉，寻找商机再次创业。

第二节 创业意识

一、创业意识及养成

所谓创业意识，是指在创业实践活动中对人起动力作用的个性倾向，包括需要、动机、兴趣、理想、信念和世界观等心理特征。

创业意识不是凭空形成的，也不是靠一时冲动产生的，而需要创业者在创业活动中不断地磨炼、积累和升华。创业意识的形成是漫长而艰辛的，对即将走上社会的大学生来说，首先要萌发强烈的创业需要与动机；其次，要有理想和信念。

1. 需要与动机

创业活动是一种综合性很强的社会实践活动，它源于人的强烈的内在需要，这种内在需要是创业活动最初的诱因和动力。创业需要是创业意识的最低层次，它取决于创业者的社会状况、社会地位和阶层等社会性条件，如果没有创业的意识，就不可能产生创业需要，也绝不可能形成更高层次的创业意识。

但仅有创业需要也并不一定有创业行为，只有当创业需要上升为创业动机时，才能形成创业者竭力追求的获得最佳效果和优异成绩的心理动力。创业动机就是推动就业者从事创业实践活动所必备的积极的心理状态和动力，创业需要是产生创业动机的基础，创业动机是创业需要具备了满足条件和对象时的表现形式。当创业者产生了创业动机时，投身于创业实践活动的创业行为就开始了。

2. 理想与信念

创业理想是创业意识的高级形式，是创业者对未来奋斗目标向往和追求的较为稳定和持久的心理品质，是人生理想的组成部分。但创业理想主要是一种职业理想和事业理想，而非政治理想和道德理想。有了创业理想，创业者的创业行为就会充满朝气和活力。因此，具有了创业理想，就意味着创业者的创业意识已基本形成。

二、创业精神的确立

1. 创业精神的内涵

江泽民同志在全国人大八届一次会议上提出了要倡导的 64 个字的创业精神，这就是："解放思想，实事求是；积极探索，勇于创新；艰苦奋斗，知难而进；学习外国，自强不息；谦虚谨慎，不骄不躁；同心同德，顾全大局；勤俭节约，清正廉洁；励精图治，无私奉献。"《人民日报》社论把这种创业精神称为民族精神、时候精神。

上述创业精神，全面概括了中华儿女的民族气概和一代人的精神风采。其内涵主要有三方面：一是必须有远大的理想和坚定的信念。要坚持用科学的理论武装头脑，认真学习马列主义、毛泽东思想、邓小平理论、"三个代表"重要思想和科学发展观，树立正确的人生观和世界观，为实现中华民族的共同理想奉献自己的智慧和力量。二是必须有艰苦创业、顽强拼搏的精神。要有强烈的事业心和责任心，刻苦钻研，勤奋工作，努力掌握现代化建设所需的各种知识和过硬本领，成为本职工作的行家能手；要开阔视野，树立高标准，不怕困难和挫折，坚忍不拔，勇于创新，努力争创一流。三是必须有实事求是的科学态度和脚踏实地的良好作风。要坚持解放思想与实事求是的统一，既要敢想敢干，又要求真务实；要满腔热情地投身于改革开放和现代化建设的伟大实践中，从人民群众丰富生动的劳动创造中汲取营养和力量，在艰苦的环境中磨炼意志，增长才干。

2. 创业精神的体现

创业精神，反映了对开拓创新人才全面素质的要求。对即将步入社会的大学毕业生来讲，首先要自信、自主、自立、自强。这“四自”，正是新时代大学生创业精神的具体体现。

自信——即对自我充满信心，相信自己有能力和条件去开创未来的生活和事业。自信赋予人主动积极的人生态度和进取精神，不依赖父母，不指望朋友，不等待安排，不幻想天上掉馅饼，其贯穿于创业活动的始终；成功使人更加充满信心，失败和挫折则会更加激发新的拼搏与奋斗的豪情。

自主——即具有独立的人格，善于进行独立的选择和采取独立的行为，不受传统和世俗偏见的束缚及舆论和环境的影响，能自己选择生活的道路，善于设计和规划自己的未来，并采取相应的行动。自主是建立在社会需要和个人需要相统一的基础之上的，有损于社会和人民利益的个人行为应遭到唾弃。

自立——即凭借自己的头脑和双手，依靠自己的努力和奋斗，建立起自己生活和事业的基础。现代人应具有自立的志向，自谋职业，勤劳致富。

自强——即通过创业的实践，不断增强自己各方面的能力，进一步磨炼自己的意志，建立起自己的强者形象。要敢说敢当，勇于拼搏，不计较寸尺得失，不贪图眼前利益，不依恋平淡生活，自强不息。

对每一个创业者来说，自信、自主、自立、自强的精神是进行创业实践的灵魂和支柱，是开创新生活、追求幸福明天的精神信念。有了这一创业精神，才会有创业的要求和动机，才会有创业的意识和观念，才会有创业的动力和行动。

三、创业之路的选择

创业为青年成才提供了一条最好的道路，但创业之路是不平坦的，因为人生总是处在不停地选择之中，在不同的机遇中选择，在不同的职业中选择，在前人的经验中选择，在知识的海洋中选择……因此，当创业者走上漫漫的人生征途时，又面临着道路的选择问题。

1. 利己和利他

利己和利他的关系，实际上就是个人与集体的关系。在确定自己的创业目标时，一定要注意到利己和利他的统一，创业利己，同时也要创业利他。如果一个人的创业只有利己的私欲而无利他的胸怀，甚至为了利己，不惜牺牲他人利益、集体利益和国家利益，那么，他的创业必然得不到社会的支持，也注定不能成功。党的富民政策允许和鼓励一部分人和地区先富起来，进而达到共同富裕的目的，其中“先富”和“共同富裕”就是利己和利他的统一。个人创业致富，是人的自我需要。在个人致富的同时，带领周围的人共同富裕，促进家乡经济蒸蒸日上，则是人的社会需要。

人生需要的利己性，是人的自我需要，是人的正当的本能心理；而人生需要的利他性，则是一种客观需要，是一种高尚的情操和奉献精神。

2. 成功与成才

创业是一种进取性很强的活动。每个人都渴望成功，但成功往往是智力和体力充分运用、顽强和敏捷充分结合的结果。创业之路是培养强者并使之成熟的路，是锻炼强者并使之成才的路。

在改革开放和市场经济条件下，所谓“人才”，是指与一般人相比，对社会的稳定和发展贡献更大、价值更高的社会成员。人才与常人相比，区别在于是否有创造性。凡是给社会带来新的思想、新的事业、新的生活和劳动方式、新的社会效益的人，凡是具有创造性思想和行为的人，都应视为人才。因此，成功的创业者就是人才。

在创业的道路上，成才与成功像是“双胞胎”，是创业过程中的两个方面、两个终点。成才者必然成功，成功者必然成才。

3. 敢于拼搏

创业者的历史使命，首先在于突破原有的各种束缚，开拓新的领域，开创新的事业，并在其中发现、探索新事物成长、发展的规律。大学生如果没有创业意识，就只能守业而居，却不能创业而兴。运用科学技术不断探索，勇于开拓，以创业的精神闯出一条祖辈们没有走过的路，这才是创业之路。

第三节 创业能力

一、创业能力的概念与特征

1. 创业能力的概念

创业能力是一种能够顺利实现创业目标的知识和技能。它除了具有能力的一般含义外，还有自己的独特内涵。首先，创业能力是在创业实践中体现出来的影响创业实践活动效率，促使创业实践活动顺利进行的主体心理条件。其次，创业能力与其他能力相比具有更强的综合性和创造性。创业之前，创业者要根据自己的特长和社会需要确立合适的创业目标；创业之中，为了提高效率，需组织管理；为了产品适销对路，得巧用信息；为了驾驭瞬息万变的市场，得随机应变。所有这一切活动，都要求创业者具备超出常人的综合能力和创造能力。再次，创业能力是知识、技能经过类化、概括化后形成的，表现为复杂而协调的行为动作。

所以，创业作为一种特殊的社会活动，对个人能力的要求，既要有与一般社会活动能力相类似的能力，还要有专门的能力。

2. 创业能力的特征

创业这一特殊的社会实践活动所需要的能力具有不同于一般能力的特征。它主要体现在以下几个方面。

（1）强烈的实践性。创业能力的形成和发展始终与创业实践和社会实践紧紧相连。只有在创业实践活动这一特定的时空条件下，只有在创业实践活动提供的规定环境中，创业能力才能从无到有、从小到大、从弱到强。

从香港首富李嘉诚从一个贫困失学的少年打工仔成长为世界大富翁这一事实可以看到，卓越的创业能力来自于不断的创业实践。在创业实践中不断克服困难、扫除障碍的过程，就是创业能力不断提高的过程。

创业能力在创业实践的锻炼中不断提高，同时，创业实践活动也为创业能力的表现和发挥提供了时间和空间相统一的社会舞台，成为显现创业能力的中介和媒体。只有在社会实践活动这个大舞台上，只有创业实践活动所提出的艰巨而富有挑战性的任务，才能启动和激活个体的创业能力，才能表现和发挥创业能力的作用和功效，才能评价个体创业能力的大小和强弱。

（2）高度的综合性。创业能力是一种以智力为核心，具有高度综合性的能力。创业能力结构的核心是智力，包括观察力、注意力、记忆力、想象力、创造力等诸种能力。创业能力的最低层次是由一般操作能力组合形成的诸种特殊能力，主要是专业、职业能力；中间层次是由智力操作的一般能力和特殊能力组合形成的经营管理能力；最高层次是由多种特殊能力和经营管理能力组合形成的各种综合性能力（如发现机会、把握机会、创造机会的能力，收集、处理、加工、利用信息的能力等）。在这里，智力活动的核心作用是毋庸置疑的。没有智力能力活动的作用，创业能力纵向结构的各个层次不可能形成和发挥作用，各层次之间的灵活转换和逐级递增结合和组合无法指向共同的方向和中心，无法整合一致、高度协调地解决实践中所提出的问题。

在对上述创业能力的结构特征分析中，已充分体现了创业能力具有高度的综合性。当人们从事专业、职业社会活动时，便产生了第一次综合，即由一般能力组合形成各类专业职业能力；在人们从事创业实践活动（即开创性的专业、职业社会活动）时，又产生了第二次综合，即各种一般能力与特殊能力组合而形成经营管理能力和各种综合性的能力。由此可见，创业能力是一种综合性程度很高的能力，它有复杂的结构和较大的包容性，是人的能力特征在社会实践活动，尤其是创业实践活动中综合性表现的整体性所在。

（3）突出的创造性。创业能力是一种具有突出的创造性特征的能力。创业能力的创造性特征是表现在创业实践活动的全过程中的，即从实践中提出问题到在实践过程中解决问题。随着社会主义市场经济体制的逐步建立，市场竞争也将日趋激烈，要使创业实践顺利圆满，就必须要求创业者具有创造性地提出问题和解决问题的能力。在这里，不仅需要逻辑推断和抽象思维能力的参与，也需要直觉思维和形象思维的参与；不仅需要集中思维，更需要发散思维。

（4）鲜明的个性。创业能力是在个性制约下形成并发挥作用的，是与个性心理倾向和个性心理特征紧密结合在一起的。能力是个性结构的有机组成部分，因此，能力的形成过程和发挥作用的过程必然要受心理倾向特征的影响和制约。创业能力也不例外。在创业能力形成和发挥作用的过程中，是否具有开创型的个性至关重要。因为个性心理倾向是人的身心组织的动力机制，它在相当程度上决定了一个人是否敢于投身于创业实践活动，而是否敢于投身创业实践活动又直接关系到创业能力是否能够形成和提高。在创业能力发挥作用的过程中，个性结构的有机组成部分——性格又影响和制约着创业能力如何发挥作用。性格不同的人，使用能力和发挥能力的方式具有非常明显的不同特征：有的敢于冒险，有的工于计划，有的擅长拼搏，有的巧于智取，有的直截了当，有的迂回曲折、外柔内刚等。

二、创业能力的构成

在对无数创业成功者的范例分析中，可以看到，在创业实践活动中，直接发挥效率的三种不同层次的创业能力，它们是专业技术能力、经营管理能力和综合能力。

1. 专业技术能力

创业者以自己的服务或产品为社会做贡献，其劳动价值要能得到社会的承认，当然要以精通专业技术为基本前提。所以，在创业能力中，专业技术能力（包括技能、技巧）是最为基本的能力，是人们从事某一特定社会职业所必须具备的能力和本领。一个具有丰富经验和较高水平的经营管理者，如果不熟悉、不了解某一专业或职业的特殊性，就无法施展和发挥其经营管理或综合性能力；而只有把握住了某一专业、职业的特点，才能对症下药，因事制宜，采取适当的经营管理方法。从这个意义上讲，专业技术能力是一种最基本的创业能力。

综观改革开放以来率先致富的人们，其中有相当一部分是能工巧匠、经营行家。这并非出于偶然，因为一般人往往是“想干不会干，想富没门路”，而他们具有某一方面的专业知识和技能，所以较之一般人致富的门路要广；也正因为他们的专业知识和技能已经达到了精通的程度，所以其产品或服务往往质量较高，或成本较低，或两者兼而有之，从而在市场竞争中占有优势。所以创业者若要从事创业活动并期望成功，必须根据自己的创业意向，掌握相关的专业知识和技能。

专业技术能力包括专业知识和专业技能。专业知识是指从事某一专业工作所必须具备的知识，一般具有较为系统的内容体系和知识范围。掌握专业知识是培养专业技术能力的基础。专业技能包括智力技能和操作技能。智力技能是在大脑内部借助于内部语言，以缩简的方式对事物的映像进行加工改造而形成的。它以抽象思维为主要特征。创业能力的心理过程，从感觉到知觉，从记忆到回忆，从思维到想象，主要表现为智力活动过程；能力的操作过程，无论是机械的还是非机械的，是自动化的还是非自动化的，是熟悉的还是非熟练的，都是在智力的指导、支配和调节下进行的，包括观察力、注意力、记忆力、想象力等一般能力。在知识经济时代，劳动力密集和资源的简单加工工业已经或正向高新技术转移，发达国家放弃了微利产品。这也告诉人们，传统的“勤劳”致富的机会和空间已很有限，中国人要在当今世界跻身于发达国家的行列，还必须“勤思”，创新意识和创造能力将成为经济发展的重要推动力。因此，智力技能的训练就显得更加重要。智力技能的形成，对于解决生产中的难题、进行技术上的更新和创造以及创新性个性品质的养成，将有很大的作用。

操作技能是由一系列外部动作构成的，是经过反复训练形成和巩固起来的一种合乎法则的行动方式。操作技能是专业技术能力的有机组成部分，也是形成综合能力的基础。操作技能需要进行系统训练，才能达到一定的熟练程度，形成初步的技术经验。掌握操作技能要经过对动作要领的认识、联系、协调完善三个阶段。操作技能训练要通过认识动作样板，了解动作程序，掌握动作关键，从而理解整个动作要领，通过反复联系，使之相互协调，最后形成连锁反应的技巧动作，达到准确性、协调性、速度和技巧的统一。

2. 经营管理能力

在创业能力中，经营管理能力是一种较高层次的能力，它从三个方面直接影响创业实践活动。一是涉及创业实践活动的每一个环节：规划、决策、实施、管理、评估、反馈，影响到创业实践活动的全过程。二是涉及创业实践活动中人的选择、使用、组合和优化，涉及群体控制的各方面：群体目标、群体内聚力、群体规划和价值等。三是涉及创业实践活动中资金的分配、使用、流通、增值等环节，从而影响实践的规模和效益。

在现代社会中，经营管理能力为人的生存和发展提供了较好的主体条件；同时，也能形成人、财、物、时间、空间的合理组合。管理能力直接关系到创业活动的效率和成败，因此管理也是生产力。经营管理能力主要包括善于经营、善于管理、善于用人、善于理财四个方面。

（1）善于经营。成功的创业者，不仅要有果敢的开拓精神，还必须精通经营之道，熟悉市场行情，了解和掌握生产经营活动的内容、策略和手段。掌握信息要及时准确，对比选优要多设方案，不同意见要兼收并蓄；要懂得市场经营策略、销售策略、定价策略，熟悉生产经营的组织和管理等。

（2）善于管理。经济核算的结果表明，生产条件和资源投入相同时，生产效率也会有差异。对个体产品来说，这种差异取决于劳动的熟练程度，而对有赖于群体分工合作的产品来说，这种差异则取决于管理；且产品越复杂，参与劳动协作的人越多，管理对效率的影响就越大。所谓管理，就是根据企业的内在活动规律，综合运用企业中的人力资源及其他资源，从而有效地实现企业目标的过程。善于管理，必须了解生产环节，掌握管理的窍门，精通经营核算，做好生产过程的组织、生产计划的编制、生产的调度、产品的质量控制等。

（3）善于用人。在生产力的诸要素中，人是最活跃的、起决定作用的因素，也是企业能否发展的决定性因素。善于用人，就能调动人的积极性，使人尽其能，人尽其才，使个人的长处得到充分的发挥。要做到善于用人，必须统一指挥、权责相配、建立规章、民主管理，还必须论功晋级，按劳取酬。

（4）善于理财。创业者从事生产经营，要获得利润，就必须善于理财。理财是对资金运动过程进行正确的组织、指挥和调节，保证生产活动顺利进行，从而减少劳动和物质资源的耗损，降低产品成本，提高资金利润率的重要环节。不言而喻，善于理财能使资金增值，提高经济效益，这是创业成功的重要保证和标志。

3. 综合能力

在创业能力中，综合能力是一种最高层次的能力，它由多种特殊能力与经营管理能力综合而成。这些特殊能力主要有：发现机会、把握机会、利用机会和创造机会的能力；搜集信息、处理和加工信息、运用信息的能力；适应变化、利用变化、驾驭变化的能力；交往、公关、社会活动的能力等。综合能力是智力操作的特殊能力，是创业者在创业实践中学会学习、学会做人、学会生存、学会发展、学会创造的综合性能力的概括。

实践证明，仅有专业技术能力的人，可以完成某一职业岗位的职责，成为一名称职的从业者，也可以成为创业者的合作伙伴，但很难成为一个开创新事业的创业者。只有同时具有综合能力的人，才可能成为成功的创业者，成为从业人员群体的雇主和上司。

综合能力包括：

（1）学习能力。学习能力是知识经济时代最为重要的自我学习、自我完善、自我提高的能力，包括逻辑思维能力、综合应用能力、分析比较能力、归纳总结能力、阅读理解能力和口头表达能力等。科学技术不断发展，新知识、新技术层出不穷，而学校教育的时间又有限，这就需要终生学习。学习能力为创业的发展打下坚实的基础。

（2）独立工作能力。独立工作能力是自立、自主、自强的能力，包括独立思考能力、组织决策能力、自我控制能力、经营管理能力、承受挫折能力、人际交往能力以及在市场经济条件下的竞争能力等。培养独立工作能力，要从平凡的小事入手，从学生时代做起。要独立完成每一次作业，独立做好每一件工作，独立组织每一次活动，独立完成每一项任务，在实践中培养和锻炼自己的独立工作能力。

（3）社交能力。社交能力是指学会认识人际关系，正确理解人际关系，培养良好人际关系的能力。创业的过程就是不断熟悉社会，同时让社会熟悉自己、接纳自己的过程。为此，创业者一定要敢于面向社会，闯入社会，把社会看成是自己获得支持，从而获得能量、信息与材料的源泉，即在社会实践中逐步提高自己的创业意识，从而获取创业能力。同时，必须把社会的需要、社会的利益、社会的价值标准与评价原则作为自己行动的一个参照系，把自己所从事的事业与集体的、社会的事业沟通起来，提高自己的社交能力，扩大交往，与人合作，取信于他人，取信于社会，为自己创造一个开放的创业环境。

（4）应变能力。应变能力就是灵活机动、锐意创新，能根据社会的变化和市场上新的需求，迅速采取相应对策的能力。在当今社会，面对科学技术高速发展和市场变化，仅仅具备一种职业能力显然是不够的，只有具备了应变能力，才能迅速捕捉信息、利用信息，更好地适应环境和市场的变化。

（5）驾驭信息能力。在经济全球化的信息时代，对一个创业者来讲，驾驭信息的能力是必不可少的。驾驭信息能力即对信息的获取、分析、加工、处理、传递的能力，是理解和活用信息的能力。驾驭信息能力是一种基本的信息素养，它是一种在技术层面、操作层面和能力层面上的素养，是个体主动选择和运用信息及信息手段的基本素质。

驾驭信息能力可概括为：获取信息的能力、处理信息的能力、生成信息的能力、创造信息的能力、信息交流的能力等五个方面。

（6）激励员工能力。激励一般是指一个有机体在追求某些既定目标时的愿意程度。它含有激发动机、鼓动行为、形成动力的意义。激励的具体形式是多种多样的，然而就其内容来说，都可归纳到精神激励和物质激励这两大系统中。它包括目标激励、评判激励、榜样激励、荣誉激励、逆反激励、许诺激励、物质激励等七个方面。

（7）开拓创新能力。创新是创业的基础。创新是一个综合的概念，是包括教育在内的各种社会事物进步与发展的共同因素。具体地说，创新是指主体（人）为了一定的目的，遵循事物发展的规律，对事物的整体或其中的某些部分进行变革，从而使其得以更新与发展的活动。这种更新与发展，可以是事物由一种形态转变为另一种形态，例如知识形态转变为技术形态，基础成果形态转变为应用成果形态，不完善形态转变为完善形态等；也可以是事物的内容与形式由于增加了新的因素而得以丰富、充实、完善等；还可以是事物结构内部构成因素的重新组合，这种新的组合会使事物的结构更合理，功能更齐全，效率更提高。总之，创新包含目的性、规律性、变革性、新颖性和发展性等因素。

创造新事物首先要有创新意识。没有创新意识就没有创新活动，没有创新活动就没有创新成果，创新意识是创造新事物的关键。

创新意识主要由好奇心、求知、竞争、冒险、怀疑、灵感、个人求发展的动力等心理因素和创造性思维、独立性思维等因素组成。这些心理因素相互联系、相互促进，形成了创新意识。创新意识属于性格结构中的现实态度范畴。它以思想活跃、不因循守旧、富于创造性和批判性，敢于标新立异、独树一帜的精神和追求为主要特征。只有具备强烈的创新意识，才能敢想前人没想过的事，敢创前人不曾创成的业。创新意识的培养主要包括增强求知欲、保持好奇心、激发创造欲、大胆质疑四个方面的内容。

创新能力是大学生从事创新活动所需要的各种能力的一种综合素质，包括创新思维、创新技法、创新实践以及创新性地解决创新过程中的新问题，从而取得良好创新成果的能力的总称。检验创新能力高低的标准是看结果，只要是对社会进步有积极作用的，相对来说创新能力就较高。

创新能力的构成要素可分为主导要素（是构成创新能力的核心要素，主要指创新动机和创新性思维能力）、支柱要素（是保证创新思维能力有效发挥的基础和关键要素。它包括两类。一是一般智力方面要素，主要由智力、表达力、判断力、动手能力、运用方法的能力等构成；另一类是非智力方面要素，主要由动机、个性、情感、意志等构成）和背景要素（是指包围和影响主导要素和支柱要素的一切诸客观环境要素的总和。它包括个人的年龄、性别、体力、技能、社会制度、舆论宣传、政策、教育、时尚等多个方面）三种。

大学生需要开发自身的创新能力。第一，创新要求思维活跃。大学生具有思维活跃的特点，他们始终是社会发展中最积极、最有生机的力量，具有活跃的思维能力，这是由于青年时期智力高度发展的结果。大学生处于人生的上升期，生理和心理正处于蓬勃发育之时，思想活跃、充满理想和幻想，表现出强烈的求新意识和创造精神，具备了创新的必要条件。第二，创新要求挑战现在。大学生具有挑战精神，他们刚刚跨入社会，思想解放，脑子里极少条条框框，善于和乐于接受新的生产和生活方式，面对社会中存在的各种弊端和不合理因素表现出来极大的敏感和反感。大学生具有挑战精神还表现在他们不迷信权威，相信社会不断发展、后人胜前人的规律。第三，创新要求想象力丰富。大学生具有丰富的想象力，这对于创新非常重要。爱因斯坦说：“想象力比知识更重要，因为知识是有限的，而想象力概括着世界上的一切，推动着进步，并且是知识进化的根源。”大学生具有丰富的想象力，既有生理和心理的原因，也有其社会地位不确定带来的影响，各种可能性存在于他们的周围，想象空间的巨大存在吸引着青年大学生不断去思索、去追求。

第十三章 创业中的法律知识与创业实例

要想创业成功，了解创业知识，做好创业准备至关重要。除此之外，还须了解创业实践的程序和要求。创业者不能只凭热情一时冲动，对周围的环境不作调查，对自己的情况不作分析，对创办企业所需要的条件、程序不作了解就贸然作出创业决定，结果是以热情开始，以失败而告终。因此，在创业之前必须掌握创业的条件、程序及其法律规定。

第一节 创业中的法律知识

创业是一项综合性很强的活动，充分了解国家的有关政策和法规，是对每一位创业者必不可少的要求。不懂规则，怎能行动？盲目出击，哪有希望？然而，在实际创业中，有很多大学生忽视法律问题，带来不少不必要的麻烦和损失。当然，创业过程所涉及的法律、法规是十分具体而复杂的，在这一节中，我们选取与大学生创业活动联系较为紧密且必须掌握的部分法律、法规作一介绍。

一、企业创建的法律形式

在传统上，我国企业是按所有制的标准进行分类的，《中华人民共和国民法通则》将企业分为全民所有制企业、集体所有制企业、外资企业、私有企业和个体工商户。但国际上的通行标准是根据企业投资者的出资方式和责任形式的不同而对企业进行分类。根据这一方式，企业可以分为独资企业、合伙企业和公司企业。随着我国市场经济的进一步发展，我国已经颁布实施了《中华人民共和国公司法》（以下简称《公司法》）、《中华人民共和国个人独资企业法》（以下简称《个人独资企业法》）和《中华人民共和国合伙企业法》（以下简称《合伙企业法》），这三大法律是创业者在选择企业形式时必须熟知的。下面分别介绍私营企业的三种形式：

（一）个人独资企业

2000 年 1 月 1 日起施行的《个人独资企业法》从组织形式上完善了自然人市场准入法规。

1．概念

所谓个人独资企业，是指依照《个人独资企业法》在中国境内设立，由一个自然人投资，财产为投资人个人所有，投资人以其个人财产对企业债务承担无限责任的经营实体。

2．法律特征

个人独资企业的法律特征体现在三个方面：

（1）独资企业的出资人为一个自然人。

（2）独资企业的全部财产为投资人所有，也就是说，在独资企业中，企业的财产同投资人的个人财产没有严格区分；即使有，也仅仅在于经营性财产和消费性财产的区分。

（3）独资企业以投资人的全部个人财产对企业的债务承担无限责任。独资企业完全由投资人个人控制，企业的生产经营活动同投资人个人的关系非常密切，所以，投资人应对企业的债务承担无限责任，这有利于保证债权人的利益。

3．设立条件

申请设立个人独资企业应当具备以下五项条件：

（1）投资人为一个自然人。作为投资人的自然人不能是法律、行政法规禁止从事营利性活动的人，如在职国家公务员，现役军人，国有、集体企事业单位的在职管理人员等。

（2）有合法的企业名称。企业名称应当符合名称登记管理的有关规定，并与其责任形式及从事的业务相符合；企业名称中不得使用“有限”“有限责任”或者“公司”字样。

（3）有投资人申报的出资。对于投资人申报的出资，投资人无须提交验资报告或者出资权属证明文件；登记机关对投资人申报的出资权属、出资数额和是否实际缴付等情况不予审查，由投资人对其申报的出资情况承担法律责任。这也意味着在法律上对个人设立独资企业没有资本最低额限制。

（4）有固定的生产经营场所和必要的生产经营条件。从事临时经营、季节性经营、流动经营和没有固定门面的摆摊经营，不得申请登记为个人独资企业。

（5）有必要的从业人员。个人独资企业应当依法招用职工，职工的合法权益受法律保护。

4．设立程序

个人独资企业设立时，应到所在区域的工商行政管理部门进行登记注册，递交设立申请书。设立申请书中应载明：企业的名称和住所，投资人的姓名和居所，投资人的出资额和出资方式，经营范围。工商行政管理部门应自收到设立申请文件之日起 15 日内，对符合《个人独资企业法》规定条件的给予登记，发给营业执照；营业执照的签发日期就是该企业的成立日期。

（二）合伙企业

我国《合伙企业法》于1997年2月23日通过，2006年8月27日修订，最新的《合伙企业法》于2007年6月1日起施行。

1．概念

所谓合伙企业，是指自然人、法人和其他组织依照《合伙企业法》在中国境内设立的普通合伙企业和有限合伙企业。

普通合伙企业由普通合伙人组成，合伙人对合伙企业债务承担无限连带责任。

有限合伙企业由普通合伙人和有限合伙人组成。普通合伙人对合伙企业债务承担无限连带责任，有限合伙人以其认缴的出资额为限对合伙企业债务承担责任。

2．法律特征

合伙企业的法律特征包括三个方面：

（1）由两个以上的投资人共同投资兴办。合伙企业的投资人可以是自然人也可以是法人，但必须是两人或两人以上。

（2）合伙人以合伙协议确定各方出资、分享利润和承担债务的份额。

（3）合伙人对合伙债务承担无限连带清偿责任。在合伙企业与第三人的关系中，合伙企业以合伙人共有财产清偿第三人的债务，在合伙财产不足以清偿合伙企业的债务时，合伙人负有以其在合伙企业出资以外的个人财产清偿合伙债务的责任，而且合伙人之间承担连带责任。所清偿数额超过其应当承担的数额时，有权向其他合伙人追偿。合伙企业较适合那些商业风险不大、从业人员具有较强的专业经验和能力、规模较小的经济组织，如律师事务所、会计师事务所等。

3．设立条件

申请设立合伙企业必须满足以下五项条件。

（1）有两个以上合伙人。申请设立合伙企业的合伙人应当为具有完全民事行为能力的人，限制及无民事行为能力的人不得作为合伙企业的设立人。国有独资公司、国有企业、上市公司以及公益性的事业单位、社会团体不得成为普通合伙人。

（2）有书面合伙协议。合伙协议是合伙人之间确定权利义务关系最重要的依据，合伙人应以书面形式在合伙协议中明确约定合伙企业的名称和主要经营场所的地点；合伙人的出资方式、数额和缴付期限；利润分配、亏损分担方式；入伙与退伙；违约责任；合伙企业的解散与清算；争议解决办法等。合伙协议经全体合伙人签名、盖章后生效。

（3）有合伙人认缴或者实际缴付的出资。合伙人的出资形式可以多样化，除了可以一般的货币、实物、知识产权、土地使用权或者其他财产权利出资外，合伙人还可以以个人劳务方式出资，只要合伙人在合伙协议中约定该劳务的评估办法即可。

（4）有合伙企业的名称和生产经营场所。与独资企业相同，合伙企业在名称中不得使用“有限”“有限责任”或者“公司”字样。合伙企业名称中应当标明“普通合伙”字样。合伙企业应具备经营场所和从事合伙经营的必要条件。

（5）法律、行政法规规定的其他条件。法律、行政法规禁止从事营利性活动的人，如现役军人、在职的国家公务人员，不得成为合伙企业的合伙人。合伙企业及其合伙人的合法财产及其权益受法律保护。

4. 设立程序

合伙企业设立时，到所在区域的工商行政管理部门提交登记申请书、合伙协议书、合伙人身份证明等文件，工商行政管理部门自收到申请登记文件之日起 20 日内，作出是否准予登记的决定。对符合规定登记条件的，发给营业执照；合伙企业的营业执照签发日期，为合伙企业成立日期。

（三）公司

我国《公司法》于 1993 年通过，后经三次修正，最新的一部《公司法》自 2006 年 1 月 1 日起施行。

在我国，公司是指按照法律由股东投资而设立的以营利为目的的企业法人。

公司的法律特征是：依法设立；以营利为目的；由股东投资；是企业法人。

公司有两种形式：有限责任公司和股份有限公司，两者有较大的区别。

股份有限公司，是指全部资本分为等额股份，股东以所持股份为限对公司承担责任，公司以其全部资产对公司债务承担责任的法人。因为设立股份有限公司注册资本方面的要求非常高，最低限额为 500 万元人民币，对于大学生创业者来说，选择此种企业形式是不太现实的，所以这里对股份有限公司不多作介绍。下面重点介绍有限责任公司。

有限责任公司，是指由一定人数的股东组成，股东以其出资额为限对公司承担责任，公司以其全部资产对公司债务承担责任的公司。

1. 有限责任公司的设立条件

有限责任公司的设立一般情况下应当具备以下五项条件。

（1）股东符合法定人数。有限责任公司由 50 个以下股东出资设立。

（2）股东出资达到法定资本最低限额，并对出资数额、出资方式及出资缴纳期限有明确的规定。

1）出资数额：公司全体股东的首次出资额不得低于注册资本的 20%，也不得低于法定的注册资本最低限额（人民币 3 万元），其余部分由股东自公司成立之日起两年内缴足；其中，投资公司可以在 5 年内缴足。一人有限责任公司的注册资本最低限额为人民币 10 万元，股东应当一次足额缴纳公司章程规定的出资额。

2）出资方式。股东可以用货币出资，也可以用实物、知识产权、土地使用权等可以用货币估价并可以依法转让的非货币财产作价出资。但《公司法》规定，以工业产权、非专利技术作价出资的金额不得超过公司注册资本的 20%。2008 年，为促进高新技术产业发展，科技部、国家工商行政管理局联合颁布了《关于以高新技术成果出资入股若干问题的规定》，允许以高新技术成果向有限责任公司或非公司制企业出资入股（作价金额在 500 万元人民币以上，且超过公司或企业注册资本 35%的，须由科技部审查确定）。具有管理才能、技术特长或者专利成果的个人，可以以智力成果作为无形资产投资入股，最高可占注册资本金的 20%。这一政策在很大程度上降低了高新技术成果拥有者的注册壁垒，对大学生创办的企业在经营领域上具有很强的引导作用。

3）出资缴纳期限。《公司法》规定注册资本金在企业注册时必须一次到位，但为了促进小企业的发展，许多地方政府在注册登记时对注册条件实行了放宽政策，如西安市政府出台了《关于放宽小企业登记注册条件的若干意见》，大幅度放宽了小企业的注册条件，允许公司制小企业（注册资本在 50 万元以下）的注册资本分期注入。这对于大多囊中羞涩的大学生创业者来说无疑是个福音。

（3）股东共同制定公司章程。章程是公司股东依法制定的，是记载有关公司组织与活动基本原则的书面法律文件，也是有限责任公司必备的法律文件。

（4）有公司名称，有符合有限责任公司要求的组织机构。公司名称一般由四部分组成：第一部分是公司种类；第二部分是具体名称；第三部分是营业种类，即公司的行业属性；第四部分是公司注册机关所在地的行政区划。组织机构包括股东会、董事会、监事会，小规模的有限责任公司可以不设董事会，只设一名执行董事，也可不设监事会而只设一至两名监事。

（5）有固定的生产经营场所和必要的生产经营条件。

2．有限责任公司的设立程序

有限责任公司的设立程序通常包括以下六个方面。

（1）订立章程。股东应当在公司章程上签名、盖章。

（2）缴纳出资。股东应足额缴纳其承诺的出资数额，不依承诺缴纳的，须向已足额缴纳出资的股东承担违约责任。

（3）验资。股东全部缴纳出资后，必须经依法设立的验资机构验资并出具证明。

（4）申请设立登记。由全体股东指定的代表或者共同委托的代理人向公司登记机关报送公司登记申请书、公司章程、验资证明等文件。

（5）公司成立。公司营业执照的签发日期为该有限责任公司的成立日期。

（6）向股东签发出资证明书。出资证明书应当载明下列事项：公司名称、公司成立日期、公司注册资本、股东的姓名或者名称、缴纳的出资额和出资日期、出资证明书的编号和核发日期。出资证明书由公司盖章。

二、税法问题与政策支持

依法纳税是每个企业和公民应尽的义务，创业者学习和了解国家税收政策和有关规定对于确保合法经营和企业正常业务的开展都是十分有利的。

（一）我国的税收制度

税收制度是国家各种税收法令和征税办法的总称。我国社会主义税收制度是遵循“公平税赋、普遍纳税、讲求效率、加强调控、简化手续”的原则建立起来的。税收制度的核心是税法，它是国家法律的重要组成部分。它规定了国家与纳税人之间的征纳关系，是国家向纳税人征税的法律依据和操作程序。纳税人必须按照税法规定依法纳税；同时，有权拒绝缴纳不按税法规定征收的税款。任何单位和个人违反税法，都要受到法律的追究。

现行税法明确规定，纳税人应当自领取营业执照之日起 30 日内向当地税务机关申报办理税务登记。税务登记是确定纳税人履行纳税义务的法定手续。生产经营者在开业、歇业、合并、分设、迁移时，都应在工商行政管理部门批准之日起30日内，持有关证件向当地税务机关办理开业、变更和注销税务登记。

目前，我国大多数地区所需缴纳税种大致可分为国税和地税两部分。国税局核定缴纳的主要是增值税（部分企业还要缴纳消费税等其他税种）；地税局核定应缴税种主要为营业税、企业所得税、个人所得税、城市维护建设税、教育费附加等。

（二）法定税收优惠政策

一般来说，可享有法定税收优惠政策的范围大致包括如下。

（1）为农业生产提供产前、产中、产后服务的行业，即乡、村农技推广站、植保站、水管站、林业站、畜牧兽医站、水产站、种子站等通过劳务所得到的收入以及城镇其他各类事业单位通过技术服务或劳务所取得的收入暂免征收所得税。

（2）对科研单位和高等院校服务于各行业的技术成果转让、技术培训、技术咨询、技术服务、技术承包所取得的技术性服务收入暂免征收所得税。

（3）新办企业

1）对新办独立核算的从事交通运输业、邮电通信业的企业或经营单位，自开业之日起，第一年免征企业所得税，第二年减半征收企业所得税。

2）对新办独立核算的从事咨询业（包括科技、法律、会计、审计、税务等行业）、信息业、技术服务业的企业或经营单位，自开业之日起，免征企业所得税两年。

3）对新办从事公用事业、商业、物资业、对外贸易业、旅游业、仓储业、居民服务业、饮食业、教育文化事业、卫生事业的企业或经营单位，自开业之日起，报经主管税务机关批准，可减免或者免征所得税一年。

4）对新办的三产企业经营多业的，按其经营主业（以实际营业额来计算）来确定减免税收政策。私营新办的生产型企业缓征所得税一年。

另外需强调的是，对于新办企业，按规定一般企业所得税减免期满后，对其中的高新技术企业仍可延长三年减半缴纳企业所得税。

（三）中央财政鼓励大学生自主创业三措施

2010 年以来，党中央、国务院要求将高校毕业生就业摆在就业工作的首位，财政、人力资源社会保障等部门出台了多项政策措施，主要包括：

鼓励和引导高校毕业生到城乡基层、中小企业和非公有制企业就业，鼓励骨干企业和科研项目单位积极吸纳和稳定高校毕业生就业，鼓励和支持高校毕业生自主创业，强化对高校毕业生的就业服务和就业指导，提升高校毕业生就业能力，对就业困难的高校毕业生给予就业援助。

中小企业和非公有制企业招用符合条件的高校毕业生，按规定享受相关就业扶持政策。劳动密集型小企业招用登记失业高校毕业生等城镇登记失业人员达到规定比例的，可按规定享受最高为 200 万元的小额担保贷款扶持。

（1）为鼓励大学生自主创业，对高校毕业生在毕业年度参加创业培训的，根据其获得创业培训合格证书或就业、创业情况，给予培训补贴。

（2）对符合条件的高校毕业生在毕业年度内从事个体经营的，按每户每年 8 000 元为限额依次扣减其当年实际缴纳的营业税、城市维护建设费、教育费附加和个人所得税。

（3）对符合条件的高校毕业生自主创业的，可在创业地按规定申请小额担保贷款并享受财政贴息扶持。

为了更加有力地支持和鼓励大学生创业，国家教育部 2013 年还出台了《2013 年国家鼓励普通高校毕业生自主创业政策公告》，从放宽市场准入条件、享受资金扶持政策、实行税费减免优惠等政策上给大学生创业创造条件。

第二节　成功创业实例

一、大学生自主创业签订亿元融资协议

毕业于西北工业大学的孙振华是一名普通的专科生，他用自己的成功实例证明了大学生自主创业不是天方夜谭。

2003 年，当孙振华刚刚从河南洛阳考入西北工业大学电子商务专业时，就对自己的职业生涯作了规划：自己读的是专科，三年后毕业时与其低三下四地到处碰壁，不如给自己打工。于是在校期间除了学习以外，在学校社团任职的孙振华

多了一些与企业联系的机会，通过这个“窗口”，他了解到了一些行业的基本运作模式，学会处理资源、信息，并通过给一些广告公司提供策划方案及业务外包，为自己自主创业打下了人脉和经验基础。

2005 年，毕业前夕，孙振华和志同道合的两个校友先后到北京、上海、杭州等地考察市场。一圈下来之后，发现给网吧提供传媒技术在西安有较大的发展空间，并且投资不大，易于操作。经过简短策划，项目开始运作了。在 2005 年 9 月，孙振华成功组建了自己的团队，推出了首个网吧传媒项目，掘到了自己创业后的第一桶金——5 万元。

有了发展方向，只是创业的第一步，接下来，至关重要的就是资金。孙振华凭借务实、有前景的创业规划得到了西安市科技局、西安生产力促进中心、中国青年创业国际计划（YBC）的援助，顺利地申请到 5 万元创业资金。

2006 年 4 月，孙振华创办的西安首尔信息科技有限公司正式注册；2006 年 11 月推出“室内照明光敏——红外感应控制节能装置”产品；2007 年 1 月，孙振华获得高新区管委会“06 年企业创业奖”；2007 年 2 月，西安首尔信息科技有限公司与卢森堡华侨商会等 6 家华商企业，就“西安青年卡项目”达成 1 亿元人民币投资协议。现已逐渐步入正轨的孙振华正准备向研发领域进军。

目前，我国大学生自主创业的少，创业成功的更是少之又少，而孙振华是成功创业者之一，他的经历将鼓舞着那些有创业之心的大学生朝着梦想继续前行。

二、女大学生送快餐赚了 100 万

毕业于西安交通大学的何咏仪，是一名普通的女大学生，在当年就业时与许多女大学生的经历一样，面临着找工作处处碰壁的尴尬局面。但何咏仪能及时分析失败的原因，重新定位自己，及时调整就业方向。在了解自己的能力和兴趣的情况下，她决定立足实际，先就业，后创业。经过努力，她终于开办了自己的餐饮有限公司。截至 2004 年底，她的公司利润突破百万元。

2000 年，何咏仪从西安交通大学通信专业毕业，经过一段时间的应聘，都没有找到合适的工作。最后，应聘到一家快餐店做服务员，有了第一份工作。不久，何咏仪开始给西安高新区一些写字楼的白领送餐，其间，发现白领们牢骚满腹，抱怨饭菜质量差、花样少。而同行的一些快餐店又抱怨白领们难伺候，要求高，主动放弃了送餐业务。何咏仪对这一现象看在眼里，记在心里，心想有朝一日，自己要把这笔流失的业务接下来。

此后，何咏仪每次送快餐，都会详细记下对方的电话、用餐口味和个人禁忌。春节期间，快餐店放假，何咏仪放弃休息，在西安作快餐市场调查。通过考察，她决定开一家快餐中转站，收集各种风味快餐，提供给各个公司的白领，从

中赚取差价。何咏仪抓住这个商机，拿到了不少订单，初战告捷，信心十足。

春节过后，快餐店的竞争日益激烈，何咏仪的订单逐步减少。为了扭转这种局面，何咏仪带着快餐店手册亲自上门，到各公司推销，承诺：送餐及时，满足口味，保证营养，变换花样。一开始不少公司抱着怀疑的态度，但试下来，果然不错，于是纷纷取消原来的订餐。一个月下来，外送的盒饭达到 3 600 多份，利润达到 2 000 多元。

第二个月，何咏仪又招聘了两名员工，自己则主动出击，到更多的公司联系送餐业务。同时，不断想出各种花招，吸引白领。

何咏仪渐渐被写字楼的白领们熟悉。一年后，何咏仪外送盒饭每天几千，到 2004 年底，年利润突破 100 万元，并从小店面升级为“西安柒彩虹餐饮有限公司”。

现在，工作步上了正轨，为了不荒废专业，何咏仪又应聘到某知名电信公司上班，身兼两职。她想把自己创建的快餐中介做成中国连锁店！

三、在校生也能成为董事长

1999 年 7 月，董一萌考入吉林大学经济学专业学习。他从高中时代开始投身 IT 创业，创立了广播在线网站。进入大学后，他在 2000 年作为制片人成功发表了我国第一部网剧《原色》，并与中华商务网合股经营电子长春网站，致力于长春地区的电子商务发展。2001 年获得长春市政府“新星创业基金”10 万元。有了这笔资金，董一萌认为是发展个人事业的时候了。2001 年 9 月 11 日，长春一萌电子有限责任公司的营业执照发下来后，他就正式踏上了追求财富之路。董一萌因此被媒体冠以“吉林大学生创业第一人”的称号。

公司成立以来，董一萌一直任董事长。公司业务已经包括网站建设、网络推广、软件开发、财务管理软件、短信增值服务、网络安全解决方案、正版软件采购、硬件采购等多方面，新浪、用友软件等知名公司成为公司的合作伙伴。经过几年的发展，他的公司已成为营业规模达 300 万元的高科技企业。2005 年，董一萌被评选为吉林省创业标兵。

董一萌在 26 岁时，已经身价百万。然而，百万的身价，不是捡来的，不是别人送来的，而是一个年轻人以锐气、执着和拼搏精神开拓出来的。即使在最困难的时候，他都一直在坚持着，没有放弃。创业要有恒心，要有坚韧不拔的毅力，董一萌的创业成功证明了这个道理。

四、女大学生网上开店

小艺是 2006 届应届毕业生，她是众多选择网上开店的大学生之一。

起初，小艺做的是水晶生意，她在校园周围和朋友中宣传推销自己的水晶。可因为进的水晶价格偏高，很长一段时间无人问津。经过调查分析，她降低了商品档次，并在同学中采用分期付款的办法推销商品。新颖的款式、低廉的价格加上分期付款，立刻吸引了很多人的目光。

为了更好地拓展事业，小艺在暑假期间把生意搬到了网上，成立了自己的网店。她把水晶的照片都传到网上，并配有文字说明，同时利用网络做宣传，在很多网站都发了自己的帖子。为了提高信誉度，她还特意到珠宝鉴定协会给水晶逐一作了鉴定。得当的宣传，公道的价格，得法的经营，使小艺的网店日渐红火，订单接连不断。对经营网店的人来说，与客户良好的沟通和按时保质保量的送货是极其重要的。有的客户很挑剔，作为店主就要尽可能满足客户的需求；有的送货地点很偏远，但只要有买家就一定要设法送去。

经过一段时间，小艺的网店渐渐走上了正轨。面对毕业后巨大的就业压力，小艺决定自己创业当老板，全身心投入网店的经营。

小艺创业成功了！从这个案例可以看出：创业者要想成功，必须具有良好的品质，才能战胜创业路上的种种困难。成功的创业者虽各有特性，但本质上都存在着共同点，即他们总是抱着坚定的信念，具有长远的眼光和勇于行动的精神。

五、从一台电脑到网络公司

何超，是某大学外语系的一名大学生。他白手起家，从一台电脑、一间不知名的小网吧，一路走来，最终创办了自己的网络公司。

何超的创业之路是从“一台电脑”开始的。当时游戏界还处在单机时代，电脑还是个新鲜事物，出于对电脑的共同爱好，何超和几个要好的同学在外面租了个房间，七拼八凑买了第一台电脑，开始了彻夜不归的生活。一个偶然的机会，他们发现即时战略游戏有联机模式。于是，好奇心促使他们购买了第二台电脑，并用最原始的联机线完成了两台电脑的联机。从与电脑进行程序化的对抗到跟朋友一起玩棋牌以外的游戏，这种进步使何超产生了用这个办法赚钱的想法。在合伙人的支持下，他们又添置了两台电脑，并开始分头找“客户”光顾。

很快，一些熟人去小屋玩游戏了；很快，两台电脑已无法满足需要；很快，小屋变得拥挤不堪；很快，他们赚到了第一笔钱。同时，他们也找到了经营的套路——如何计时，如何提高收费，如何给常客优惠，如何精打细算节约成本……在一个学期快要结束的时候，他们赚回了四台电脑的本钱。

何超和几个同学并没有满足于现状，他们考虑到每个玩游戏的人后面都站了几个人在看，是不是意味着可以将容量扩大几倍？但事实证明，这个想法错了。在添置了另外八台电脑后，他们发现，每个正在玩的人后面依然会站着几个人。

然而，这并没有使他们灰心，因为这让他们意识到，他们开创的是一个众人都感兴趣的事物，总有一天，它会成为一种流行。

创业的过程永远不会是一帆风顺的，何超他们同样也遇到了许多麻烦，诸如房东的刁难、软件的版权、自己的时间等。但幸运的是，这些问题基本上都被他们较好地解决了。到毕业时，他在原有基础上对电脑进行了更新，联机模式也从原来的联机线发展到了有服务器的局域网，上网手段则从最初的拨号上网到了专线又到了宽带。现在他已是一家网络公司的经理。他们的生意由起初的小打小闹发展壮大起来。这场经历，使他们学到了不少东西。更重要的是，学生时期网吧的“雏形”使他们树立了信心。原来，他们并不缺乏发现商机的眼光。

通过这个成功创业的案例我们可以看到：一个人的资源毕竟有限，要想干成一件事，必须“一个好汉三个帮”。如果你觉得一个人创业有困难，何不动员几个志同道合、各有所长的朋友一起干呢？

六、布满荆棘的创业之路

出生在广西大瑶山的王文娟，一个从大山里走出来的女孩子，在她的创业道路上充满了艰辛与波折，但她凭借自己的耐心和毅力终于闯出了自己的一片天。

王文娟 1998 年考入广州暨南大学。入学之初，她暗下决心要用智慧改变人生。课余时间，她做家教、打零工、寻找一些商机，锻炼自己的创业能力。大三时，她和同学创办了自己的创意策划工作室，还为一些企业做网站。但随着业务拓展，团队中产生了分歧，最后，工作室在埋怨中解散了。

大学毕业后，王文娟回到广西柳州，一个偶然的机会，她做起了装饰品的生意。但由于选址不当，管理不善，生意开始亏损，等到合同期满时，她已无力支撑下去，不得不选择放弃。

创业路上的两次失败给了她无情的打击，但也给了她宝贵的经验。王文娟永不言弃，准备再战，继续做起了她的饰品生意。由于这次有了充分而精心的准备，生意渐入正轨，她迎来了创业路上的一缕曙光。

七、创业须扬长避短

个人创业是一项极具挑战性的社会活动，是对创业者自身智慧、能力、气魄、胆识的全方位考验。在创业初期，由于缺乏经验，遇到的挫折可能会很多，这就需要创业者分析自身创业资源的优势与不足，学会扬长避短。

某校机械专业毕业的小张，毕业后盲目创业，学着别人倒菜、倒水果、倒服装，几经波折，没有一件事干成功。正当小张垂头丧气时，恰好社区组织个体经营者进行自我创业资源分析。经过分析，小张发现自己最大的长处还是所学专业。在这之后，小张开了一家汽车修理店，他感到一下子有了广阔的空间。

创业并不是一件容易的事，除了要付出艰辛和努力外，还需要对自己的优势和不足有一个正确的评价，只有这样，才能走向成功。小张的专业是机械，修理汽车是他的专长，在认识到自己的长处后，小张及时调整方向，最终获得了成功。

八、赵勇没钱也开店

赵勇性格开朗，待人热情，头脑灵活，善于社交，有一定的管理能力。他既酷爱电脑又做着电脑的生意，兜里也有一定的积蓄，而且身边又结识了众多的电脑爱好者们。由于当今的网络已成为年轻人生活的一部分，赵勇就瞄准了一个赚钱的机会——开一家网吧。但是，自己积蓄的钱又不够。经过仔细分析和市场调研，在一个交通便利又比较热闹的地段，赵勇和几个朋友一起开了一家规模较大的网吧。一年后赵勇不仅收回了本钱，自己又开了一家分店。

赵勇的成功归功于他对自己有清醒的认识，对市场需求有充分的了解，同时借助于和朋友的合作，既解决了资金问题，又壮大了个人实力，将自己的优势，有效地与外部条件结合起来，成为一个成功的创业者。

对于每一个创业者而言，永远要面对的困难，就是资源的匮乏。但是，成功的创业者总是能够利用自己仅有的资源，巧妙地与其他资源整合，使 1+1>2。赵勇不仅有“勇”，还有“谋”——资源整合的意识。

通过赵勇成功创业的事例，我们可以看到：一个人的资源毕竟有限，要想干成一件事，必须“一个好汉三个帮”。如果你觉得一个人创业有困难，何不动员几个志同道合、各有所长的朋友一起合伙呢？

大学生创业的案例很多，推荐两个网站供学习浏览：

全国大学生创业服务网：http://cy.ncss.crg.cn

中国大学生创业网：http://www.chinadxscy.com

第十四章 香港特区和国外大学生就业情况简介

进入21世纪，随着经济的全球化，人才的引进和流动也日益全球化。有许多大学毕业生也在寻求走出去发展的机会，其中有一部分选择到我国香港特区和国外深造，或者就业。但由于经济、政治、文化上的差异，各地的就业模式又都各自表现出明显的特色，为了帮助大学生了解有关情况，本章主要对我国香港特区大学生就业情况和美国、日本、加拿大等国家大学生就业情况以及相关的就业政策和渠道作一介绍，以便对我国当前大学生就业有所借鉴。

第一节 香港特区和国外大学生就业概述

一、国外和香港特区大学生的就业现状

在高等教育步入大众化阶段后，总体上说，大学毕业生仍是劳动力市场上的优势群体，但是，大学生就业的劳动力市场并不完善，特别考虑到大学生的高人力资本存量，各个国家都积极采取专门针对大学生的“特殊性”的就业政策。

随着全球科技和经济发展的需要，国外高等教育也得到了迅速发展。然而经济增长并不能带来就业的同步增长，这已成为经济学界的共识。随着高等教育在西方各国的普及，大学毕业生数量迅速增加与工作岗位相对不足的矛盾日益突出。从目前的情况来看，无论是发达国家，还是发展中国家，都普遍遇到了一个难以回避的问题，那就是毕业生就业率下降，大学生对就业的前景忧心忡忡。只是国外大学毕业生的就业方式、途径、结果，因不同的文化背景、不同的所有制和经济体制、不同的就业制度和不同的发达程度而有所不同。在美国，大学毕业生在毕业时一次就业率：工科专业毕业生为80%左右，文科专业毕业生为40%左右。日本大学毕业生就业率一直保持在80%左右。韩国大学毕业生就业率一般在70%～90%。俄罗斯的高等教育较为普及，获得高等教育的居民占全国人口的38.6%，因此就业比较困难，很多人不得不跨专业找工作。在加拿大，尽管政府采取了很多措施，但是大学生就业率却并不理想，一直保持在70%～80%。当然，在大学毕业生就业状态普遍“不景气”的情况下，也有些地区和国家比较好，如我国香港特区，几乎所有大学毕业生在毕业后不久均能就业或升学。在法国，虽然失业严重，青年求职难，但

由于高等教育实行宽进严出，学生入学容易毕业难，大学生一旦拿到毕业文凭，就等于踏进了职业的保险箱，因此，就业率也比较高。

在国外，学科专业不同、学历层次不同的毕业生，其就业情况也不同。一般来说，社会对理工科毕业生的需求量都大大高于对文科毕业生的需求量，尤其在日本更为突出。在有些经济发达国家，毕业学历越高，就业率越低。以日本为例，大学毕业生平均就业率为 80%，而硕士就业率为 60%左右，博士就业率为 50%左右。美国情况却有所不同，受教育程度越高，在就业竞争中越有优势。近几年，以高科技、知识密集型产业为主的服务业正在兴起，对从业人员学历的要求相对提高，总的来看，高学历占有利地位，研究生的就业率高于本科生，失业比率相对较低。

在不同的国家和地区，造成大学毕业生就业困难的原因虽然各不相同，但普遍原因有以下几点：

第一，高等教育规模发展速度过快，人才培养的总量超过一定时期社会经济发展的实际需求。

第二，政府对高等院校缺乏有效的计划指导，在学科专业设置、招生人数、人才培养规格等方面，宏观管理有些失控。

第三，高等学校学科专业和人才培养层次不适应社会发展的实际需求，学科结构失调，专业调整滞后，人才培养层次结构比例不合理。

第四，大多数国家对毕业生不包分配，毕业生主要依靠劳动市场自主择业。

第五，为了追求个人理想，毕业生中出现了不就业族。

第六，性别、种族歧视等。

为解决大学毕业生就业困难的问题，各国（或地区）政府和高等院校都积极应对，认真研究，及时采取了一系列措施。

1. 政策支持

欧、美、加、日等各个国家都特别重视对大学生就业的政策支持。主要包括：①创造有效就业机会。一方面创造新的工作岗位；另一方面用政策鼓励大学生从事特定的职业。②提升市场适应能力。核心在于改进教育培训体系，提升大学生的就业能力。③改进供求接合效率。核心是向大学生提供更充分的就业信息，让他们根据这些信息接受职业指导，进行有效的职业决策。

2. 调整高校的学科专业结构

各高校一般都要定期进行就业调查和收集用人单位信息反馈，以便更有效地调整学科设置、专业结构，完善教学内容，提高毕业生知识水平和综合运用能力，从而更好地适应市场。

3. 大学、用人单位和政府密切合作

各国政府一般都提供政策支持和宏观指导，而各个高校则非常重视与企业之间的联系，及时掌握企业需求信息，并经常邀请用人单位参加学校组织的活动；

用人单位也到大学举办各种培训班，与学校进行教育合作。

4．设立就业辅导或职业介绍机构，积极指导帮助大学毕业生就业

各国（或地区）政府和高等院校都建立了专门的就业辅导或职业介绍机构，并配有学历水平较高、具备一定专业知识或经验丰富、阅历较深的专职辅导员，对毕业生进行专业指导，全程服务。

除此之外，由于发达国家高等教育发展较快，体制也比较完善，因此很多国家都有一个相对完整的毕业生就业指导体系，对大学毕业生就业提供保障。这个体系主要包括：

（1）大学生就业信息系统。由政府提供支持，建立全国毕业生就业信息网络，并与全国各地方的劳动力市场信息系统联网，各高等教育机构之间也联网，构成一个完整系统。

（2）毕业生就业指导机构。为学生提供平等、充分的信息与指导服务，指导学生进行有效的自我评估、职业开发、职业决策以及制定职业生涯规划，并将职业规划融入其终生规划之中。而且实施全程指导，从学生入学到毕业后几年内始终进行。

（3）毕业生职业顾问队伍。建立职业顾问资格注册体系，对职业顾问的学历、阅历、资历和综合素质水平有一定要求，并强化职业顾问的培训和交流，更加突出职业顾问职业化、专业化和专家化的特色。

（4）毕业生就业指导课程。把就业指导课程列入学校教育课程内容和教学计划之中，并和“通识教育”结合起来，以就业指导为核心，提高大学毕业生综合素质，强调宽知识面和复合型的特点。

二、求职的服务机构

在国外，专门为大学毕业生求职提供帮助的服务机构因国家不同，大概有以下几种类型：

1．就业咨询部

英国各大学均设有就业咨询部。咨询部备有介绍各企业概况的小册子、录像以及招聘单位背景资料。毕业生在求职过程中，可以充分利用这些资料，并接受在职人员的指导。

2．就业指导办公室

美国每所大学都设有就业指导办公室，负责指导、介绍情况，给学生和用人单位牵线搭桥。就业指导办公室设有资料室，陈列有介绍各用人单位基本情况的完整资料，包括文字、图片、录音、录像资料等。办公室还设有计算机终端设备，可以查阅各种需求信息。美国大学毕业生主要通过学校就业指导办公室帮助就业。

3. 就业指导部（课）

日本各大学大都设立了由10～20人组成的就业指导部（课），以帮助本校毕业生就业。就业指导部的工作人员每年都要走访几乎整个日本的各行业的用人单位，了解各单位的用人情况，并整理成文字材料。他们从三年级下学期开始就在学生中摸情况，花时间和经费来请老校友、著名企业家以及各级政府的有关人员来校给毕业生介绍国际国内形势和就业状况，并对毕业生进行求职技能培训。

我国香港特区的大学一般设有学生就业辅导委员会。委员会由特区政府部门、工商界人士和校方人士组成，下设学生辅导处，并设有信息部、辅导组、资料室、视听室等。学生辅导处是沟通学生与雇主的桥梁，具体负责帮助、指导大学毕业生就业。

三、大学毕业生就业指导的特点

1. 学校就业指导的目标个性化

专家认为就业指导是为了帮助求职者提高确定职业定向的能力，意味着丰富一个人的个性并使之变得更有自制力。因此，指导学生依据个人志趣和能力选择职业是各国大学就业指导的共同目的。

2. 学校就业指导的内容综合化

国外学校就业指导的内容大致包括：职业知识教育、职业诊断、职业选择和就业安排。具体而言，就业指导计划一般包括：①认识专业与工作之间的关系，了解工作中必须承担的各种任务；②认清每人都有独立择业的权利；③正确评价自己、评价各种职业，依次排列确定几种选择方案；④切合实际地考虑自己的志愿、能力和应采取的步骤，然后作出选择。

3. 学校就业指导途径网络化

国外尤其是发达国家学校就业指导已形成了国家、社会、学校、企业、家庭网络化格局。具体途径为：①国家专业指导服务机构；②学校设置专门课程；③学科职业指导渗透；④校内专门机构、专职教师咨询；⑤校企合作。

4. 学校就业指导方法多样化

国外关于学校就业指导的方法实行静态研究和动态研究相结合。静态研究主要是对在校学生的定量分析和定性评价；动态研究主要是对已经就业的学生进行跟踪研究。在进行职业诊断时许多国家普遍采用的方法有：测量法、生理——医学诊断法、观察——调查与累积记录法、学生——能力评估法等。在进行择业指导时，采用的主要方法有咨询法、建议法和协商法等。

5. 学校就业指导的管理规范化

国外普遍认为，学校就业指导必然会成为教育体制的一个不可分割的组成部分，只有制定有效政策和规范化制度，才有可能帮助学生正确地择业和就业。其主要措施有：

（1）制定相应法案和政策；

（2）设立就业指导专门机构；

（3）定期组织出版有关信息；

（4）开展就业指导研究。

6．学校就业指导的手段现代化

国外的各个大学广泛应用计算机及互联网等现代化手段收集人才供求信息，开展就业指导。

第二节　香港特区和国外大学生就业情况简介

一、香港特区

（一）香港大学毕业生的就业现状

香港特别行政区共有 10 所公立高等院校，其中有 8 所大学，2 所学院，全日制本科生约有 4.5 万人，每年培养大约 1.5 万个大学本科毕业生。香港高校毕业生就业是通过市场进行调控，毕业生就业时，能够自主选择个人的职业，用人单位也有录用毕业生的自主权。这种市场调控模式不但可以做到人尽其才、才尽其用，实现人才资源的合理配置，还能为高校提供大量的反馈信息，使高校据此调整专业设置、教学方法等，以便更好地适应社会对毕业生的需要。

由于近几年香港经济持续复苏，为高校毕业生就业创造了更广泛的机会，毕业生的求职观念也呈现出多样化的态势。一方面，仍有一部分毕业生愿意到政府机关、教育部门就职，因为这些单位比较稳定，而且待遇也较高；另一方面，为数不少的毕业生正在突破传统观念，择业目标有了很大变化，主要表现在：一是职业选择实用化。目前，香港大学生择业最热门的专业依次为电子计算机、工程、会计、工商管理，这些专业在香港是非常实用的，而且毕业生的选择余地也较大。二是自我价值实现意识增强。尽管工商界工资起点比政府、教育部门低，但这些行业潜力较大，只要毕业生发挥其才能，就比较容易得到晋升，也有很大发展前景。

香港大学生就业有多种模式：一是双选竞争机制。这种就业模式是以单位择优用人，毕业生自主择业的双向选择机制为基础，因而大学毕业生的专业知识、操作能力、应试技巧等就显得极为重要；二是市场疏导机制。香港信息发达，整个社会建有现代化的人才信息管理情报网络，能够对毕业生就业进行宏观引导并控制人才流向。

香港社会和香港高等学校都设有毕业生就业指导机构，这些机构主动为毕业生提供各种就业所需要的服务。例如香港特区政府劳工处就设有帮助大学生找工作的部门，也有有关大学生就业的数据库。劳工处在促进大学生就业方面主要采取以下几个方面的措施：

第一，资助各大学为大学生提供有关信息。及时全面获取就业信息对高校毕业生求职来说至关重要。香港资讯发达，信息流通量高，有公开的途径，包括报纸广告、广告特辑、网上资讯、公司网站等；也有最能体现香港大学生就业特点的大学生专线，主要包括联校系统、大学热线、就业中心、专函推广、履历特刊5种类型。该系统由政府资助，任何用人机构，只要传真一份招聘广告，10 000多名应届毕业生便可同时获悉。

第二，鼓励学生到内地发展。这已经成为香港特区政府和各大学推动学生就业的办法之一。香港特区政府劳工处支持各大学学生发展处通过商业导向课程，使学生系统学习内地工商业发展的经验，并通过实地考察和访问，使学生亲身了解内地经济在改革开放后的发展状况。

第三，大学生北上发展计划。特区政府、企业、学校三方合作，支持大学生北上发展。例如，城市大学推出西部计划，派学生到西部民营企业实习。

第四，特区政府帮助创造就业岗位。一般是特区政府拿出资金给某些用人单位，让这些单位创造一些就业岗位来提供给大学生，通常这类工作是临时性的，一般为一年左右。

第五，鼓励公司和企业给大学生创造就业岗位。特区政府直接或间接资助的职位遍及教育、社会福利、体育、房地产等与民生紧密相关的各行各业，也包括对很多大学生极具诱惑力的特区政府。

香港是一个高度发达而且商业气息很浓的城市，用人单位对毕业生的综合素质要求比较高，招聘及评价人才的方式也各种各样。一般来讲，大学毕业生需要具备QV（即Quality、Variety的简写）和ICLF（即Intelligence、Communication、Leadership、Flexibility的简写）。Q代表Quality，指做事的质量和个人素质两个方面；而Variety指大公司高职位更追求多元化贡献；I代表Intelligence，指智力因素；C代表Communication，指沟通能力；L代表Leadership，指领导才能；F代表Flexibility，指灵活性，即变通能力。总体来说，以能力为本。香港的用人单位在招聘大学毕业生时，也有很多考查方式：

（1）应征信及履历表。几乎所有私营机构雇主都要求应聘者提供应征信及履历表，大多要求以英文撰写。

（2）应征表格。公营机构及招聘低下职位者比较青睐这种形式。

（3）单对单面试。一般私营机构采用这种面试形式，而公营机构则不采用。

（4）面试委员会。一般公营机构大多采用此种形式。

（5）小组面试。4～10个应征者作为一小组，对同一课题提出意见，以观察其人际交往能力、处理相左意见的能力，被认为是评价管理能力的一项工具。

（6）评价中心。以小组面试为主，并适当加入日常文件处理、公开演讲、写作测试等内容，目的是全面、多方位地考查应征者的能力及成熟程度。

（7）写作测试。主要测试大学生的中、英文写作能力。

（8）性向测试。专为某种技能而设，以先天能力推论后天成就。

（9）性格测试。因为性格和成功事业管理存在差异性，故以此为评价重点的公司较少。

（10）行业测试。打字和速记曾经是最重要的行业测试。但现在各行业办公设备日新月异，所以大学生面对这样的测试机会比较少。

（二）香港大学毕业生的就业指导

为满足社会对于大学毕业生就业的需求，高等教育就业辅导成为香港大学教育的重要组成部分。香港社会和香港高等学校都设有毕业生就业指导机构，这些机构主动为毕业生提供各种就业所需要的服务。而且香港高校十分注重对就业指导工作的推广，包括校内宣传和校外交流两个方面。校内宣传主要通过在校园内开展主题展览，散发就业手册、求职技巧参考传单、海报、培训专用的录音带、学生报等，以扩大就业指导在学生中的影响，提高学生对就业指导的利用率。校外交流是指学校与社会保持广泛的联系，通过各种途径为学生就业提供许多有价值的信息和指导。

1. 香港大学毕业生就业指导的特点

（1）适应市场，有的放矢。香港高校的就业指导因各个大学的体制、文化、背景及就业指导的模式等方面的不同，就业指导的内容、方法等也各有侧重。就业指导的课程是专业教育之外的“通才教育”，着重提高学生在策划、组织、领导、管理、沟通、创新等方面的通用技巧。同时学校利用反馈信息了解社会对人才的需求情况，据此调整专业设置、教材内容、教学方法和办学方向，以适应社会需要。

（2）专家坐镇，实战演练。香港本科课程经费由特区政府资助，拨款中有指定专项含就业辅导员的费用，实际调配由各大学自定，人事编制、就业辅导员的聘用及资历也都由校方定夺。很多大学学生发展处都聘请经验丰富、阅历较深的商界精英、政界名流及有关方面的专家出任高级辅导主任，专管职业辅导。除日常的咨询服务外，还开设训练课程、举办求职辅导班对临近毕业的学生进行就业指导服务。其目的是从老板的角度让学生知道应该具备哪些素质，并如何把所学的东西展示出来，从而赢得一份工作。

（3）大学生就业有直通车。香港大学生就业最有特点的是拥有大学生专线，它主要包括联校系统、大学热线、就业中心、专函推广、履历特刊 5 种类型。联校系统也称 JIJIS（即 Joint Institution Job Information System），于 1996 年成立，香港所有的大学都可以成为其会员。该系统由政府资助，任何用人机构，只要传真一份招聘广告，一万多名应届毕业生便可同时获悉；大学热线指在校园内部开设专门为毕业生求职的招聘热线和传真热线，24 小时为雇主服务；就业中心是学校负责毕业生就业服务的机构，只要雇主需要，立即有专人为雇主安排广告、校园招聘讲座、展览、面试等；专函推广指学校每年会向 4 000 多雇主发出特用函件，推介学生担任暑假及长期工作；履历特刊指参考外国做法，为特选应届毕业生编辑的名册，以供用人单位“选才”之用。

（4）建立“援助毕业生模式”。为帮助学生顺利求职，并为他们做好投身社会的准备，香港各大学均向学生提供服务范围广泛、全面的就业辅导。如举办境外交流活动、提供工作实习机会、替学生修改求职信和简历等。为了让学生更直接了解各行业的情况，有些大学启动大规模的“事业导师计划”，邀请各个行业的资深专业人士，担任“事业导师”，主要通过在日常聚会中交流沟通，与学生建立亦师亦友的关系，拓展学生的视野。

（5）注重职业测试。职业测试作为一种辅助手段，可以为学生的职业选择提供参考。香港对使用测试工具的人员有着严格的限制，全部都是受过训练的专业人士。测试结束后，根据学生的需要对测试结果进行解释，帮助学生选择职业。

2．香港各大学就业指导的主要内容

香港特区的大学里一般均设有学生就业辅导委员会，下设学生辅导处，具体工作包括：

（1）开展就业指导。包括帮助学生提高自我认识，正确制定出自己的发展目标，为自己的前程作出系统的策划和安排；帮助学生提高求职技巧，包括求职信写作、面试、服装、社交仪式、化妆等；开设培训课程，包括求职基本技巧、事业策划、管理技巧、商业导向、工作实习、暑期工作辅导等。一般通过举办求职面试技巧讲座，请工商、教育界人士及校友举行各种就业讲座，出版有关就业指导的图书、杂志、报纸，制作视听录像带等，指导、帮助学生求职。

（2）收集、提供需求信息。香港的大学都设有信息中心，并成立了七所大学参加的“校际就业信息库”，就业辅导紧紧围绕信息的收集、分析和应用展开。学生辅导处一方面收集雇主的招聘资料，包括该行业的现状及其发展前景、招聘岗位的数量、工作性质和职责、雇佣条件、工资及生活待遇等信息；另一方面向各部门、各行业的雇主提供学校学科分类、专业及课程设置情况、毕业生的基本情况、就业意向及择业要求。

（3）组织短期的社会实践。学生辅导处每年都创造一定的条件和机会，让高年级的学生利用暑假或业余时间进行短期的工作实践。这是学生了解社会就业动态、进行职业训练、增进雇主与学生彼此了解的良好机会。同时，学生辅导处收集学生在工作中的表现、雇主的考评意见，作为向新雇主推荐就业的依据。

（4）校园招聘。学生辅导处积极吸引和鼓励雇主主动到大学校园直接挑选学生。包括举办招聘讲座、展览，安排雇主在校内举行笔试或面试，协助雇主招聘到满意的毕业生。

（5）推广服务。鼓励学生积极策划自己的未来，提高学生对就业资料的兴趣。推广的媒介包括毕业生就业手册、求职技巧传单、海报、培训专用的录音带和录像带、电子课件、学生报等，尽量以方便、简易、准确为主。

（6）提供信息反馈。学生辅导处定期将就业调查和信息统计反馈给学校就业辅导委员会、学科发展计划委员会，以供学校调整学科设置和改革教学内容参考。

学校就业辅导处每年的大体工作进程为：每年 1～2 月为毕业生举办就业讲座；2～4 月协助雇主对学生进行面试、笔试；6 月初 90%以上的毕业生均可就业，其余 10%半年后也基本聘完。从香港大学毕业生就业职位分布情况来看，工商界职位约占 50%，学校职位约占 25%到 30%，政府部门和社会福利机构职位约占 10%到 20%。

由于香港特区政府通过拨款的限制，严格控制高等教育的规模，使高等教育的发展速度与社会、经济对人才要求的增长速度保持同步，不盲目超前发展，而且政府还创造条件，支持大学建立信息系统，鼓励企业为大学生创造机会，这使得香港大学毕业生的就业率一直保持很高的水平。

二、美国

（一）美国大学毕业生的就业现状

美国是现今世界经济最发达的国家，同时也是高等教育发展最快的国家。据美国《教育统计文摘》资料显示，美国高等学校总数为 4 009 所，在校生人数为 1 459 万人，每年毕业的专科、本科、硕士和博士生近 300 万。在整个 20 世纪，美国大力发展高等教育，成为世界上第一个高等教育大众化与普及化的国家，然而高等教育的迅猛发展也必然会影响到高校毕业生的就业。对美国大学生来说，找到一份满意的工作，绝不是一件轻而易举的事。美国实行毕业生自由就业制度，政府部门不承担安置毕业生的义务，也没有专门的大学毕业生就业市场。政府只是把毕业生作为整个社会就业市场的一部分看待，对就业不直接干预和限制。

虽然美国大学毕业生实行自由就业制度，但美国的联邦政府及各州市政府部门均设有一定的机构负责大学毕业生的就业工作，主要由劳工部、学校、中介机构和用人单位协同进行。劳工部主要负责制定宏观政策和做好就业调查等基础性工作，是毕业生就业的“总管”。劳工部设有劳工统计局，其主要职能是收集不同时期美国就业市场的职业需求状况、不同职业对知识和技能的要求等数据。统计结果通过上网和发行出版物的方式向全社会公布，作为政府决策和个人择业的参考依据。劳工统计局根据这些数据编撰的《岗位需求手册》很受美国大学生的欢迎，成为美国大学生人手一册的就业必读。

美国的各州也均设有就业委员会及各种专业协会、联合会等，主要业务范围是为大学毕业生传播和沟通就业信息。中介机构则在学生、高校与用人单位之间穿针引线，架起桥梁。在非盈利性就业组织中，以“全美高校和雇主协会”最为著名。该协会的会员共有 1 800 多家高校和 1 900 多家用人单位，每年为 100 多万大学生和毕业生提供就业服务。美国的高等学校对毕业生的就业无需承担任何责任，但都极为重视毕业生就业工作。这是因为一个学校的毕业生就业率和就业情况关系到这所学校的声誉，也会影响到学校在全美的综合排名和今后的招生。所以，各类正规的高校都设立了各式各样的就业指导机构，主要是通过就业指导提高学生在人才市场中的竞争力。

在美国，大学毕业生的就业是在学校就业机构指导下，由学生自己作出就业选择，并通过与用人单位的互选实现。他们所选择的职业，一般是根据自身能力、志趣和人才市场供求状况来确定。在他们看来，就业是自己要解决的问题，要凭自己的实力在竞争中寻找适合自己的职业，因此，他们一般都能够主动适应社会的需要，并根据需要不断地充实自己的实力。就用人单位而言，他们对大学毕业生主要采取择优录用的招聘方式。因为人才优势是用人单位生存与发展的基础，所以为了吸引优秀的人才，一些用人单位长期与学校保持着密切的联系。如与学校进行教育合作；接受大学生短期见习。用人单位也派人到大学举办业余培训班，讲授一些工作的基本知识，并与大学教师探讨有关培养研究生、课程设置等问题。通过这一系列的方法，一方面宣传了自己，树立了形象；另一方面吸引人才，以满足自身职位空缺的需求。

1．美国大学生就业的三种渠道

（1）学校的职业指导办公室。这些办公室一般都非常主动、全面地为学生提供职业规划和服务。

（2）网络、报纸等媒介。网络是目前美国大学生找工作的一大得力助手。每年的毕业生从 9 月开始，就先后在网络上投放简历，包括职业中介机构的网站，很多毕业生就是通过网络找到工作的。

（3）校友。美国人特别看重校友关系，校友们一般很乐意为母校的毕业生提供帮助，比如提供实习机会，向自己所在的公司推荐校友，或者提供一些职位空缺的信息等。

2．美国大学生就业市场的新特点

近年来，美国政府的减税政策促进了经济发展，2005～2006 年美国大学生就业状况明显好转，社会对毕业生的需求持续逐步增加，同时大学生就业市场也呈现出新的特点：

（1）就业准备超前。大学生未毕业时已作好充分就业准备，已成为近年全美毕业生最鲜明的特征。全美高校和雇主协会的一项调查表明，20%以上的毕业生认为，缺乏相关经验是找工作的最大障碍。

（2）高学历就业优势明显。由于高科技、知识密集型产业为主的服务业需要众多从事脑力劳动的专业技术人才，因此对从业人员学历的要求提高了。总的来看，研究生的就业压力远远小于本科生，失业比率相对较低。受教育程度越高，在就业竞争中越有优势。

（3）追求职业的稳定性。由于近年来美国经济一直摇摆不定，失业率居高不下，大学生找工作越来越难，于是，大学生择业更看重职业的稳定性。由大学和企业联合会所作的调查显示，工作稳定性已经成为学生选择雇主的第二重要原因。

（4）选择出国留学和就业。由于世界经济一体化格局的形成，美国许多高技术产业向国外转移，许多学生感到在国内就业难度加大，需要到国外就业或留学。据美国国际教育研究所（IIE）2005 年年度报告《打开国门》公布的数据，2003～2004 学年，美国大学生到国外学习的人数约 19.13 万人，比上学年增加了 8.1%。

（5）通过创业教育提高就业能力。目前，美国的创业教育已纳入国民教育体系，贯穿了从初中、高中、大学本科直到研究生的正规教育。高校的创业活动已成为美国经济的直接驱动力，当代许多著名高科技公司几乎都是大学生创业的成果。

（6）通过大学排名激励大学提高就业率。每年，美国有关机构都要按国立和私立两种类型对美国大专院校进行评估，以此得出当年的大学排行榜。排行评比中的主要 6 种指标之一就是毕业生就业率，包括 3 个月后的一次就业率、雇主对毕业生的满意度、毕业生的工资收入等。

总的来说，美国大学毕业生就业的机会比较多，大部分学生在毕业时都能顺利就业，但大学毕业生的就业过程也存在着巨大波动。根据美国的一项调查，大学毕业之后 4 年之内每年的就业率分别为 86%、85%、88%、89%。如果碰上经济发展不景气，经济增长乏力，那么不仅到高校招聘的公司及招聘人数减少，而且公司本身的裁员数量还会增加，整个社会的就业机会减少，这使得大学毕业生的就业竞争趋于激烈。而且由于对不同专业的社会需求量的不平衡，导致不同专业的毕业生就业率有不小的差距，专业技术领域的毕业生就业状况要比人文与社会科学专业好得多，就业率的平均差距大约为 8.6 个百分点。

（二）美国大学毕业生的就业指导

1．大学毕业生就业指导机构

美国各高校都非常重视对学生的就业指导，而且在大学内处于中心地位，通常由一名副校长直接负责，具体设有毕业生就业指导中心。这样重要的地位使得美国高校对就业指导机构的经费投入较多。例如洛杉矶加州大学毕业指导中心每年经费高达 150 万美元。宽裕的经费保证了机构的正常运作和采用先进的信息手段；而且人员配备完整，除了有较多的专职人员外，还配备了讲授就业指导课的专职教师，并开设各种各样的就业辅导课。这类辅导课特点鲜明：一是知识全面，包括职业取向、择业技巧、就业后的心理调适等内容；二是贯穿始终，从大学第一学年到最后一学年，形式多样，各有各的侧重点。

毕业生就业指导机构的工作大体分为职业指导和就业服务两个方面。职业指导的工作重点是推行四年职业规划项目：①学生入学的第一年，中心就开始对学生进行职业教育，帮助学生接触和了解就业状况；②第二年要帮助学生发现和了解自己的性格、兴趣和专长，进而帮助学生选择专业；③第三年帮助学生了解雇主资料和市场需求，参加社会实践和一些招聘会，让学生直接感受就业市场；④第四年辅导学生写求职信，传授求职要领和面试技巧等专门技能。这种就业指导贯穿学生的整个大学生涯，对学生就业观的形成、增强择业能力和求职技巧颇有助益。就业指导机构还非常重视为毕业生提供就业服务。除提供信息服务外，机构每年还要向雇主推荐学生就业，举办职业交流洽谈会，并负责接待雇主来校对毕业生进行面试。经学校推荐的毕业生，成功率通常高于其他渠道。

2．美国大学毕业生就业的程序

（1）通过就业辅导中心或其他途径了解社会需求信息；

（2）写申请信（或称求职信、自荐书和个人简历）；

（3）公司派员来（或应约前往）面谈；

（4）到公司再次详谈、参观；

（5）通知录用，参加培训，上岗。

3．美国高校就业辅导的主要内容

在大学生中开设就业指导课，已成为美国高校就业指导工作的主要内容之一。他们通过就业辅导课的讲授，帮助学生及时了解职业市场的变化，提高学生的职业兴趣和职业定向意识，引导学生对自己进行评价，通过自我评价确定适合的职业种类。还教学生面谈，熟悉社交、礼仪、服饰等求职技巧，撰写简历和求职信，获取工作机会和信息，与用人单位针对工资待遇问题谈判，表示接受或拒绝用人单位的招聘，签约等。美国 70%的大学毕业生是通过教授、导师、就业机构推荐就业的。主要内容包括：

（1）帮助学生确定职业目标。社会的复杂性导致毕业生就业时的价值取向很难把握。有些毕业生对自身能力及价值观等没有一个准确的把握，就业指导机构的专业人员就可以咨询的方式与学生面对面交谈，帮助学生认清自己的特长是什么，自己究竟喜欢什么，自己想从学业或职业中得到什么等。进而指导他们寻找适合自身兴趣、能力、价值观的专业和职业领域。

（2）提供就业信息。美国的高校就业指导机构极其重视就业信息资料的收集整理，设有规模不等的就业资料馆，利用书刊、杂志、报纸、音像带及图片、电脑等手段，提供各类有关就业及就业指导的信息、资料等，供学生随时查看、翻阅、收听。许多院校定期以“就业信息简报”“职业手册”等方式向学生提供就业市场信息。

（3）教授择业技巧。就业指导机构指导学生学习、掌握有关撰写个人简历、展示个人特长、制定求职的策略和参加应聘、面试的要领和技巧，方便学生就业。这种指导可以分为两种形式：一是职业顾问向学生提供单独辅导。如帮助学生润色一份个人简历，评阅学生的个人简历初稿，提供对学生个人简历的反馈意见，指导学生写求职信，帮助学生修改求职信等。二是以各种专题讨论会的方式，如应聘面试培训班、求职策略讨论班、招聘会讨论班等进行辅导，传授技巧。这种辅导往往是以模拟供需双方的形式进行，并辅之以电视录像作补充。

（4）开设人才市场。就业指导机构除直接向用人单位推荐毕业生外，主要通过开设人才市场让供需双方见面互选。

（5）为在校生及校友服务。就业指导机构不仅为毕业生就业提供各种服务，还为低年级学生安排就业指导课程教育，目的是使他们确定职业兴趣，对照各种价值观及专长，为今后的就业计划服务。同时还为本校的历届校友提供服务。一方面，毕业的老校友可以为学校提供大量的就业信息、就业机会以及财力支持；另一方面他们也需要母校帮助解决学习上、工作上和专业上的困难。

4．美国高校就业推荐的主要途径

（1）校园招聘与面试。招聘者在30分钟的时间里，以各种方式了解毕业生的职业目标、学习成绩、以往的工作经验或经历以及相关的工作技能。招聘者通常采用四种方式了解学生情况。第一，开放性交谈，让学生自由发挥，激发学生表现自己的主动性；第二，封闭式谈话，用特定的问题限制学生回答招聘者所需要的信息；第三，沉默法，给学生机会进行综合阐述；第四，用小插曲或中断法转换话题活跃面谈气氛，让学生能自如圆满地阐述、回答问题。毕业生能否参加面试，主要依靠学校推荐，在做法上有：①先来先面试；②预约面试；③预选，学校将所有对某用人单位感兴趣的学生的材料送到招聘者那里，被选上的学生与招聘者见面；④提交学生信息凭证，为了让招聘者在短时间内能够评估每个应聘者的资料，学校为学生设计了标准的信息表格，一般由本人填写，经有关工作人员证实后，送交招聘者或学校就业指导负责人；⑤简历指派，就是工作人员根据自己掌握的情况，指派或推荐某个学生与用人单位见面，并提供简历供参考。

（2）职业交易会。学校就业指导机构采取“求职日”“职位交易会”等形式，安排学生与用人单位见面。这样学生可以在一个地方与许多招聘者见面，而招聘者也有机会在非正式的气氛中会见学生，并和教师及就业指导机构的工作人员交流信息。

三、日本

（一）日本大学毕业生的就业情况

日本是一个经济高度发达的国家，国民平均受高等教育的程度较高。日本高等学校毕业生的就业制度是自由就业，政府和学校不负责安排毕业生工作。政府对毕业生就业实行间接控制，其控制手段主要是强化立法约束和政策引导，而对毕业生就业微观运行不干预。日本每年有约 60 多万大学毕业生，除少部分通过严格考试进入政府机关或教育行业，其他大部分要自谋职业。目前，日本大学毕业生就业率基本停留在 80%左右的水平上，但短期大学和专修学校毕业生就业率相对比较高。

1. 日本政府的就业促进措施

尽管日本经济比较发达，但由于近年来失业率不断增加，大学生初次就业率持续下降，大学生就业竞争日趋激烈，迫使日本政府不得不采取许多专门针对毕业生就业的措施，来拉动就业市场，促进大学毕业生就业。

（1）对新毕业生的就业支持措施。针对新大学毕业生，公共就业保障办公室根据毕业生的特定需求提供就业信息、就业咨询与配套服务。针对尚未找到工作的毕业生，要求在就业保障办公室登记，为他们提供就业咨询与就业信息，提供与寻找工作有关的课程，以外包的方式由公司和指定学校提供职业培训。

（2）改变青年人的就业观念。据调查，青年高失业率及不稳定就业的加剧是因为对工作意义的了解不充分。为此，日本政府支持实施并逐步加强对在校学生的就业指导与实习政策，以改变青年人的就业观念。

（3）严格退休制度。在日本，无论在政府，还是民间企事业单位，一般都规定男性 60 岁、女性 55 岁退休，这是一条硬性规定。同时，各个单位都采取非常严格的定编定员制度。这样每退休一个人员，就能相应地补充一个人员，这就为毕业生就业开辟了一条主要的就业渠道。

（4）提供公共职业培训。日本的公共人力资源开发机构为各类人员提供公共职业培训，对学校毕业生的培训期限通常为 1～2 年。每一年这些机构都为几万名学生提供培训。同时各大学、各级政府部门都设立了职业介绍机构来加强就业联系和就业指导。

（5）保证就业机会男女平等。通过《平等就业机会法》的实施，使公司重视对女学生提供招聘的平等机会，纠正歧视性的招聘，为女大学生举办研讨会，发放招聘指导手册，帮助她们选择适合自己能力和资质的工作。

（6）开辟就业的多种途径。在日本，到政府机关部门、企事业单位就业的大学毕业生占多数，但到私营小工厂、小农场、小商店、小公司等小型单位工作的毕业生也不少。有的毕业生一开始就自己创业，自筹资金办工厂、商店、农场、公司等。

2. 日本的大学毕业生就业机制

日本建立了一个比较完善的就业机制，为毕业生顺利就业提供保障。它主要表现在以下几个方面：

（1）网络信息准确。日本是一个网络无处不在的社会，在求职方面，网络作用十分明显。日本公司在网上都有自己的主页，公司的招聘信息都会在网上公布，求职学生在规定时间内报名寄去申请即可。

（2）报纸刊登广告。在报纸上刊登广告，对公司来说，既公布了招聘的信息，又做了宣传，所以，一些报纸会经常整版刊登招聘广告。学生按报纸提供的联络方式，可直接与公司联络。

（3）各种各样的说明会。有的说明会声势浩大，参加者达几万人，参加企业超过几千家。有的公司偏好某校的学生，则直接到学校单独举行说明会，介绍企业的特点，招揽人才。

（4）各种就职支援中心和俱乐部。它们都有自己的网址，提供各种信息，只要交少量费用，就可享用。

（5）政府预算支持。政府在每年的预算中拿出一部分资金安排高中和大学生就业，对有实绩的民间职业介绍机构给予一定奖励。

3. 日本大学毕业生的就业渠道

（1）学校推荐（包括教师、导师等推荐）。一部分企业只允许学校推荐的毕业生参加考试，一般采用抽查考试的方法。但也不是全部被企业录用，没有达到企业要求的毕业生企业不予接受。大部分毕业生是经学校推荐而就业的，如大阪工业大学通过学校推荐就业的学生占 80%。

（2）自由应聘。经学校推荐但无企业接收的毕业生，就要通过自由应聘来就业了，也就是学生不再通过学校推荐，直接到企业应聘。大部分企业采用这种招聘方式。它能使企业广泛收罗人才，根据企业需求，灵活选择毕业生。

（3）关系应聘。这是毕业生通过各种关系介绍，直接到企业应聘的方法。尽管是关系介绍，但雇主为了自己的企业发展，对这种毕业生也要采取一定形式的考试，以此了解毕业生的知识能力。通过关系进入企业的毕业生只占就业总数的一小部分。

日本大学生一般都向往规模大、效益好的大公司。从 2005 年就业的趋势来看，服务业超过了制造业，服务业招收的毕业生占 35.2%，制造业占 31.5%。从职业选择来看，日本青年多喜欢专业性强的工作。在日本，大学生和家长都普遍认为，只有适应社会需要，毕业后才会有好的出路，因此在报考大学时大都选择就业的热门专业。在文科中，法律专业一向是供不应求；此外，设计专业也很吃香，如服装设计、广告设计、产品设计等；而在理科专业中，信息技术、生物技术、生物制药、机械制造等是热门，环境、能源等专业也很受青睐。但不管选择什么专业，大学生的求职都充满艰辛。对面临毕业的日本大学生来说，每年的1～4 月底，是决定其一生发展有无好的起点的关键。在此期间，他们要忙于寻找就业单位，应对各种用人单位的招聘考试。据有关调查资料显示，平均每名求职大学生要经过 16 家公司的笔试、面试等各种各样的考试，最后内定的公司平均每人有两家。尽管如此，日本大学毕业生每年有四分之一找不到工作，即使辛辛苦苦通过各种考试找到了工作，因感觉不理想在工作三年内辞职者就达 30%。

（二）日本大学毕业生的就业指导

日本政府和学校都不负责安排毕业生工作，实行自由就业制度。但日本的大学十分重视对毕业生的就业指导，因为日本大学之间的竞争非常激烈，毕业生的就业率及就业层次，是衡量大学教学质量和专业适应性及办学成功程度的重要参数，是判断一所学校有无竞争力的最直接、最基本的指标，它直接影响学校的发展。因此，日本大学一般都设有就业指导机构帮助大学毕业生走向社会。很多学生从一年级开始就接受就业指导，分析自己的优缺点及适合干的工作。

1. 日本大学毕业生就业指导的特点

（1）就业指导的主体多样化。大学之间激烈的竞争，促使他们重视对毕业生的就业指导；而日本企业间的生存竞争，也促使他们为了增强竞争实力，主动到大学网罗优秀人才，从而积极参与到大学生的就业指导中去。另外，社会出于商业服务目的也纷纷建立机构，参与大学毕业生的就业指导。

（2）就业指导机构完备。日本的大学一般都设有就职部或在学生部下面设立就职课，通常有 10～20 人左右，实力很强。一些公立大学还成立就职指导小组。这些是大学毕业生就业指导的主要力量。另外，企业的人事部门及一些社会性机构，补充了大学就业指导机构的不足，它们之间相互作用，形成了完备的就业指导网络。

（3）就业指导的形式多样。学校就职部就业指导的形式主要有：举办各种讲座、报告，进行咨询服务；公布收集到的各种信息；介绍选拔公务员的程序、要领；女毕业生就业研究；各企业就业的模拟实验；报考公务员的模拟实验；为学生就业提供所需材料的服务；通过面谈分析每位学生的具体情况，向适合的企业推荐。各用人单位的主要指导方式有：说明会、散发有关资料、座谈、接待学生参观访问和咨询、提供企业有关情况、面试、笔试乃至心理测验、技能测验等。社会就业指导方式有两类：一是申请就职人员提出申请登记，由就业指导机构出面与公司企业联系，向求职者提供短期或长期工作；二是利用大众传媒，主要是杂志、报刊及电视等，其特点是周期短、信息及时而且量大、指导面广。

（4）就业指导的手段先进。日本的大学一般都注重通过计算机网络储存各种有关就业指导的资料、信息，供学生随时查阅。

2. 日本大学毕业生就业指导的主要内容

（1）提供各种就业信息。学校通过函寄和走访收集各种就业信息，并及时发布，为学生就业提供线索；将社会上各种反馈信息进行整理后送到相关的系、科，作为就业指导教师开展指导工作的重要参考；将各种信息、资料汇编成册，放在就职部资料室，供学生查阅、咨询。这些资料内容详尽，包括企业的沿革、年鉴表、公司管理人员情况、经营方式、企业状况、人事政策、工作条件、工资情况、福利制度、职位空缺等内容，可以使学生对企业有一个比较系统、全面的了解，方便学生择业。另外，学生通过社会上其他就业组织机构、传媒、各种社会关系、走访用人单位、写求职信等方式，也能够获得各种就业信息。

（2）帮助学生正确自我评价。首先，学校为了了解学生的具体情况，让学生填写就业调查表，内容包括：本人简历、家庭情况、学习成绩、爱好、志趣、特长、外语水平、健康状况及就业志愿等。其次，为毕业生设计各种就职测试题，客观地了解学生个性及适应性。测试题目主要由职业适应性诊断和一般常识测试构成。通过测试，可以判断学生的性格、能力、兴趣、人生观、择业观等。其测试结果作为就业指导人员指导毕业生就业的依据。

（3）传授有关择业技巧。包括面试、面谈要领和技巧，求职信函的撰写和回复，个人表格及有关资料的填写整理与使用，仪容、礼貌、服饰、应对等，操作性极强，并有大量事例说明。

（4）邀请老校友、著名企业家及各级政府的有关工作人员来校为毕业生介绍国内外就业形势，分析有关职业的知识、性质、特点、发展前途、意义以及经济收入、工作环境、晋升机会、就业难易程度、对从业人员的要求、拟录用人员情况、应聘条件、考试方法等。

四、英国

（一）英国大学毕业生的就业现状

在英国，国家不负责大学毕业生的分配，完全由学生自谋职业。国家也没有立法要求大学提供职业信息、建议与指导，但大多数大学均设立了专职的职业服务部门，提供大量的职业服务。他们除了帮助毕业生找工作，还为那些难以进入劳动力市场的毕业生提供特别服务。他们帮助学生开发职业管理技巧，提供建议，甚至在学生毕业两年之后还为他们提供这些服务。

近几年，由于经济衰退、网络泡沫破灭、恐怖袭击威胁、大学毕业生增加等种种因素结合在一起，使大学生找工作越来越难，许多人面临一毕业就失业的危险。甚至如牛津大学、剑桥大学这样世界著名的高等学府，也有约 1/3 的毕业生找不到所向往的职业。而那些从普通大学毕业的学生，处境格外困难。尽管许多用人单位都表示对名校和普通学校的毕业生不会区别对待，主要还是看个人能力，但实际上，名校毕业生的确更有优势。一项调查表明，有近一半的毕业生感觉自己因为不是名校毕业而受到了区别对待；25%的毕业生宣称如果有机会重来一次，他们会选择不同的大学。尽管应届毕业生就业难度加大，但与未受过高等教育的人群相比，大学毕业生的就业情况还是好的。英国教育与技能部门的统计数字表明，毕业生就业率依然高于全国就业率平均值。而且随着时间的推移，毕业生积累一定工作经验或接受更多教育培训后，失业率将会下降。

1．英国大学毕业生的就业类别

（1）传统大学生职业，指适合大学毕业生或学位获得者的成熟职业，如律师、科研人员、建筑师、医师等，该类职位从业人员要求必须是某个领域的专家。

（2）现代大学生职业，指随着高等教育发展出现的新兴职业，如软件设计师、社会工作者等。这类工种也要求从业人员是某个领域的专家，并且要有较强的交际和协调能力。

（3）新型大学生职业，指随着就业市场的扩大而出现的反映科技、组织结构等最新变化的职业。对从业人员的基本要求是要有大学学历。如营销经理、环境卫生官员、新闻官员、管理会计师、物理理疗师及各类工程师。这类职位要求从业人员有“复合技能”，包括强烈的责任感、有效的交际能力以及获得并使用专业信息的能力。

（4）接近大学生职业，如护士、批发商、电工师、图文设计师等。这类职业一般不严格要求从业人员具有大学学历，但要求他们管理和专业技能兼有，能力与“全能”者不相上下。

（5）非大学生层次职业，不属于以上四类的职业都纳入此类。从业人员不必具有大学毕业资格。但调查发现，此类从业人员相当一部分是大学生，并且学位的确起了很大作用。

一般说来，英国大学毕业生在择业观念上有两种倾向。一是部分大学毕业生寻求稳定、舒适的工作环境，希望受雇于大公司。二是部分毕业生愿尽快发挥作用，希望去小公司工作。但迫于形势，近几年英国大学生的第一份工作一般只是跳板。英国高等教育统计局调查显示，近一半的英国大学生初次就业从事的是“非大学生层次工作”，4 年后只有 15%仍从事此类工作。此外，男生和技术学位类专业如医学、工程学、数学、计算机和教育学等专业的毕业生，初次就业就有可能获得适合或接近大学生层次的工作；而女生和人文专业毕业生初次就业则更有可能从事非大学生层次工作。

2．英国留学毕业生的就业途径

随着英国留学的热度增高，每年去英国留学的人数都在增加，很多学生都想在毕业之后在英国找份合适的工作，现在 PSW 工作签证政策的改变也会让很多英国留学的同学更担心起在英国找工作的问题，留学生们通过总结得出，在英国留学生毕业找工作基本分为七种途径。

（1）学校的职业建议中心（career advise centre）

英国的大专院校几乎都设有职业建议中心，有专人指导学生如何选择自己理想的工作。那里还有丰富的雇主资料以及最新的就业信息。

（2）招聘会（job fair）

校方每年都会组织招聘会，让雇主与学生直接见面。参加这类活动可以使你面对面与雇主交流，了解情况或推销自己。如果有些公司对你有好感，就会要走你的简历或记下你的联系方式，到时会主动与你联系的。

（3）报纸

英国的报纸杂志每天都会刊登很多招聘启示，其中专业性媒体针对性很强，综合性媒体范围则较广。此外，商业新闻中也常暗藏玄机。例如，某公司拿到了新的工程、某公司正在扩展，甚至是一些公司内部的人事升迁与调动等，这些都透露出公司有可能雇用新人。

（4）图书馆

英国不论是大学图书馆还是社区图书馆，都会有大量求职就业方面的书籍供参考，如教你如何设计个人简历、如何建立人际关系网、面试技巧、名人录或公司的详细介绍等。

（5）人际关系网络

应注意广种薄收，即平时要结识各式各样的朋友，关系网撒得越开，得到的就业信息就越多，机会也就越多。记者在采访中发现，中国人通过此途径而顺利就业的比例最高。不过这绝不是中国人的专利。名列世界 10 大商学院之一的伦敦商学院，总是定期举行校友联谊会，目的就是让在校生与那些已经有头有脸的校友建立关系，以便今后提拔。

（6）电脑信息网络

网络作为 21 世纪的求职新媒介，其作用日益突显。在国际互联网上输入关键词，如工作（job）和职业（career）等，都能搜索到大量相关网站。

（7）职业介绍中心（job centre）

英国每个区都有职业介绍中心，留学生注册很简单，填一张表格，写下住址、银行账号，留下联系电话号码就可以了。和职业介绍中心有协议的企业，会把近期所需要的人员情况告诉中心，中心再根据这个数据库与注册登记的求职者取得联系。不过，职业介绍中心提供的工作绝大多数是工厂流水线上的操作工。

（二）英国大学毕业生的就业指导

英国的大学生就业指导服务一般由学校承担。大学里都设有“毕业生就业指导服务部”（也称就业咨询部），配有专门的就业咨询人员，负责指导毕业生就业工作。大学生的求职活动主要依靠学校的毕业生就业指导服务部提供指导与服务。牛津大学是英国大学就业指导服务的杰出代表。牛津大学就业指导服务部的设立旨在为本校学生提供平等、充分的信息与指导服务，以帮助学生进行职业决策。这些服务与指导包括：①专门设立信息室，提供广泛的职业信息资源；②提供所有空缺职位信息并能有效搜索；③每周发送电子简报；④每周编印空缺职位快讯《桥》并寄送给每一位最终使用者；⑤保证学生获得接受过专业训练的职员的指导和信息咨询，这些职员包括 12 位职业顾问和 4 位信息职员；⑥组织一系列的活动与交流会帮助学生进行职业选择，提供机会；⑦与雇主共同合作为学生举办演示会。不仅如此，大学还从需求角度为雇主提供服务，让雇主免费为牛津大学学生做职位空缺广告；精通行业的职业顾问为雇主招聘提供专业建议：邀请雇主参加就业指导服务部组织的活动与招聘会；邀请雇主参加就业指导服务部举办的“招聘者”培训活动。最引人注目的是，牛津大学的就业指导服务不仅为当年的毕业生提供服务，而且也为所有在校学生服务，还为毕业 4 年之内的毕业生服务。

从以上可以看出，英国大学毕业生的就业指导主要有以下几项内容：

1．提供人才需求信息

服务部的工作人员常年与用人单位保持密切联络，经常会根据媒体的一则报道或广告登门拜访企业，建立联系。服务部的资料储藏非常丰富，有用人单位的需求情况，包括大量介绍各招聘单位概况的小册子、录像带以及招聘单位背景资料，为毕业生提供适合其职业的有关信息，是学生们就业信息的主要“数据库”。毕业生通过这些资料可以获取大量的就业信息。

2．进行就业分析与辅导

一方面指导教师帮助学生根据自己的个性、志趣、专业、能力、个人品质等因素选择适合自己心愿的职业。另一方面，英国大学里的就业辅导老师大多都拥有心理学等专业的博士学位，因此对于毕业生的辅导除了择业外，还包括帮助分析学生的具体情况、计划求职方向、职业生涯设计等更重大的内涵，预约谈话的毕业生终日不断。

3．传授有关择业就业技巧

传授的择业就业技巧包括如何根据用人单位的要求书写专门的求职信，面试中的注意事项以及仪表、服饰、举止的修饰技巧，如何回答用人单位可能提出的各种问题等方面的知识。

4．举办各种就业活动

学校设计一系列活动与交流会帮助学生进行职业选择，为就业提供机会；邀请用人单位参加就业指导服务部组织的活动与招聘会；与用人单位共同合作为学生举办演示会。在此基础上还组织毕业生去参观自己向往的公司。

除通过毕业生就业指导服务部获取大量的就业信息之外，毕业生还可以通过查阅各类报刊、出版物获取就业信息。英国的各公司、企业等用人单位都在出版物上刊登招聘广告，对其职位空缺所需的人数、专业、条件及工资福利待遇等都进行了详尽的说明。各用人单位的招聘广告为毕业生求职提供了重要信息。企业的招聘考试在当年夏季到次年春季进行。有些用人单位在招聘录用学生时要参考导师的推荐信。导师推荐信不与学生见面，直接寄往用人单位。毕业生也可以直接向用人单位寄去求职申请书。用人单位对应聘毕业生情况进行预审后，会很快对学生的应聘申请作出答复。对那些认为合适的毕业生，用人单位则会通知并安排一定时间、地点进行面试。

为适应新形势的变化，英国就业指导服务的变革战略是将就业指导和雇主所需要的创造能力、沟通能力等与他人共事方面的技能融入大学课程设计之中，并广泛运用信息与通信技术。英国在提升大学毕业生就业能力方面有两项重大举措：一是充分利用志愿者行动使学生通过参加社会活动积累工作经验。英国政府曾在 2004 年组织 100 多万人融入地方社区，为大学生提供发展技能与获得工作经验的机会，强化大学与地方社区的联系，并为志愿部门提供高水平的技能与知识。二是创建新的基础学位（foundation degree）。基础学位是新的与就业相关的高等教育资格，目标是为特定的企业或行业部门提供雇主所需要的与工作相关的知识与技能，入学资格由授予该学位的高等教育机构确定。其特点在于学习方法灵活，包括网上学习、在职学习或在校学习等多种方式。

五、加拿大

（一）加拿大大学毕业生的就业现状

加拿大属于发达的资本主义国家，政府不负责大学毕业生就业，所有劳动力的就业完全通过市场供求规律调节。近几年，由于高科技行业收缩和北美经济低迷，加拿大许多企业为减少开支纷纷裁员，目前加拿大失业率已达 7.8%。在这一背景下，加拿大大学生找工作非常不容易，特别是要找到一份适合自己专业的工作就更不容易了。

但出于竞争的需要，加拿大高校对于就业非常重视，都设有负责毕业生就业工作的常设机构。加拿大高校就业指导机构注重巩固与既有用人单位的良好合作关系，同时又扩大交往范围，经常采取早餐会等非正式方式积极发展就业合作伙伴。加拿大高校收集就业信息的方法很多，也很有效。他们既从互联网上和新闻媒体的招聘广告上收集就业信息，也直接接受用人单位发来的需求信息，接待用人单位的来访。许多大学还邀请相关企业主参加学校专门组织的毕业生就业午餐会，请他们聘用本校的毕业生。另外加拿大高校非常注重发挥校友在毕业生就业方面的作用，该校专门有一个 5 人小组负责校友联络跟踪工作，基本上能掌握一些大公司里校友的人数、职位等动态信息。这样做一方面是出于寻求捐助、给学校"找钱"的目的，另一方面对学生的求职就业非常有好处。学校希望通过该机构的工作，能够使自己的毕业生顺利就业，特别希望毕业生能就职于一流企业，以此来提高学校的知名度和影响力，从而获得更多的社会认可和支持，招收到更多的优秀学生。

根据"北美自由贸易区"协定，大学毕业生可以在加拿大、美国及墨西哥三国自由就业，但仍然有近 10%的大学毕业生不能顺利就业。在市场经济作用下，人们总是较多地受利益驱使不断跳槽，在加拿大平均每人一生改变五次职业，因此，不少人处于经常流动之中。

加拿大大学生找工作的途径相对比较多，主要有三种：

第一，求助于学校的职业介绍服务。学生可以从这种服务中获得相关的人才需求信息。

第二，通过由校方安排的专业实习计划找工作。在最后一个学年里，大学生一般都要去企业、政府机关和民间机构等单位实习三个月左右。部分学生就是通过这种实习找到工作的。

第三，先到学校或自己联系的单位去"实习"，然后再找工作。加拿大的大学生择业比较实际，许多学生大学毕业后并不能马上找到工作，但可以到企业或政府机关去实习。实习期间，用人单位给大学生发放相当于正式雇员工资 50%～75%的报酬。有了实习经历后，大学生就容易在其他单位找到合适的工作。这种途径有利于缓解大学生的就业压力。

一般情况下，加拿大成绩优秀的大学生总希望找到工资比较高、又与所学专业对口的工作；但多数学生则希望找一份比较稳定的工作。调查显示，大学生向往的职业依次为：企业家或咨询人员、律师或其他专业人士、教师、艺术家或作家、医生或药剂师、非牟利机构主管、电脑设计师、股票经纪人。此外，大部分学生还希望在经济比较发达的地区就业。加拿大政府出台政策鼓励大学毕业生到生活条件艰苦、但需要人才的欠发达地区工作。据说，在条件相对艰苦的加拿大西北部地区工作，工资要比一般地区高得多。

（二）加拿大大学毕业生的就业指导

加拿大高校经费充足，就业指导机构办公条件比较宽松，一般设有接待大厅、咨询室、招聘室和资料室等；从事就业指导的人员专业化水平高，如咨询师要求具有教育学、心理学、咨询学或相应的人文社会科学的博士学位，而且有一定工作经验，指导教师或管理员也要求具有人文科学背景的硕士学位。

加拿大大学的就业指导机构普遍设有"求职门诊"服务。毕业生在就业过程中遇到求职准备、职业选择与规划、信息获取、应聘策略等方面的任何问题，都可以去求职门诊寻求指导和咨询服务。在就业指导的方式上，除以讲座方式对全体学生进行就业辅导外，还着重进行有针对性的个别咨询和辅导。学生可预约与辅导教师面谈，或通过网络把自己的求职信、履历表等资料上传给辅导老师以获得具体细致的指导。

1. 加拿大大学毕业生就业指导的特点

加拿大大学里的就业指导机构历史比较悠久，名称也各异。如就业服务中心、就业信息中心、就业咨询中心等，其特点是：

（1）学校重视，由院、校级领导主管该项工作。

（2）资料齐全，有一套完整的理论体系。其有关就业的资料十分丰富，涉及就业指导的各个领域，在职业咨询、就业服务等方面形成了完整的理论体系。

（3）设备精良，配备了先进的软硬件设施。学校的就业指导机构，一般都配有先进的计算机、激光视盘机等设备及与之配套的各种软件和光盘。尤其是计算机与国际联网，学生在计算机上可以查询到各地的需求信息及择业中所需资料。

（4）服务完善，就业指导工作人员素质较高。就业指导机构里的工作人员都具有本科以上学历，主要负责人具有博士学位。较高的素质使得他们能为学生提供比较完善的服务。

2. 加拿大大学毕业生就业指导的主要内容

（1）提供就业咨询、指导。就业指导机构利用讲座等方式对学生进行就业指导、教育，帮助毕业生确定就业意向和进行职业潜力开发。而且此项活动针对全校各个年级的学生，帮助学生根据自己的兴趣、爱好和志愿择业。

（2）收集提供就业信息。就业指导机构既从互联网上和新闻媒体的招聘广告上收集就业信息，也直接接受用人单位发来的求职信息和接待用人单位的来访，包括一般的政府、军事、商业择业信息、就业安置信息、计算机储存的职业信息、职业计划发展信息等，并定期向学生公布。所有信息均进入互联网，学生可随时上网查询。

（3）进行毕业生的技能评估。通过评估，发掘其潜在的技能，帮助毕业生把在专业学习、假期和课外活动中所积累的经验转化为工作技能；使毕业生全面认识自己所拥有的技能。

（4）举办求职技能培训。包括如何撰写履历及求职信、正确填写各种求职表格、制作漂亮标准的求职材料、如何寻找和收集信息、如何应对面试等内容。还为学生联系实习单位，创造实习机会。

（5）组织招聘活动。在学生临近毕业的时候，学校组织若干次招聘活动，邀请政府机关、工商企业、社会事业单位的有关负责人到学校来对求职的学生进行面试和挑选。学校提供场地和人员服务。

（6）为供需双方提供全方位的服务。毕业生在确定求职意向和技能评估，策划求职战略，考研与就业之间的抉择、获取就业信息的方法、供需见面、求职材料的准备等方面，都可以接受指导和咨询服务。

（7）帮助学生进行就业观念的准备。加拿大高等学校的就业指导是从学生入学就开始的。学生入学后，学校根据其兴趣爱好，对学生进行如何确定职业理想、怎样实现人生价值的指导。随后，利用求职信息资料库的资料，分析职业市场现状及其发展方向，指导学生选择系科和专业。就业阶段则着重指导学生选择薪水高而又有发展前途和有意义的职业，而不是盲目选择高薪职业岗位。

3. 加拿大的就业能力提升措施

为了促进大学毕业生就业，在大学毕业生的供给促进方面，加拿大大学与学院协会要求大学、政府与私人部门共同合作致力于大学生就业能力的提升。采取的一系列措施表现出鲜明的特色。

（1）大学要在所有的学科领域持续提供高质量的课程计划，以提高劳动力市场所需要的毕业生综合技能。

（2）大学要与公共及私人部门合作，理解劳动力市场需求并将其融入大学课程规划与开发之中。

（3）大学要确保市场了解毕业生的技能，既包括专业技术技能，也包括有效地适应变化需求的技能。

（4）大学要咨询产业、政府及行业委员会以确保将准确可靠的劳动力市场信息传递给学生，从而便于学生的职业决策。

（5）政府要提供核心资助以使大学能继续开发所有学科领域毕业生所需要的技能组合。

（6）政府要协助建立行业委员会，这些委员会提供并与大学、学生、雇主分享准确可靠的劳动力市场信息。

（7）私人部门要与教育界合作确保大学能了解他们的需求，并坚定地承诺实施技能培训与开发，特别是通过内部技能培训为员工发展提供更大支持。

第三节 境外就业

由于世界经济一体化格局的形成，人才的流动也日益全球化。在国内就业压力日益增大的今天，已经有越来越多的人另辟蹊径，选择了一种新的就业渠道——到境外去就业。相比于一些国内的就业岗位，招聘市场上推出的出国就业职位薪水福利更加引人注目。近几年，我国的大学毕业生直接到境外就业的人数也越来越多。

一、我国境外就业概况

按照国家劳动和社会保障部、公安部、国家工商行政管理总局联合发布的《境外就业中介管理规定》，境外就业是指中国公民与境外雇主签订劳动合同，在境外提供劳动并获取报酬的就业行为。因此，境外就业是一种个人自主就业和境外雇主接受个人就业的行为，受双方签订的劳动合同的约束和就业所在国劳动法律的调整。中国公民有境外就业意愿，具有一定文化水平或有一技之长、身体健康的均可申请境外就业。

我国境外就业包括境外承包工程、对外劳务合作、公民个人出境就业等几种方式。境外承包工程和劳务合作是我国传统的劳务输出形式，而近几年，我国公民自谋出路去境外就业的人数逐年增多，成为一种新的发展方向。国内高校毕业生也是其中的一部分。

在国内就业市场相对饱和，亟须开拓新空间的情况下，国外劳务市场需求趋旺，这意味着越来越多的人可以跨出国门就业。国家劳动和社会保障部国际交流服务中心的统计显示，目前我国境外就业人员输出主要集中在东北和东部沿海地区，通过正规渠道在境外就业的人数已达 60 多万，而且我国境外就业中介机构队伍稳步发展，境外就业行业和国家呈多元化趋势。截至 2008 年，全国共有 28 个省（区、市）的 425 家机构获得了人力资源和社会保障部颁发的境外就业中介经营许可证。从近两年出境就业者所人事的行业来看，主要为纺织服装、机械制造、建筑、水产品养殖加工、餐饮、护理、医疗卫生等。从事服装业和建筑行业的人占多数，但从事农业、制造业、餐饮业和其他行业的从业人数增幅较大，已经打破就业行业相对集中的趋势。从境外就业人员分布的地区来看，境外就业市场仍集中在亚洲，主要分布在日本、韩国、东南亚、中东、但赴欧洲、北美、南美和我国港澳台地区就业的比例不断增大，境外就业人员有从传统亚非市场向新兴市场流动的趋势。在待遇方面，境外就业的收入总体上要好于国内。境外就业的待遇一般和技术能力以及就业的地区有关。一般而言，美国、日本、韩国等经济较为发达的国家和地区待遇要稍好一些，而非洲、东南亚一些国家的待遇则要低一些。同时，不同岗位的薪水也不同，护士、外语较好的厨师、软件工程师、摄影师和车钳工等技术人才有较大的需求空间，待遇也较好；普通的针织、缝纫、建筑、食品加工等操作工，由于技术含量不高，薪资水平略逊一筹。

为保证境外就业者的利益，规范中介市场，2000 年国务院颁布了《关于加强出入境中介活动管理的通知》，2002 年颁布了《境外就业中介管理规定》，各级劳动和社会保障部门制定了许可申报、备用金管理、出境手续办理等一系列配套政策措施。但在境外就业中介市场上，非法机构依然猖獗，违法、违规甚至欺

附　录

附录 A　毕业生就业协议书样表

按《普通高等学校毕业生就业工作暂行规定》的要求，为维护国家就业方案的严肃性，明确毕业生、用人单位、学校三方在毕业生就业工作中的权利和义务，经协商，毕业生、用人单位、学校三方签订如下协议。

编号：

全国普通高等学校毕业生就业协议书

毕业生：________________

用人单位：________________

学校名称：________________

诈、拐卖行为依然存在。到目前为止，获得劳动和社会保障部颁发的境外就业中介经营许可证的机构，基本没有出现侵害劳动者权益的重大问题。

近几年，在出国就业的大军中，大学生比例在逐步增加。国家和各个省都陆续出台毕业生境外就业方案，推荐毕业生到国外就业。不少高校也开始尝试与劳务公司合作开拓国际劳务市场，开辟大学生境外就业途径。有的省还成立了“涉外人才培养培训服务中心”，并选择条件成熟的大中专学校或教育培训机构授牌成立涉外人才培养培训基地，共同开拓境外人才劳务需求信息市场，推荐毕业生境外就业；同时也积极在境外寻求合作伙伴，在条件成熟时成立涉外人才就业基地，并以此推动涉外人才培养培训工作深入开展。如山东烟台职业学院专门设置了“境外就业科”，该院从 2001 年到现在，已有 101 名毕业生通过由国家授权、资质优良的国际经济合作公司外派到日本、新加坡、阿联酋等 7 个国家和地区就业。湖南省联合一些大中专学校特别设立了十多个涉外人才培养训练基地。

二、如何办理境外就业

境外就业是不是要求很高呢？其实不然，绝大多数境外企业对求职者的学历要求并不是很高，但对求职者的素质则有所要求。从目前已经在境外就业的人员学历看，普通劳务人员主要以大专生、技校生和高中生为主，专业技术人员则要求具有本科以上学历。境外企业比较看重劳动者自身的发展潜能，同时提倡具有为公司奉献的精神。当然，要想走出国门找份好工作，首先是要具备一定的技能，最好有相关技术等级证书；另外，外语水平也要过关，至少要能够掌握英语生活口语，听得懂外方管理者的工作安排。

境外就业固然是大学毕业生就业的另一个选择，但目前，我国境外就业中介市场还很不规范，在实现境外就业的过程中也可能存在着因各种原因造成的利益损害，有些甚至是不法企业故意设下的陷阱。而且由于以前的境外就业人员只与国内派出公司签订劳动合同，而不与国外雇主签订经济合同，一旦因薪酬、工作环境、卫生条件等问题发生劳动纠纷，不仅得不到境外劳动法律的保障，而且无法要求国内劳动社会保障部门出面与境外劳工部门协商。而部分非法从事境外就业中介的机构及个人更是借此机会牟取暴利、侵害境外就业人员的权益。虽然以劳动部门为代表的政府有关部门在清理、规范境外就业中介市场过程中做了大量卓有成效的工作，但大量恶性事件的发生告诉我们，在境外就业中介市场上，非法机构依然猖獗。因此，拟到境外就业的大学毕业生一定要从正规渠道获取境外就业信息，并要选择正规的中介机构，按合法的程序办理出国就业手续。

（一）境外就业的渠道和程序

到境外就业，首先要获取境外就业信息，一般情况下，主要有以下几种方式：通过电视、广播、报纸、网络等媒体获取各类招聘出境就业人员的信息；直接咨询境外就业中介机构；可以与侨眷、侨属、台港澳同胞在祖国大陆的亲属、故旧联系，请其提供境外劳务信息；通过到境外考察、培训、留学的人员搜集劳务信息；利用对外贸易的各种活动了解劳务信息等。不管用哪种方式获取信息，都首先要确认是否真实可靠。

大学毕业生该如何顺利、有效地利用有关渠道在国外找到工作并使自己的合法权益不受到侵害呢？一般来说，境外就业必须通过正规渠道，走合法程序，并提前了解清楚需要办理的手续。

1. 境外就业的渠道

（1）官方渠道。通过外经部门、劳动保障部门、外办、侨办、台办等政府部门，联络境外雇主，签订劳务贸易协定。

（2）民间渠道。通过民间公共关系组织或私人关系沟通劳务贸易信息，由政府部门批准。

（3）海外华人渠道。利用海外关系外出就业，或请海外华人牵线搭桥办理。

（4）特区渠道。通过我国特区进行对外劳务输出。

（5）三资企业渠道。与外方经理或代表联系，向他们的境外公司提供劳务。

（6）境外企业渠道。争取我国在境外开办的企业从国内聘用人员。

（7）友好城市渠道。通过与外国建立的友好城市关系寻求出境就业机会。

（8）开放口岸渠道。通过我国边境地区设立的开放口岸同邻近国家建立劳务贸易关系。

2. 个人申请赴境外就业的基本程序

（1）选择经人力资源和社会保障部批准的境外就业中介机构。可实地查看该公司是否具有人力资源和社会保障部核发的“境外就业中介经营许可证”，也可登录人力资源和社会保障部的网站查询。

（2）可向中介机构所在地的劳动保障行政部门调查了解所选中介机构的服务质量及资信情况。

（3）根据自身的技能水平、教育背景、身体状况、语言能力、适应能力、待遇期望等因素确定境外就业的行业和工种。

（4）初步了解工作条件和待遇水平，其中包括技能要求、工作时间、工资标准、劳动安全卫生条件、食宿条件、合同期限、相关保险及中介服务收费标准和收费办法等。

（5）报名。提供相应个人材料并与境外就业中介机构签订中介服务协议书，明确双方的权利义务及服务项目、收费标准、违约责任、赔偿条款等内容。如需缴纳报名定金，应在协议书中约定偿还条件和期限。

（6）参加外方雇主或中介公司组织的面试。

（7）阅读并充分理解境外就业劳动合同的内容，特别要仔细确认基本工资、日/周工作时间、加班工资标准、劳动条件、住宿伙食、社会保险和商业保险、往返交通、合同期限、违约责任等条款。

（8）根据外方雇主的要求，参加相应的语言或技能培训。

（9）到当地公安机关办理护照。

（10）委托中介机构办理工作签证签注。

（11）参加行前教育。

3．申请办理境外就业的方式和手续

公民申请境外就业需持证件包括：身份证复印件；学历、学位证书或毕业证书（复印）；职称或技术等级证书（复印）；中、英文个人简历；护照照片16张等。

（1）由境外就业服务机构办理的：①填写《中国公民出国（境）申请审批表》一份；②交验申请人身份证、户口簿及其复印件各一份；③申请人与境外雇主签订或与境外就业服务机构签订的合同；④提交大一寸正面免冠彩色光面近照两张。

（2）个人出国就业：①填写《中国公民出国（境）申请审批表》一份；②交验申请人的身份证、户口簿及其复印件各一份；③提交在前往国具有法律效力（经前往国公证机关公证，或经我驻外使、领馆认证）的聘请、雇用单位或雇主的聘用、雇用证明；④提交大一寸正面免冠彩色光面近照两张。

（3）由劳务公司办理的：①填写《中国公民出国（境）申请审批表》一份；②交验申请人身份证、户口簿及其复印件各一份；③提交外派单位的《外派劳务人员许可证》复印件；④提交外派劳务人员出国报批表及外派单位与外派人员签订合同的副本；⑤提交大一寸正面免冠彩色光面近照两张。

（二）境外就业中介机构

到境外就业大都必须通过境外就业的中介机构，因此选准中介非常重要。目前，社会上有一些非法的“黑中介”打着办理出国劳务业务的旗号骗取钱财，或在进行劳务中介的过程中进行非法操作，损害劳动者个人利益。大学生到境外就业，应当选择经人力资源和社会保障部批准的正规境外就业中介机构。

1．境外就业中介机构的服务内容

根据《境外就业中介管理规定》，境外就业中介机构的服务内容主要包括：

（1）为中国公民提供境外就业信息、咨询。

（2）接受境外雇主的委托，为其推荐所需招聘人员。

（3）为境外就业人员进行出境前培训，并协助其办理有关职业资格证书公证等手续。

（4）协助境外就业人员办理出境所需的护照、签证、公证材料、体检、防疫注射等手续和证件。

（5）为境外就业人员代办社会保险。

（6）协助境外就业人员处理与其雇主发生的劳动纠纷。

2. 如何识别非法中介

任何未经劳动保障行政部门批准和工商行政管理机关登记注册，擅自从事境外就业中介活动的单位或者个人都是违法的。目前非法境外就业中介主要有以下几种类型：一是以出境旅游和商务签证代替务工签证，出境就业者没有工作许可证，相当于“打黑工”；二是无照经营的境外就业中介；三是无视任何限制收取高额中介费；四是非法中介机构无视广告法和有关劳动保障法规，乱发假广告，吹嘘境外就业能挣到高额报酬；五是非法境外就业中介机构为谋取经济利益什么单子都接。

那么如何判断中介机构是否合法？一般情况下，主要从三个方面鉴别：

第一，要看中介机构是否持有国家人力资源和社会保障部颁发的《境外就业中介经营许可证》；这些中介机构的名称、住所和联系方式可在人力资源和社会保障部及其国际交流服务中心网站上查询，并且应出示出境就业国劳工部门批准的招用外籍工人的证书文件。

第二，中介费一般为工资总额的15%～25%，对漫天要价者要当心。

第三，出境就业人员不能从事劳动合同之外的任何工作，否则都是非法的。

因此与国外雇主签订劳动合同前一定要仔细进行确认，如果对境外就业信息和中介机构服务存有疑问，应直接向当地劳动保障部门咨询核实；如中介机构有违法违规行为，应向有关部门举报。当然，作为大学生，也应提高警惕，并应掌握一定的境外就业的相关知识，才能避免落入非法中介设下的陷阱。具体应注意以下几点：

（1）不要轻信社会上的境外就业招聘广告，应向当地劳动保障行政部门或工商行政管理部门进行必要的核实。

（2）应依法与境外就业中介机构签订境外就业中介服务协议书。协议书应当对双方的权利和义务、服务项目、收费标准、违约责任、赔偿条款等内容作出明确规定；在签订境外就业中介服务协议书前，不应交纳任何费用。

（3）应直接与境外雇主或其授权人签订劳动合同并持有一份。

（4）在签订劳动合同前，应明确知晓该合同的内容。

（5）应要求中介机构办理工作签证或就业签证，不要接受旅游签证。

（6）请妥善保存收费凭证和其他所有书面材料。

发生中介机构违法违规情况，请到当地劳动保障行政部门或其他相关部门投诉，或写信至人力资源和社会保障部寻求帮助。

（三）避免境外就业风险

1. 如何避免境外就业风险

（1）要选择正规中介机构，验证机构的真实性，并向中介机构所在地的劳动和社会保障部门调查了解所选中介机构的服务质量及其他情况。

（2）劳动者应当根据自身情况确定境外就业的行业和工种并了解相关情况。

（3）注意签订境外就业合同。劳动者通过雇主面试，进入签订就业合同阶段时，还应当注意以下三点：

第一，合同中必须有下列内容：合同期限、工作地点、职业工种、劳动条件、工作时间、休息休假、劳动报酬、社会保险、交通和生活条件、违反劳动合同应承担的责任、合同变更及解除劳动合同条件、女工和特殊工种劳动保护条件、纠纷和争议处理、伤亡事故处理等。

第二，出国后，外国雇主除支付工资（工资不得低于我国外派劳务协调机构即中国对外工程承包商会规定的最低标准）和加班费外，一般情况下，还应负担以下费用：伙食费、住宿费、煤气和水电费、上下班交通费、所得税、医疗保险和人身伤亡保险、出国和回国的机票、劳动保护用品、雇主向当地政府交纳的保证金等。

第三，境外就业人员必须保存好所签订的每一份合同；一旦出现纠纷，合同将是维护自身合法权益的重要法律依据。

2. 大学生境外就业注意事项

（1）境外就业人员在国外工作期间，必须严格执行合同，遵守当地的法律法规，尊重当地人民的生活习惯；不要在为雇主工作的同时再为其他雇主打工，不要去赌博场所或色情场所，更不要擅自脱离工作岗位。脱离原工作岗位到别的地方工作，在国外被叫做“打黑工”或“自由工”，是违法的。

（2）了解出国工作具体条件或待遇，包括技术水平要求，工作时间（每周工作多少小时等）、工资标准、劳动安全卫生条件、合同期限、食宿条件、相关保险及中介服务收费标准等。

（3）在国外工作期间，不允许参加任何当地政治组织和邪教组织。遇到问题，不要采取过激行为，更不能有违法举动，可以向当地警方或中国使领馆求助。

（4）护照、工作证等重要证件，可以委托派你出国的公司的现场代表或雇主统一管理，也可以自己保管。如由自己负责，一定要妥善保管。

（5）如果需要将工资存入银行或汇回国内，一定要通过正规银行；不要轻易相信那些利息比较高的私人银行，避免受骗。

（6）作为中华人民共和国公民，在出国务工期间，国家会保护你的合法权益，但是如果通过不正规途径出国务工，或者在国外违法犯罪，权益就难以得到保护。

（7）履约期满后必须及时回国。

（8）如果在国外工作期间雇主企业倒闭或者破产，合同中止执行，境外就业人员必须回国。回国后可以要求退还履约保证金和按比例退还管理费，其他损失根据合同追讨。

3. 地境外就业之前还必须读两本书

（1）《境外就业中介管理规定》（以下简称）《规定》）。《规定》对境外就业中介机构申办条件、程序、年审、注销、备用金制度等都作了明确规定，是一部本着鼓励和规范出国就业原则，专门规范境外就业中介，维护海外就业者利益的法规。

（2）《出国劳务必读》。这本小册子的主要内容包括：劳务人员的出国信息来源、劳务出国合法渠道、出国劳务应付费用、劳务合同的主要内容及其他注意事项。小册子通过各种渠道免费向社会公众发放，以帮助出国劳务人员和就业人员更好地维护自身权益。

总之，境外就业是大学生解决就业问题、谋求个人发展的新途径，可以说，大学毕业生参与境外就业，既是立业之本，又是成才之道。但截至 2008 年我国在国际劳动力市场所占的份额不足百分之一，通过正规渠道就业的人数仅有 60 多万。按人口比例，我国境外就业占世界市场的份额最终应达到 20%，即境外就业人员应达到1 000万人以上。因此我国在开拓大学毕业生就业的国际市场方面还有很大的空间。但是境外就业毕竟存在一定的风险性，大学生如果选择到境外就业，则必须详细了解相关情况和信息，并通过正规渠道，走合法程序，才能避免风险，保证境外工作安全顺利。

国家教育部高校学生司制表

<table>
<tr><td rowspan="5">毕业生情况及意见</td><td>姓名</td><td></td><td>性别</td><td></td><td>年龄</td><td></td><td>民族</td><td></td></tr>
<tr><td>政治面貌</td><td></td><td>培养方式</td><td colspan="2"></td><td colspan="2">健康状况</td><td></td></tr>
<tr><td>专业</td><td colspan="3"></td><td>学制</td><td></td><td>学历</td><td></td></tr>
<tr><td>家庭地址</td><td colspan="7"></td></tr>
<tr><td colspan="8">应聘意见：
毕业生签名： 年 月 日</td></tr>
<tr><td rowspan="6">用人单位情况及意见</td><td>单位名称</td><td colspan="3"></td><td colspan="2">单位隶属</td><td colspan="2"></td></tr>
<tr><td>联系人</td><td></td><td>联系电话</td><td colspan="2"></td><td colspan="2">邮政编码</td><td></td></tr>
<tr><td>通信地址</td><td colspan="3"></td><td colspan="2">所有制性质</td><td colspan="2"></td></tr>
<tr><td>单位性质</td><td colspan="7">党政机关 科研设计单位 学校 商贸 厂矿企业公司 部队 其他</td></tr>
<tr><td colspan="2">档案转寄详细地址</td><td colspan="6"></td></tr>
<tr><td colspan="4">用人单位意见：
签章
年 月 日</td><td colspan="4">用人单位上级主管部门意见：
（有用人自主权的单位此栏可略）
签章
年 月 日</td></tr>
<tr><td rowspan="3">学校意见</td><td>学校联系人</td><td></td><td>联系电话</td><td colspan="2"></td><td colspan="2">邮政编码</td><td></td></tr>
<tr><td>学校通信地址</td><td colspan="7"></td></tr>
<tr><td colspan="4">院（系、所）意见：
签章
年 月 日</td><td colspan="4">学校毕业生就业部门意见：
签章
年 月 日</td></tr>
</table>

一、毕业生应按国家规定就业，向用人单位如实介绍自己的情况，了解单位的使用意图，表明自己的就业意见，在规定的时间内到用人单位报到，若遇到特殊情况不能按时报到，需征得用人单位同意。

二、用人单位要如实介绍本单位的情况，明确对毕业生的要求及使用意图，做好各项接收工作。凡取得毕业资格的毕业生，用人单位不得以学习成绩为由提出违约；未取得毕业资格的结业生，本协议无效。

三、学校要如实向用人单位介绍毕业生的情况，做好推荐工作。用人单位同意录用后，经学校审核列入建议就业方案，报国家教育部或主管部门审批，学校负责办理就业有关手续。

四、学校应在学生毕业前安排体检，不合格者不办理就业有关手续，本协议自行取消，由学校通知用人单位。如用人单位对毕业生身体条件有特殊要求，原则上应在签订协议前单独进行体检，否则，以学校体检为准。

五、毕业生、用人单位、学校三方如有其他约定，应在备注栏明确，并视为本协议书的一部分。

六、本协议经各方签字、盖章后生效。三方应严格履行本协议，若有一方提出变更协议，须征得另两方同意违约，由违约方承担违约责任，并在备注栏注明。

七、本协议一式三份，毕业生、学校各执一份，用人单位一份，复印无效。

附录B 毕业生推荐表样表

陕西工业职业技术学院

毕业生就业推荐表

SXPI

姓名____________________

专业____________________

学制____________________

联系方式____________________

陕西工业职业技术学院学生处学生就业指导中心制

<table>
<tr><td>姓　　名</td><td colspan="2"></td><td>性　　别</td><td></td><td rowspan="5">照片</td></tr>
<tr><td>出生年月</td><td colspan="2"></td><td>民　　族</td><td></td></tr>
<tr><td>政治面貌</td><td colspan="2"></td><td>身　　高</td><td></td></tr>
<tr><td>生 源 地</td><td colspan="2"></td><td>培养方式</td><td></td></tr>
<tr><td>家庭住址</td><td colspan="4"></td></tr>
<tr><td>联系地址</td><td colspan="3"></td><td>邮　编</td><td></td></tr>
<tr><td rowspan="6">本人简历</td><td>起止时间</td><td colspan="4">在何地学习（工作）</td></tr>
<tr><td></td><td colspan="4"></td></tr>
<tr><td></td><td colspan="4"></td></tr>
<tr><td></td><td colspan="4"></td></tr>
<tr><td></td><td colspan="4"></td></tr>
<tr><td></td><td colspan="4"></td></tr>
<tr><td rowspan="5">家庭主要成员</td><td>与本人关系</td><td>姓　　名</td><td>政治面貌</td><td>现在何处工作</td><td>职　　务</td></tr>
<tr><td></td><td></td><td></td><td></td><td></td></tr>
<tr><td></td><td></td><td></td><td></td><td></td></tr>
<tr><td></td><td></td><td></td><td></td><td></td></tr>
<tr><td></td><td></td><td></td><td></td><td></td></tr>
<tr><td>在校期间
奖惩情况</td><td colspan="5"></td></tr>
<tr><td>在校期间
任职情况</td><td colspan="5"></td></tr>
<tr><td>本人特长</td><td colspan="5"></td></tr>
</table>

本人就业自荐介绍

（应包括：本人表现、奖惩、特长、知识结构、就业意向等方面）

以上各栏目由学生本人用钢笔填写

贴

成

绩

单

处

学生在校德智体表现	系学工办（章） 年　月　日
系部推荐意见	系党总支（章） 年　月　日
学校推荐意见	就业指导中心（章） 年　月　日

备注：成绩以教务处成绩单为准

参考文献

[1] 高绪界，薄爱敬．就业与创业指导[M]．北京：化学工业出版社，2005.

[2] 拜五四，赵海胜．大学生职业选择与生涯规划[M]．北京：化学工业出版社，2005.

[3] 李家华，黄天贵．职业指导[M]．北京：高等教育出版社，2005.

[4] 李家华，黄天贵．就业与创业教程[M]．北京：高等教育出版社，2005.

[5] 杨生斌．职业指导教程[M]．西安：西北大学出版社，2003.

[6] 崔东江．创业、创新、财富[M]．北京：中国经济出版社，2006.

[7] 劳动部培训就业司．职业与就业政策指导[M]．北京：中国劳动社会保障出版社，2006.

[8] 李尧．大学生实用求职方略[M]．北京：机械工业出版社，2005.

[9] 宿春礼．谋职必读的几个故事[M]．北京：石油工业出版社，2005.

[10] 蒋林．求职的 81 个忠告[M]．北京：西苑出版社，2004.

[11] 卜欣欣，陆爱平．个人职业生涯规划[M]．北京：中国时代经济出版社，2004.

[12] 章达友．职业生涯规划与管理[M]．厦门：厦门大学出版社，2005.

[13] 唐玲昆．面试见招拆招手册[M]．天津：天津教育出版社，2005.

[14] 李刚．职业生涯设计册[M]．北京：高等教育出版社，2005.

[15] 杨梅，徐锦丽．世界 500 强求职全攻略[M]．上海：学林出版社，2005.